广西高校思想政治教育杰出人才支持计划之卓越人才培养项目

光明社科文库
GUANGMING DAILY PRESS:
A SOCIAL SCIENCE SERIES

·教育与语言书系·

中华优秀传统文化
融入思想政治教育研究

徐魁峰 | 著

光明日报出版社

图书在版编目（CIP）数据

中华优秀传统文化融入思想政治教育研究 / 徐魁峰
著 . -- 北京：光明日报出版社，2023.6
ISBN 978 - 7 - 5194 - 7314 - 3

Ⅰ.①中… Ⅱ.①徐… Ⅲ.①中华文化—关系—思想
政治教育—研究—中国 Ⅳ.①K203②D64

中国国家版本馆 CIP 数据核字（2023）第 113665 号

中华优秀传统文化融入思想政治教育研究
ZHONGHUA YOUXIU CHUANTONG WENHUA RONGRU SIXIANG
ZHENGZHI JIAOYU YANJIU

著　　者：徐魁峰			
责任编辑：刘兴华		责任校对：李　倩　张慧芳	
封面设计：中联华文		责任印制：曹　净	

出版发行：光明日报出版社

地　　址：北京市西城区永安路 106 号，100050

电　　话：010 - 63169890（咨询），010 - 63131930（邮购）

传　　真：010 - 63131930

网　　址：http://book. gmw. cn

E - mail：gmrbcbs@ gmw. cn

法律顾问：北京市兰台律师事务所龚柳方律师

印　　刷：三河市华东印刷有限公司

装　　订：三河市华东印刷有限公司

本书如有破损、缺页、装订错误，请与本社联系调换，电话：010-63131930

开　　本：170mm×240mm

字　　数：193 千字　　　　　　　印　　张：15

版　　次：2023 年 6 月第 1 版　　　印　　次：2023 年 6 月第 1 次印刷

书　　号：ISBN 978 - 7 - 5194 - 7314 - 3

定　　价：95.00 元

内容简介

　　思想政治教育与中华优秀传统文化的深度融合是展示思想政治教育魅力的重要手段。中华民族传统文化博大精深，源远流长，运用好、传承好中华民族优秀传统文化是思想政治教育工作的特殊使命。本书在思想政治教育理论以及中华传统文化传承研究的基础上，对优秀传统文化融入思想政治教育的现状以及优秀传统文化中蕴含的思想政治教育资源进行挖掘、整合和研究，进一步探讨优秀传统文化融入思想政治教育的原则、方法、路径和经验，为新时代思想政治教育的守正创新提供依据。

前　言

习近平总书记在党的十九大报告中指出："经过长期努力，中国特色社会主义进入了新时代，这是我国发展新的历史方位。"① 我们要"深入挖掘中华优秀传统文化蕴含的思想观念、人文精神、道德规范，结合时代要求继承创新，让中华文化展现出永久魅力和时代风采"②。思想政治教育伴随中国特色社会主义进入新时代走上新征程，应因事而化、因时而进、因势而新，切实担负起培养中国特色社会主义事业建设者和接班人的使命。继承和弘扬中华民族优秀传统文化已成为思想政治教育工作的特殊使命。中华优秀传统文化具有丰富的内涵，学习和掌握其中的精华，对培养青年学生正确的世界观、人生观、价值观大有裨益，是新时代思想政治教育的重要养分。

本书共七章。第一章为思想政治教育基本理论，分析研究思想政治教育的内涵和特征、思想政治教育的地位和功能、思想政治教育的目标以及新时代高校思想政治教育的新要求。第二章为中华优秀传统文化的传承，探讨中华传统文化的内涵、历史演变和思维方式。第三章为中华

① 习近平 . 决胜全面建成小康社会 夺取新时代中国特色社会主义伟大胜利——在中国共产党第十九次全国代表大会上的报告 [M]. 北京：人民出版社，2017：10.
② 习近平 . 决胜全面建成小康社会 夺取新时代中国特色社会主义伟大胜利——在中国共产党第十九次全国代表大会上的报告 [M]. 北京：人民出版社，2017：42.

优秀传统文化的现代价值，从国家、社会和个人三方面进行剖析。第四章为优秀传统文化融入思想政治教育的现状分析，阐述传统文化融入思想政治教育的必要性及现实问题。第五章为优秀传统文化中蕴含的思想政治教育资源，分析研究集体观念与爱国主义精神、民本精神、和谐精神、敬业精神、诚信精神。第六章为优秀传统文化融入思想政治教育的原则与方法指导，主要从原则和方法两方面进行探索研究。第七章为优秀传统文化融入思想政治教育的路径，包括传统文化融入大学生思想政治教育的实现路径、强化大众传媒的舆论导向大力传播传统文化、实现优秀传统文化与网络文化的双赢三方面。

　　思想政治教育肩负着培养社会主义建设者和接班人的重要任务，加强和改进思想政治教育是一项长期任务。中华优秀传统文化融入思想政治教育过程不能"毕其功于一役"，需要持之以恒的努力。本书在写作过程中参考引用了一些学术著作和学术论文，在此对相关的专家、学者表示感谢！由于作者水平有限，书中难免有错漏之处，敬请读者批评指正！

作者

2021 年 6 月

目　录
CONTENTS

第一章

思想政治教育基本理论

经过长期努力，中国特色社会主义进入了新时代，这是我国发展新的历史方位。站在新的历史起点，思想政治教育既迎来了新的发展机遇，也面临着新的挑战。在大激荡、大变革、大调整的过程中，只有科学地认识思想政治教育的内涵和新时代的特点，把握其地位、功能和目标，明确新时代高校思想政治教育的要求，才能有针对性地开展思想政治教育工作，增强思想政治工作的活力和魅力。

一、思想政治教育的内涵和特征

思想政治教育，是人类社会阶级斗争和社会实践的一项重要内容，是在长期的社会活动中产生和发展起来的。传统文化是一个民族发展过程中道德传承、文化思想、精神观念形态的综合体。将中华优秀传统文化融入思想政治教育，首先要对思想政治教育的内涵和特征进行一个全面、准确的把握，这是开展科学研究的前提条件。

（一）认识思政教育内涵，提高育人工作自觉

思想政治教育的内涵是思想政治教育学科的基本问题，研究思想政治教育必须弄清其基本内涵。思想政治教育是人类社会特有的教育实践

活动，它与知识传授和技能教育活动并不相同，它重在培养人的政治观念、思想品德、道德情感和心理品质，具有特定的科学内涵和外延。关于思想政治教育的内涵，国内外学者都从不同的角度进行过阐述，目前并没有一个完全一致的界定，但通过专家的表述，我们可以找到关于表述思想政治教育的相同元素。

思想政治教育是指一定阶级、政党或社会集团为实现一定的政治目标，用特定的思想理论体系、政治观点和道德规范，遵循人的思想政治、品德修养和个性心理等形成和发展的一般规律，有组织、有目的、有计划地帮助社会成员形成社会发展需要的政治素质、思想品德和心理品质的教育实践活动。

把握思想政治教育内涵要注意几个问题：第一，思想政治教育实施的主体是一定的阶级、政党或社会集团。它体现了一定的阶级、政党和社会集团的意志，由阶级、政党和社会集团对教育内容和要求进行严格规定，并提供物质精神保证。阶级、政党和社会集团在思想政治教育中必须主动作为，加强顶层设计，引领思想政治教育的方向。第二，思想政治教育的对象是人。思想政治教育的对象是生活在社会中的人，是发展中的人，是有各种想法、欲望和需求的人。因此，思想政治教育必须研究人的成长规律，满足人的各种需要。第三，思想政治教育的内容是一定的思想理论体系、政治观点、道德规范等。一个社会倡导什么、需要什么、追求什么，这是思想政治教育必须交代清楚的，也是一定的阶级、政党和国家要求的。思想政治教育通过实施社会的政治体系、价值体系和规范体系影响，用特定的思想理论体系、政治观点、道德规范来影响人、引导人。第四，思想政治教育的目的是帮助社会成员形成一定的政治素质、思想品德和心理品质，促进人的全面发展，维持正常的社会秩序，为统治阶级服务。第五，从思想政治教育实施的过程来看，思想政治教育是有计划、有目的、有组织的教育实践活动。一旦社会环境改变，思想政治教育的内容、载体和手段也会相应改变，这就要求我们在实践中积极创新思想政治教育的内容、载体和手段，努力增强思想政治教育的活力和魅力。

（二）抓住思政教育特征，提高育人工作成效

思想政治教育的本质决定了思想政治教育的特征。中国共产党的领导是中国特色社会主义最本质的特征，中国特色社会主义坚持党的领导、人民当家作主、依法治国的有机统一，社会主义制度是更公正、更公平、更先进、更科学的社会制度，是迄今为止人类社会最先进的社会制度。因此，我国的思想政治教育应该体现人们对先进思想文化成果的追求。认识和把握思想政治教育的特征是开展思想政治教育的前提。思想政治教育的特征主要表现为导向性和群众性两方面。

1. 思想政治教育的导向性

马克思主义及其中国化的最新理论成果是我们的行动指南。在社会主义国家组织开展思想政治教育，必须毫不动摇地坚持马克思主义意识形态的引领和主导地位，这决定了思想政治教育具有导向性的特征。思想政治教育的导向性，要求把坚定社会主义政治方向放在第一位，做到把好方向、分清是非、站稳立场、敢于亮剑，高扬社会主义的主旋律，善于辨别、引领各种思想文化和社会思潮，牢牢掌握意识形态工作的领导权、主动权和话语权。思想政治教育必须坚持正确的政治导向和思想导向，夯实科学理论的引领地位。

思想政治教育的导向性可以从三方面去理解：一是坚持马克思主义的指导地位。思想政治教育属于马克思主义理论的二级学科，是党和国家工作的生命线，思想政治教育必须以马克思列宁主义、毛泽东思想、邓小平理论、"三个代表"重要思想、科学发展观和习近平新时代中国特色社会主义思想为指导，充分凸显马克思主义的精髓和创新。二是坚

持中国特色社会主义道路和共同理想。中国特色社会主义是道路、理论、制度、文化的统一体。引导人们走中国特色社会主义道路，坚定中国特色社会主义道路自信、理论自信、制度自信和文化自信，是思想政治教育的重要任务。思想政治教育还要引导人们自觉树立中国特色社会主义的共同理想，用共同理想去统一全社会的思想意志，把行动统一到中国特色社会主义事业上来。三是坚持中华民族伟大复兴的中国梦与共产主义远大理想。中华民族伟大复兴的中国梦，就是要实现国家富强、民族振兴、人民幸福，这是近代以来中华民族和全体中国人民的不懈追求。新时代的思想政治教育要为中国梦呐喊助威，用中国梦去引领全体社会成员不懈奋斗。共产主义是共产党人的奋斗目标，思想政治教育要积极开展理想信念教育，激励并号召人们为实现共产主义理想而不懈奋斗。

2. 思想政治教育的群众性

思想政治教育具有群众性特征，针对一般的社会成员，特别是青少年学生，这是由我们党的群众路线决定的。马克思、恩格斯在《共产党宣言》中提出："过去的一切运动都是少数人的或者为少数人谋利益的运动。无产阶级的运动是绝大多数人的、为绝大多数人谋利益的独立的运动。"① 这是党的群众路线的理论源头。列宁、斯大林在领导俄国无产阶级革命和苏联社会主义建设的实践中，深刻地把社会主义事业看作千千万万人的事业，教育广大党员和干部要团结群众、教育群众、联系群众，一刻也不能脱离群众。毛泽东同志坚持了马克思列宁主义关于人民群众的观点，在无产阶级革命和社会主义建设过程中把它上升到党的群众路线的高度。一切为了群众，一切依靠群众，从群众中来，到群众中去。习近平总书记指出："必须推进马克思主义中国化时代化大众化，建设具有强大凝聚力和引领力的社会主义意识形态，使全体人民在理想

---

① 中共中央马克思恩格斯列宁斯大林著作编译局. 马克思恩格斯文集：第 2 卷 ［M］. 北京：人民出版社，2009：42.

信念、价值理念、道德观念上紧紧团结在一起。"① 党的思想政治教育具有群众性的特征，就是党的群众路线在思想政治教育工作中的具体运用。

二、思想政治教育的地位和功能

思想政治教育在社会经济生活中具有十分重要的地位和功能，这是由思想政治教育的本质决定的，它体现为思想政治教育在我们党和国家建设事业的各个方面所发挥的具体又现实的作用。

（一）认清思政教育地位，提高思政工作认识

习近平总书记指出："我们党立志于中华民族千秋伟业，必须培养一代又一代拥护中国共产党领导和我国社会主义制度、立志为中国特色社会主义事业奋斗终身的有用人才。"② 思想政治教育是社会意识形态的重要组成部分，是我们开展马克思主义理论教育的基本途径，是坚持社会主义方向的重要保证，是社会主义高校办学的应有之义，是促进人全面发展的重要途径。

1. 思想政治教育是马克思主义理论教育的基本途径

马克思主义是中国特色社会主义的指导思想。只有加强马克思主义理论教育，坚持马克思主义理论武装人民，才能发挥马克思主义的指导作用。思想政治教育是马克思主义理论教育的基本途径，是实现马克思主义理论价值的必要手段。通过系统的思想政治教育，帮助人们学习和了解马克思主义的基本内涵，掌握马克思主义的世界观和方法论，提高人们认识世界和改造世界的能力，将马克思主义变成巨大的物质力量。

---

① 习近平. 决胜全面建成小康社会 夺取新时代中国特色社会主义伟大胜利——在中国共产党第十九次全国代表大会上的报告 [M]. 北京：人民出版社，2017：41.

② 习近平. 习近平主持召开学校思想政治理论课教师座谈会 [EB/OL]. 中华人民共和国中央政府网站，2019-03-18.

2. 思想政治教育是坚持社会主义方向的重要保证

思想政治工作是我们党的传家宝。思想政治教育只有为中国特色社会主义事业服务，才能保证现代化建设的社会主义方向。只有加强思想政治教育，用马克思主义的立场、观点、方法武装全党，教育人民，才能摆脱各种错误思想的干扰，在人民群众中形成共同理想、共同信念和共同奋斗目标。只有加强思想政治教育，才能把全社会的力量动员起来，加强民主建设，夯实中国特色社会主义制度基础。通过开展思想政治教育，可以更好地帮助人们了解社会主义民主的实质和内容，调动人们参与国家事务的积极性，行使民主权利，发扬主人翁精神，参与到民主管理和基层自治中来。随着中国改革开放的全面深化，各种反社会主义、非无产阶级思想在一定程度上获得了蔓延的空间，西方文化、西方价值观念和资本主义意识形态也以各种方式侵蚀人们的思想和灵魂，瓦解人们的信仰体系，动摇人们的理想信念以及人们对党和政府的信心，只有加强新时代思想政治教育，才能凝聚人心，团结和动员广大人民群众投入社会主义现代化国家建设中去，确保不偏离社会主义方向。

3. 思想政治教育是社会主义高校办学的应有之义

习近平总书记指出："高校思想政治工作关系高校培养什么人、如何培养人以及为谁培养人这个根本问题。"[1] "我国高等教育肩负着培养德智体美全面发展的社会主义事业建设者和接班人的重大任务，必须坚持正确政治方向。"[2] 立德树人是高校的根本任务。高等学校的办学性质通过培养人才的思想政治素质表现出来，而政治素质、思想品德的培养主要依靠思想政治教育来实现。思想政治教育属于意识形态范畴，具有鲜明的阶级性。用马克思主义理论武装青年学生，不仅是实现立德树人根本使命的要求，而且是由意识形态斗争的客观规律决定的。

---

① 习近平. 习近平谈治国理政：第2卷 [M]. 北京：外文出版社，2017：376.
② 习近平. 习近平谈治国理政：第2卷 [M]. 北京：外文出版社，2017：377.

随着社会的转型和社会结构的变化，一些腐朽丑恶的东西和错误的思想观念重新"抬头"，通过各种渠道进入大学生的学习生活中。当代大学生虽然具有强烈的爱国情怀，但由于没有吃过苦、受过难，所以他们身上缺少艰苦奋斗的思想准备和奉献精神，有些人不能正确地认识社会主义和资本主义两种社会制度的本质区别，而盲目崇拜资本主义社会的物质文明和自由的生活方式。他们虽然拥护改革开放，肯定改革开放取得的伟大成就，但由于对中国的历史和现状缺乏全面的了解，不能准确地把握中国特色社会主义建设规律，对全面深化改革的艰巨性、复杂性和长期性认识不足，容易出现偏激情绪和畏难思想。他们虽渴望早日成才，但对人才的规格和要求却认识模糊，部分人不注重政治素质的提高，其政治立场摇摆，法纪观念淡薄，道德水平有待提高。

因此，大学生不能直接成为中国特色社会主义事业的建设者和接班人，必须经过全面系统、深入细致的思想政治教育，以科学理论来武装头脑，教育学生正确认识世界和中国发展大势、认识中国特色和国际比较、认识时代责任和历史使命、认识远大抱负和脚踏实地，只有具备了特定的思想政治素质，才能成为社会主义事业的合格建设者和可靠接班人。对高校学生开展思想政治教育，为学生一生成长奠定科学的思想基础，是社会主义高校办学的应有之义。

4. 思想政治教育是促进人全面发展的重要途径

促进人的全面发展是思想政治教育的一个重要命题，也是社会发展的远大目标和个人发展的最高境界。通过思想政治教育为人的全面发展提供方向和动力，提高认识世界和改造世界的能力，实现人全面自由的发展。思想政治教育促进人的全面发展，表现为提供人的价值导向和精神动力、提升人的思想道德素质、丰富人的社会关系三方面：

思想政治教育能提供价值导向和精神动力。人的变化发展取决于内因和外因的共同作用。思想政治教育能够帮助人们寻求个人发展的内在依据，为人的全面发展提供方向和动力。一方面，思想意识、价值观念对促进人的发展具有重要作用，这在很大程度上决定了社会个体将成为什么样的人。通过开展思想政治教育塑造社会个体的价值观念和精神追求，社会个体能够知道哪些行为对社会有意义，哪些行为对社会无意义，社会个体会自觉沿着符合社会要求的价值取向发展成才。另一方面，"激情、热情是人强烈追求自己的对象的本质力量"①。通过思想政治教育调动人的主观能动性，激活个体认识和改造主观世界的积极性、主动性和创造性，提高人积极向上的精神，开发人的精神潜能，社会个体能够以高昂的斗志、饱满的热情和进取的精神，促进自身的成长和进步，为个体的全面发展提供不竭的动力。

思想政治教育能提升人的思想道德素质。人的全面发展包括道德品质方面的完善。思想道德素质和科学文化素质对于个体的全面发展而言，同样是缺一不可的，甚至思想道德素质在某种程度上更加重要。进行思想道德教育，提升人的思想境界和道德素质，是思想政治教育的主旋律。通过对个体实施有效的思想政治教育，帮助人们形成良好的社会公德、家庭美德、职业道德和个人品德，自觉践行爱国守法、明礼诚信、团结友善、勤俭自强、敬业奉献的基本道德要求，提高个人的道德素养，夯实个人全面发展的社会基础。

思想政治教育能丰富人的社会关系。离开社会关系谈人的发展只能陷入抽象的怪圈。马克思主义认为，人的本质在其现实性上，是一切社会关系的总和。离开社会，人就谈不上生存，更谈不上发展。个人在社会中并不是独立存在的，而是生活在一定的政治、经济、血缘、业缘等关系中。个人的发展取决于和他进行交往的其他一切人的发展，社会关系对个体的发展有着很深的影响，甚至决定着一个人能够发展到什么程

---

① 中共中央马克思恩格斯列宁斯大林著作编译局．马克思恩格斯文集：第1卷［M］．北京：人民出版社，2009：211．

度。思想政治教育以人为对象，为处理各种社会关系的人提供世界观、方法论，指导人们营造平等、和谐、友爱的社会氛围，搭建人与人、人与社会之间沟通的桥梁，解决人们在交往中出现的矛盾和问题，为促进人的全面发展提供内在动力，使个体更好地融入社会，适应社会。

（二）认识思政教育功能，发挥培根铸魂作用

思想政治教育工作是我们党的生命线，它关系到培养中国特色社会主义事业的合格建设者和可靠接班人，关系到培育和弘扬社会主义核心价值观，关系到抵御西方资本主义思想和价值观的渗透，关系到引导全国人民自觉为实现中华民族伟大复兴的中国梦而奋斗。

1. 培养中国特色社会主义事业的合格建设者和可靠接班人

中国特色社会主义事业需要后继有人。人才是推动国家进步的重要力量，青少年是国家宝贵的人才资源。赢得青年，就能赢得未来。

思想政治教育具有鲜明的政治属性，由一定的阶级、政党组织实施，是统治阶级为巩固自身政权的重要手段。在我国，思想政治教育是中国共产党培养和造就社会主义事业建设者和接班人的重要手段。中国共产党必须运用党的思想理论、政治观点、价值体系和道德规范教育人民，尤其是培养青年一代，让青年一代认同并内化国家治国理政的思想理论、政治观点、价值体系和道德规范，并在日常生活中将其外化为个人的自觉行动。各国都十分重视公民的思想政治教育工作，只有真正重视思想政治教育，把思想政治工作做实、做细，才能确保江山稳固、党和人民的事业代代相传以及社会长治久安。

高校作为培养社会主义建设人才的摇篮，既是青年人比较集中的地方，也是思想政治教育的前沿阵地。习近平总书记在全国高校思想政治工作会议上强调："办好我们的高校，必须坚持以马克思主义为指导，全面贯彻党的教育方针。要坚持不懈传播马克思主义科学理论，抓好马

克思主义理论教育，为学生一生成长奠定科学的思想基础。要坚持不懈培育和弘扬社会主义核心价值观，引导广大师生做社会主义核心价值观的坚定信仰者、积极传播者、模范践行者。"① 在青年学生群体中做好马克思主义理论教育工作，为中国共产党和国家培养教育好下一代，引导青年学生树立永远跟党走的信心和决心，坚定"四个自信"，这既是党赋予思想政治工作者的光荣使命，也是思想政治教育最重要、最基本的政治任务，我们任何时候都不能放弃和松懈。

马克思主义是科学的世界观和方法论，我们必须坚持用马克思主义理论武装青年学生的头脑，巩固马克思主义在意识形态领域的指导地位。思想政治教育应该运用各种切实可行的途径和方法，帮助青年学生学习掌握马克思主义的世界观和方法论，树立正确的世界观、人生观和价值观，坚定共产主义的远大理想，善于运用马克思主义立场、观点和方法来观察、分析和解决问题，这既是马克思主义的本质要求，又是学好马克思主义的关键所在，也是青年学生政治成长的必然要求。

帮助青年学生正确掌握马克思主义的立场、观点和方法是思想政治教育的重要任务。因此，要注意以下三点：

一要学习掌握马克思主义哲学原理。马克思主义哲学是马克思主义理论的基础部分。马克思主义的立场、观点和方法蕴含在其基本原理和基本概念中。在学习时，要全面领会蕴含其中的辩证观察处理问题的立场、观点和方法，了解掌握关于物质和意识的辩证关系原理：世界是物质的，物质是本原，意识是派生，物质决定意识，意识反映物质，意识对物质有能动的反作用，物质和意识不是一成不变的，而是永恒地运动、变化、发展着的。对物质和意识辩证关系的认识，体现了马克思主义哲学的立场、观点和方法。我们观察处理问题，从事物本身出发，就是马

---

① 习近平．习近平谈治国理政：第 2 卷［M］．北京：外文出版社，2017：377．

克思主义的立场；对于物质和意识的辩证关系看法，就是马克思主义的观点；观察处理问题，坚持一切从实际出发，实事求是，就是马克思主义的方法。这是学习马克思主义哲学所要实现的目标。

二要学习马克思主义经典著作。习近平总书记强调："共产党人要把读马克思主义经典、悟马克思主义原理当作一种生活习惯、当作一种精神追求，用经典涵养正气、淬炼思想、升华境界、指导实践。"① "要原原本本学习和研读经典著作，努力把马克思主义立场、观点、方法学到手，作为自己的看家本领。"② 马克思主义是一个体系完整、逻辑严密的科学理论，如果不认真学习马克思主义原著，那么马克思主义就无从谈起，通过读原著、学原文、悟原理，才能理解马克思主义的立场、观点和方法。正如恩格斯在谈到学习《资本论》时强调："对于那些希望真正理解它的人来说，最重要的却正好是原著本身。"③

三要理论学习与社会实践相结合。陆游说："纸上得来终觉浅，绝知此事要躬行。"理论联系实际是马克思主义学风的根本要求。衡量一个人对马克思主义理论学习的成效，不仅要看其熟读了多少理论书籍、掌握了多少理论知识，更要看其运用所学的理论能否解决社会问题。邓小平同志说过，学马列要精，要管用，即通过学深学透科学理论解决实际问题。学习马克思主义理论，不能仅仅停留在书本和字面上，必须在领会其科学内涵和精神实质的基础上，运用马克思主义的立场、观点和方法，想问题、看问题、解难题。

2. 培育和践行社会主义核心价值观

中共中央办公厅在《关于培育和践行社会主义核心价值观的意见》

---

① 习近平. 在纪念马克思诞辰 200 周年大会上的讲话［N］. 人民日报，2018-05-05 (02).

② 习近平. 在全国党校工作会议上的讲话［EB/OL］. 中国共产党新闻网，2016-05-03.

③ 厦门大学经济系《〈资本论〉讲解》编写组.《资本论》讲解：第六册［M］. 西宁：青海人民出版社，1987：259.

中指出：社会主义核心价值观是社会主义核心价值体系的内核，体现社会主义核心价值体系的根本性质和基本特征，反映社会主义核心价值体系的丰富内涵和实践要求，是社会主义核心价值体系的高度凝练和集中表达。

截至目前，我国的社会主义核心价值体系建设工作已经取得了较好的成绩。社会主义核心价值体系在引领社会思潮、凝聚社会共识方面发挥了积极作用，有效地引领了广大公民的价值追求和道德规范，对于促进社会稳定和社会发展意义重大。

但是，随着中国特色社会主义事业的不断推进，人们也逐渐意识到社会主义核心价值体系建设中还存在一些问题需要解决，如该体系过于理论化等，导致在社会尤其是青年学生群体中推广起来存在一定的困难。

习近平总书记在党的十九大报告中指出："社会主义核心价值观是当代中国精神的集中体现，凝结着全体人民共同的价值追求。要以培养担当民族复兴大任的时代新人为着眼点，强化教育引导、实践养成、制度保障，发挥社会主义核心价值观对国民教育、精神文明创建、精神文化产品创作生产传播的引领作用，把社会主义核心价值观融入社会发展各方面，转化为人们的情感认同和行为习惯。"[1] 社会主义核心价值观将社会主义核心价值体系转化为最朴实简单的语言，帮助人们更好地理解、践行，特别是对于青年学生群体来说，可以帮助他们更好地理解和全面把握社会主义核心价值体系的内涵，促使他们在日常生活和学习中自觉践行社会主义核心价值体系。

党的十八大指出：倡导富强、民主、文明、和谐，倡导自由、平等、公正、法治，倡导爱国、敬业、诚信、友善，积极培育和践行社会主义核心价值观。"三个倡导"的社会主义核心价值观，分别从价值目标、

---

[1]　习近平．决胜全面建成小康社会 夺取新时代中国特色社会主义伟大胜利——在中国共产党第十九次全国代表大会上的报告 [M]．北京：人民出版社，2017：42．

价值追求和道德准则三个维度对社会主义核心价值体系做出了更加简明扼要的阐释。其中，"富强、民主、文明、和谐"表达的是当前阶段全体社会成员的共同价值目标，同时也是建设中国特色社会主义的基本目标；"自由、平等、公正、法治"表达的是全体社会成员的共同价值追求，即全体社会成员的最大公约数；"爱国、敬业、诚信、友善"表达的是当前我国全体社会成员的共同道德准则，也就是说，社会成员应该达到的基本道德要求。社会主义核心价值观体现了中国特色社会主义国家的建设目标，吸收了人类文明发展的先进成果，将自由、平等作为全体社会成员的共同价值理念。社会主义核心价值体系相对烦琐和理论化，而社会主义核心价值观的表述，更简捷地反映出人民群众的共同道德理念和价值追求。这有利于培育人们的社会主义核心价值观，将其内化为人们的自我价值追求和价值实践，从而加快我国社会主义核心价值观的建设，向更高层次和更深领域发展。

3. 抵御西方资本主义错误思想和价值观的渗透

抵御西方资本主义错误思想和价值观的渗透是我国思想政治教育的重要任务。近年来，西方国家极力输出其政治制度和思想文化，宣扬所谓的"自由、平等、博爱"，宣传"普世价值"。受西方思想文化的影响，一些青年学生极力向往西方国家的社会制度和民主自由，向往西方社会的生活方式，他们追捧资本主义国家所谓的"普世价值观"。而"普世价值观"的本质在于"个人本位"和"个人主义"，极度推崇个人权利，追求虚有其表的个人自由，并且在社会上强行推广所谓的"人权民主"。青年学生正处于价值观成长成熟的阶段，他们思想开放，易于接受社会新事物，而西方价值观极具诱惑力和欺骗性，容易让涉世不深、处于价值观形成过程中的青年学生受骗。

为了更好地抵御西方资本主义价值观的渗透，必须对青年学生开展思想政治教育，宣传马克思主义理论，宣传党的路线方针政策，用习近平新时代中国特色社会主义理论武装青年学生，筑起牢固的防御意识形态渗透的屏障。

4. 引导全国人民自觉为实现"中国梦"而奋斗

2012 年 11 月 29 日，党的十八大胜利闭幕，习近平总书记率中央政治局常委、中央书记处同志参观"复兴之路"展览时，首次提出了"实现中华民族伟大复兴的中国梦"命题。习近平总书记指出："实现中华民族伟大复兴，就是中华民族近代以来最伟大的梦想。这个梦想，凝聚了几代中国人的夙愿，体现了中华民族和中国人民的利益，是每个中华儿女的共同期盼。"[①] 对于当前的中国来说，中国梦涵盖了全社会的最大共识，同时也体现了全国人民的共同愿景，反映了中华民族的共同心声。通过思想政治教育，强调培育和践行社会主义核心价值观的重要地位，保持个人理想与中国梦实现方向的一致性。要把培育和践行社会主义核心价值观融入教育全过程，针对青少年身心特点和成长规律，努力构建大中小学有效衔接的德育体系，深化社会主义核心价值观进教材、进课堂、进学生头脑的工作。发挥校园文化的育人化人作用，使社会主义核心价值观教育更具感染力。发挥社会实践的养成作用，提高青少年培育和践行社会主义核心价值观的实效性，让社会主义核心价值观的要求内化于心，外化于行。深入开展中国特色社会主义和中国梦的宣传教育，以社会主义核心价值观引领社会思潮、凝聚社会共识。发挥新闻媒体在传播社会主流价值的主渠道作用，为实现中国梦注入强劲的动力，讲好中国故事，运用通俗易懂的话语体系，引导人们培育和践行社会主义核心价值观。运用好网络阵地，做大社会主义核心价值观的宣传，净化网上舆论环境，推动形成清朗的网络空间。

中国梦的实现是一个长期过程，不是在短期内就可以完成的。这个

---

① 习近平．习近平谈治国理政［M］．北京：外文出版社，2014：36.

过程必然充满了艰难险阻,所以需要在中国共产党的正确领导下,动员激励全体中华儿女为实现中国梦持续团结奋斗,还必须有坚定的理想信念作为支撑。培育和践行社会主义核心价值观,可以帮助人们树立正确的理想信念,坚定共产主义远大理想,坚定中国特色社会主义信念,面对纷繁复杂的国际国内发展形势,有效地增强人们对外来思想文化的抵御能力,夯实信仰之基,自觉投身到中国特色社会主义伟大事业中,自觉将个人前途与国家命运紧密联系在一起,为实现"两个一百年"奋斗目标和中华民族伟大复兴提供有力的保障。

三、思想政治教育的目标

思想政治教育要深入贯彻落实党的路线方针政策,全面落实"为党育人""为国育才"的要求。随着改革开放的进一步深化,思想政治教育必然会面临着新的考验和新的问题。面对新时代人才培养的新要求,思想政治教育应当如何抓住机遇,应对挑战,实现其目标使命,这是思想政治教育工作者必须面对和深入思考的问题。

(一)找准目标定位依据,实现人才培养宗旨

确定思想政治教育目标,既是思想政治教育的逻辑起点,也是思想政治教育理论的重要组成部分。在我国,思想政治教育的目标必须着眼于人的全面发展,以人的全面发展理论、党和国家的教育方针作为基本依据。

1. 人的全面发展理论

人的全面发展是马克思主义关于人的未来发展状态的价值追求。人的全面发展是"人以一种全面的方式,就是说,作为一个完整的人,占有自己的全面的本质"①。"人",不是抽象的、孤立的人,而是现实的、

---

① 中共中央马克思恩格斯列宁斯大林著作编译局. 马克思恩格斯文集:第1卷 [M].
北京:人民出版社,2009:89.

具体的、社会中的人。"全面",指人的各种素质和能力的全面培养和提高,是每个社会成员全部力量和才能的展示。人的全面发展包括人的体力和智力的充分发展、人的才能的多方面发展、人的个性的自由发展、人的主体性的全方位发展以及人的社会关系的全面丰富等,主要体现为思想政治素质、科学文化素质和身心健康素质的全面发展。

　　思想政治教育的根本目的是促进人的全面发展,这是实现人的全面发展的重要途径。思想政治教育本质上是由一定社会所承担的、旨在促进社会成员实现政治社会化和道德社会化、培养和发展人的政治观点和道德素质的一种教育实践活动,深刻影响着人的全面发展的各个方面,引导人们坚持正确的政治方向,提供强大的精神动力,培育高尚的思想道德,塑造健全的人格品质,形成良好的思想政治素质。

　　2. 党和国家教育方针的要求

　　教育方针是党和国家在一定社会发展阶段关于教育发展的总方向和指导思想,是对教育的性质、目的、任务功能以及实现途径的总规定和对教育基本政策的总概括,体现了教育"为谁服务""培养什么人"和"如何培养人"三方面的要求,是一个社会教育工作的阶级性、民族性、时代性的集中表现。坚持社会主义方向、为人民服务是我国教育方针的本质特征,坚持教育与生产劳动、社会实践相结合是培养社会主义建设者和接班人的根本途径,德智体美劳全面发展是社会主义教育的目标。党的十八大报告提出:"坚持教育为社会主义现代化建设服务、为人民服务,把立德树人作为教育的根本任务,培养德智体美全面发展的社会主义建设者和接班人。"① 党的十九大报告强调:"要全面贯彻党的教育

---

① 胡锦涛. 坚定不移沿着中国特色社会主义道路前进 为全面建成小康社会而奋斗——在中国共产党第十八次全国代表大会上的报告 [M]. 北京:人民出版社,2012:35.

方针，落实立德树人根本任务。"① 党和国家的教育方针，是确立思想政治教育目标的重要政策依据。

第一，把"为人民服务"作为思想政治教育的根本宗旨。教育是民族振兴、社会进步的基石，是培养国民素质、促进人的全面发展的根本途径，在社会主义现代化建设和全面建成小康社会中，具有基础性、先导性、全局性的作用，承担着为社会主义现代化建设提供更多的人才和智慧支持的历史重任。坚持教育为人民服务，是满足广大人民群众日益增长的接受高质量教育需要的必然要求。

伴随着信息时代、知识经济时代的到来，知识技术对国家、个人的影响将越来越广泛、越来越深远。教育从来没有像今天这样备受社会和人民群众如此高度的关注和重视，教育已经成为与广大人民群众切身利益密切相关的大事，体现出了千万家庭对美好生活的向往。思想政治教育只有始终坚持为人民服务的宗旨，不断满足广大人民群众日益增长的对高质量教育的需求，才能维护、发展和实现人民的根本利益。

第二，把"实践育人"作为思想政治教育的重要途径。教育与社会实践、生产劳动相结合，"不仅是提高社会生产的一种方法，而且是造就全面发展的人的唯一方法"②。习近平总书记强调："学习是成长进步的阶梯，实践是提高本领的途径，青年的素质和本领直接影响着实现中国梦的进程。"③ 随着经济和科技的发展，生产劳动变得越来越复杂，社会实践的内涵越来越丰富，教育与社会的联系也越来越广泛、深入。各级各类学校都要认真贯彻"教育为社会主义服务，教育与生产劳动相结

---

① 习近平. 决胜全面建成小康社会 夺取新时代中国特色社会主义伟大胜利——在中国共产党第十九次全国代表大会上的报告［M］. 北京：人民出版社，2017：45.
② 中共中央马克思恩格斯列宁斯大林著作编译局. 马克思恩格斯文集：第9卷［M］. 北京：人民出版社，2009：340.
③ 习近平. 习近平谈治国理政［M］. 北京：外文出版社，2014：51.

合"的教育方针，进一步增强青年学生勇于为国家、人民服务的社会责任感，勇于探索真知的创新精神和善于解决问题的实践能力。

第三，把促进人的全面发展作为思想政治教育的最终目标。促进人的全面发展，同推进经济、社会、文化的发展和改善人民物质生活是互为前提的。人的全面发展既是社会进步和发展的结果，也是社会进步和发展的衡量标准。人的发展越全面，社会的物质财富和精神财富创造得就越多；人民的物质文化生活越丰富，越能促进人的全面发展。

人的全面发展是一个逐步实现的历史过程，是多种因素综合作用的结果，其中教育作为一种专门培养人的社会活动，是实现人的全面发展的重要途径。培养德智体美劳全面发展的社会主义新人，是思想政治教育工作者的职责与使命。思想政治教育只有牢牢抓住"理想信念教育"核心，抓住"爱国主义教育"重点，打牢"思想道德建设"基础，盯住"全面发展"目标，才能实现全面育人、育全面发展的人的目标。

（二）确定思政目标体系，实现思政育人价值

确定目标是开展思想政治教育的前提和依据。我国思想政治教育的根本目标是用马克思主义理论和共产主义思想教育人民群众，提高人们认识世界和改造世界的能力。确定思想政治教育的目标，有利于我们沿着正确的方向发展；规范思想政治教育内容，创新思想政治教育手段，开展教育考核和评估依据，有利于提高思想政治教育的自觉性和有效性。围绕思想政治教育的终极使命，本书将思想政治教育目标按性质、教育对象、时间长短、管理层级分为四个层面。

1. 性质：根本目标和具体目标

根本目标是思想政治教育的灵魂，对具体目标起着支配作用。具体目标是根本目标在不同层次上的展开，是开展思想政治教育活动的具体遵循。思想政治教育的根本目标是促进人的全面发展，这是由思想政治

教育的根本性质和任务决定的。人的本质体现在社会性，是在社会实践中不断形成、发展和丰富的，思想政治教育是一种加快人的社会化发展的教育实践活动。人在思想政治道德等方面发展的需要，是人的内在综合素质提升的需要。

思想政治教育的具体目标是开展各项思想政治教育活动要达到的预期目标。根本目标经过层层分解，就会形成一个个具体的目标。在中国特色社会主义新时代，思想政治教育的具体目标表现为多个层次。第一，针对普通公民。对于全体公民来说，思想政治教育应以爱祖国、爱人民、爱劳动、爱科学、爱社会主义为目标，培育和践行社会主义核心价值观，培养基本的政治观点、道德素质和法律法规意识，成为一名合格的社会公民。第二，针对先进分子。对于共产党员和领导干部，思想政治教育要从无产阶级先进分子的维度去实施，使他们自觉树立马克思主义信仰以及共产主义理想和信念，勇于为党和国家的发展事业做贡献，为社会主义和共产主义事业做出牺牲，成为社会的先进分子。

2. 教育对象：社会目标、群体目标和个体目标

社会由不同的群体组成，群体由社会个体组成。思想政治教育的目标根据对象的层级可以分为社会目标、群体目标和个体目标。

思想政治教育的社会目标是指通过思想政治教育活动，全体社会成员的思想和行为要达到的预期效果。社会目标相对于群体目标、个体目标而言，其层次更高，包含社会政治、经济、文化目标和其他目标等。政治目标代表了一定社会阶级、阶层和集团的根本利益。政治目标是实现经济目标的根本保证，同时它还决定着文化目标的性质和方向。经济目标是政治目标和文化目标的前提条件，没有经济目标的实现，政治目标和文化目标也就失去了其物质基础。虽然文化目标受政治目标和经济目标的制约，但它又为政治目标和经济目标的实现提供精神支持。

思想政治教育的群体目标是社会中某个集体、单位所要达到的目标。

群体是指由个体所组成的集体、单位。不同社会群体由于人员来源不同，业务内容不同，价值追求、社会作用不同，思想政治教育的目标也不一样，因此，需要针对不同群体确立不同的思想政治教育群体目标。社会中每个群体的目标实现，都有助于思想政治教育社会目标的实现。

思想政治教育的个体目标是指思想政治教育针对各个社会成员所要达到的预期结果。也就是说，提高社会成员的思想道德素质并促进科学文化素质、身体心理素质的发展，把每一个社会成员培养成为对社会发展进步有益的人。思想政治教育的对象是一个多层面的复合体，具有多样性、差异性和层次性的特点。由于不同社会成员所处的生活环境、扮演的社会角色、承担的社会责任及其自身的思想政治状况千差万别，所以思想政治教育的个体目标也要因人而异，不能千篇一律。

总之，思想政治教育的社会目标对思想政治教育群体目标和个体目标起着主导和支配的作用，决定着群体目标和个体目标的形成、发展和实现，而个体目标和群体目标则是思想政治教育社会目标的来源，是社会目标实现的基础。思想政治教育通过提高个体思想政治素质，促进群体和社会的发展与进步。

3. 时间长短：远期目标、中期目标和近期目标

远期目标指的是需要付出艰辛的努力、经过长时间才能实现的思想政治教育目标，它贯穿于思想政治教育过程的始终，反映的是党和人民事业发展的客观趋势和长远需要，是思想政治教育最终要达到的预期结果，对思想政治教育和人的思想行为有着重要的、长远的引导作用。因此，我们可以把它放到更高的视野看，将其称为思想政治教育的战略目标。

中期目标是指思想政治教育需要经过较长时间的努力才能实现的目标。社会发展是分阶段的，不同的阶段有不同的中心任务，所以思想政治教育在不同的社会发展阶段也有不同的目标。思想政治教育的中期目

标反映社会某个时期的发展特点和需要，贯穿于思想政治教育一定时期的要求。思想政治教育的中期目标具有阶段性和过渡性的特点，是思想政治教育的战役目标，对思想政治教育和人的思想行为具有重要的激励作用。

近期目标是指思想政治教育在较短的时间内确立的目标。近期目标反映社会进步与人自身发展的现实需要，是较短时间内思想政治教育要达到的预期效果，具有现实性、具体性和可操作性，是思想政治教育的战术目标，对思想政治教育和人的思想行为的发展具有现实的推动作用。

总而言之，思想政治教育的远期目标、中期目标和近期目标是一个相互统一的整体，既相互制约，也相互影响。远期目标指导中期目标和近期目标的实现，中期目标是联系长期目标和近期目标的桥梁和纽带，具有承前启后的作用，而近期目标的实现为中期目标和远期目标打牢基础。思想政治教育要牢牢盯住远期目标，围绕中期目标去实现近期目标，才能实现其社会价值。

4. 管理层级：总目标和分目标

随着思想政治教育与管理工作相互结合的加深，目标管理理论被逐渐引入思想政治教育管理中。目标管理的内涵具有三层含义：组织目标是组织成员根据社会需要和组织发展共同协商确定的；组织总目标确定后，根据总目标决定每个部门以及每个成员应达成的分目标；将组织总目标和分目标作为部门活动和成员活动的依据，组织成员的一切活动都围绕着这些目标的实现，将履行部门和成员的职责转化为实现目标的活动。思想政治教育实行目标管理，必须紧紧围绕马克思主义理论教育、爱国主义教育、公民道德教育、形势政策教育以及心理健康教育等，做好目标分层，搞好目标管理。

思想政治教育目标管理是一个多层级、多样化、全方位的复杂体系，在确立目标时，关键是理顺目标体系的内部关系，保证其层级结构的科学性并方便操作。总目标是根本目标，在思想政治教育目标体系处于最高层级，而规定了思想政治教育各阶段、各领域的具体目标即分目标的方向和内容。一个个分目标连接起来形成了目标链和目标系统，最终构成整个思想政治教育目标体系。

因此，总目标与分目标之间是一种整体与部分的辩证统一关系。在思想政治教育目标管理过程中，只有建立科学的目标体系，理顺各目标层级的关系，才能充分发挥教育目标的育人功能。

四、新时代高校思想政治教育的新要求

目前，中国特色社会主义进入了新时代，离实现中华民族伟大复兴的中国梦越来越近，更加需要通过思想政治教育去引领、凝聚人的思想共识，高校思想政治教育的地位也更加重要，作用也更加突出。进一步加强高校思想政治教育，不断增强思想政治教育的针对性和实效性，是中国特色社会主义新时代对高校思想政治教育的客观要求。

（一）认清新的历史方位，把握时代发展大势

习近平总书记在党的十九大向世界庄严宣示，中国特色社会主义进入了新时代，这是我国发展的新的历史方位。"新时代"不是抽象概念，而是有科学依据、有丰富内涵的理论创新重大成果。从多个维度探讨"新时代"的内涵，能帮助我们更清楚、更准确地把握时代大势。

十九大报告提出："不忘初心，牢记使命，高举中国特色社会主义伟大旗帜，决胜全面建成小康社会，夺取新时代中国特色社会主义伟大胜利，为实现中华民族伟大复兴的中国梦不懈奋斗。"① 这意味着我国将在新的起点继续前进，全面建成小康社会进入决胜阶段，中国特色社会

---

① 习近平．决胜全面建成小康社会 夺取新时代中国特色社会主义伟大胜利——在中国共产党第十九次全国代表大会上的报告 [M]．北京：人民出版社，2017：1.

主义进入新时代。

中国特色社会主义进入新时代既是改革开放以来我国社会进步的必然结果，也是我国社会主要矛盾运动的必然结果，具有充分的时代依据、理论依据和实践依据。一是党和国家事业发展发生历史性变革，中华人民共和国成立特别是改革开放以来我国发展在取得重大成就的基础上，站到了新的历史起点，中国特色社会主义进入到新发展阶段。李君如指出："新时代，是在新中国成立以来，特别是改革开放以来我国取得重大成就基础上得来的，是从十八大以来党和国家事业发生历史性变革的进程中做出的科学判断。"① 二是党的指导思想实现了与时俱进。习近平新时代中国特色社会主义思想正式写入《中国共产党章程》，成为全党必须长期坚持的指导思想，实现了指导思想的与时俱进。三是我国社会主要矛盾发生了新的变化。习近平总书记指出："中国特色社会主义进入新时代，我国社会主要矛盾已经转化为人民日益增长的美好生活需要和不平衡不充分的发展之间的矛盾。"② 人民的美好生活需要不仅在物质生活、精神生活层面提出了更高的要求，而且在民主、法治、公平、正义、安全、环境等方面的要求也日益增长，还包括对人自身发展的要求，这将对发展全局产生广泛而深刻的影响。四是党的奋斗目标有了新的要求。党的十九大到二十大是"两个一百年"奋斗目标的历史交汇期，既要实现全面建成小康社会，又要迈上新征程向全面建设社会主义现代化国家进军。五是我国面临的国际环境发生了新变化。世界正处于大发展大变革大调整时期，我国正从大国迈向强国，从世界舞台边缘走向舞台中央，中国方案正逐渐深入人心。

对于新时代的内涵，可以从五方面去理解：第一，新时代是取得中

① 曹滢，韩家慧．"新时代"从哪里来？[EB/OL]．新华网，2017-10-23.
② 习近平．决胜全面建成小康社会 夺取新时代中国特色社会主义伟大胜利——在中国共产党第十九次全国代表大会上的报告 [M]．北京：人民出版社，2017：11.

国特色社会主义伟大胜利的时代。它是中国共产党和人民长期艰苦奋斗的结果，特别是改革开放以来，党领导中国人民走中国特色社会主义道路，充分调动了人民的积极性和创造性，使社会主义在中国焕发出新的生机与活力。第二，新时代是决胜全面建成小康社会进而全面建成社会主义现代化强国的时代。我们在建党100周年全面建成小康社会，在建国100周年建成社会主义现代化强国，这是中国共产党向人民、向历史作出的庄重承诺。第三，新时代是全国各族人民团结奋斗、不断创造美好生活、逐步实现全体人民共同富裕的时代。为人民谋幸福是我们党的初心，谋求国家富强、人民幸福是新时代要完成的历史任务，在此基础上满足人民对美好生活的向往，实现共同富裕。第四，新时代是全体中华儿女勠力同心、奋力实现中华民族伟大复兴中国梦的时代。今天，我们比历史上任何时候都更加接近实现中华民族伟大复兴的中国梦，所以更应该汇聚全体中华儿女的力量，朝着既定目标迈进。第五，新时代是我国日益走近世界舞台中央、不断为人类作出更大贡献的时代。中国梦与世界梦是相通的，中国梦的实现离不开和平的国际环境，世界各国的发展也离不开中国。在新时代，中国有责任，也有能力为人类的发展进步作出更大的新贡献。

新时代的到来，为思想政治教育带来了新的机遇和挑战。社会的发展进步，必然会引起人们思想观念、价值追求和生活方式的变化。思想政治教育要积极回应社会变化和人们诉求的变化，为建设好和谐精神家园、维护好我国意识形态安全贡献力量。根据中共中央、国务院印发的《关于新时代加强和改进思想政治工作的意见》，回应社会变化和人们诉求的变化，有针对性地做好思想政治工作，必须围绕以下六方面：一要坚持用习近平新时代中国特色社会主义思想武装全党、教育人民。特别是要对高校学生实施马克思主义理论研究和建设工程，强化理论武装，思想引领。二要推动理想信念教育常态化、制度化。深入开展中国特色社会主义和中国梦宣传教育，弘扬中国共产党和人民在各个历史时期的奋斗中形成的伟大精神，加强马克思主义唯物史观和辩证法教育。三要培育和践行社会主义核心价值观。以培养担当民族复兴大任的时代新人为目标，加强青少年的核心价值观教育，推动社会主义核心价值观融入青年学生的成长成才和学习生活。四要加强党史、新中国史、改革开放史、社会主义发展史和形势政策教育。以学习党史为重点，系统抓好"四史"教育，传承红色文化，赓续红色基因，消除历史虚无主义的影响，继续走好新时代长征路。五要加强社会主义法治教育。在青年学生中开展习近平法治思想的学习，开展宪法宣传教育，夯实崇尚宪法、维护法律的思想基础。六要增强忧患意识，发扬斗争精神。树立忧患意识，持底线思维，发扬斗争精神，开展防范化解重大风险宣传教育，学习总体国家安全观，维护社会政治安全。

（二）对接学生思想实际，创新思政工作思路

思想政治工作要落地生根，必须见人见事，针对人的思想实际，满足人的发展需要，促进人的全面发展。

1. 准确把握大学生的思想行为特点

当代大学生是生长在改革开放新时期的一代，中国传统文化、市场经济文化以及西方外来文化等多元文化，都深刻影响了他们政治观、价值观和心理特征的形成和发展。

第一，思想积极上进，面对未来充满信心。当代大学生在政治上积极追求进步，有健康、稳定的政治观，思想主流与发展趋势积极向上。他们拥护中国共产党的领导和中国特色社会主义制度，肯定国家改革开放和脱贫攻坚取得的伟大成就。他们绝大部分信仰马克思主义，对思想政治理论课感兴趣。他们热爱祖国，有较强的民族自尊心，当国家出现突发事件和自然灾害时，他们会挺身而出，甚至强烈要求到第一线，为

国家、社会分忧。他们高度认可社会主义核心价值观，期盼早日实现中华民族伟大复兴的中国梦。

他们生活在改革开放和社会快速发展的时期，在生活和学习上遭受的挫折较少。因此，他们对未来充满信心，对改革开放和社会主义前途充满信心，对国家的未来同样信心满满，坚信中国一定会成为世界格局中的重要一极，相信"两个一百年"奋斗目标一定能够实现。

第二，价值多元开放，面对社会包容性强。当代大学生成长在价值多元和生活方式多元化的社会环境，他们对各种价值观的接受度和认可度极高，价值观多元化的倾向非常明显。他们既表现出强烈的社会正义感，可以为的好人好事真心称赞，对社会丑陋现象深恶痛绝，又可以坦然地面对周围的不文明现象，对那些关键时候不愿意伸出援助之手的人表示理解。这既是他们"开放与兼容"心态的体现，也是他们"矛盾与迷茫"心态的真实反映。他们在社会与个人、奉献与索取、崇尚集体荣誉与追求个人名利等选择中犹豫不决、徘徊不定，努力寻找个人利益与社会利益、物质利益与精神追求的平衡点。

第三，关心社会集体，积极提升自身素质。当代大学生视野开阔，他们关心国际国内形势，关注社会热点问题。他们对社会问题有独立的看法，有自己的立场观点。对于当前物价上涨而导致生活压力过大、贫富差距过大出现的社会不公平现象，大部分学生也能够正确地看待并给予客观的评价。

当代大学生重视专业知识的学习，也注重综合素质的培养。他们认为除了学好专业知识外，还应该提前规划自己的职业发展，大学生活应该充实而有意义，不应该虚度光阴。他们积极参加各种技能培训，培养分析问题和解决问题的能力，他们积极参加党团活动和校园文化活动，提高思想修养，陶冶性情，培养人文情怀，他们还去参加社会实践、创新创业和勤工助学活动，通过活动来充实自己、提升自己、完善自己。

第四，缺乏诚信意识，不会处理社会关系。在肯定当代大学生主流积极向上的同时，不能忽视的是他们也正在遭遇诚信危机。

大学生诚信缺失的表现及程度由重到轻依次排序为学习、生活、经济、就业四方面。诚信问题已经成为当代大学生最严重的道德问题，这也是高校思想政治教育需要重点关注的问题。

当代大学生大多为独生子女，进入大学后在人际关系上不能从容处理，在处理矛盾时易表现出自私、任性、嫉妒和自卑，甚至情绪容易冲动。有些同学心理承受能力弱、会表现出失望、焦虑、沮丧等情绪，变得意志消沉，甚至自暴自弃。在成长困惑、感情困惑、人际关系纠结、学业竞争、就业竞争等压力下，部分大学生难以适应充满竞争的社会环境。

第五，感恩意识薄弱，学业追求急功近利。感恩是中华民族的传统美德，我们的祖先一直秉承"投我以木桃，报之以琼瑶"的感恩情怀。由于受多元文化的影响，感恩教育受到了不同程度的冲击，导致青少年感恩意识的缺失。不过，大部分同学对父母养育之恩有所感知，对曾经帮助过自己的人有所感激，并在适当的时候能够有所回报。在现实中，随着经济条件的改善，一些学生变得越来越浮躁，感恩意识淡薄，导致行为出现了问题。感恩意识淡薄与学生从小的教育环境和教育方式密切相关，长期以来的"应试教育""功利教育"把人的良心都湮没了，课堂上只重视政治理论和道德知识教育而忽视了行为规范的培养，学生管理只是一味地运用批评、禁止等手段而不注意调动学生内在积极性，这些教育方式严重阻碍了学生感恩意识的培养。

学习的功利倾向也同样值得我们重视。国学大师陈寅恪晚年不幸双目失明，但他仍然凭借惊人的记忆力并依靠助手的帮助查阅资料，继续开展学术研究，这依靠的就是其青年时代的勤奋好学和学术积累，而这种积累来源于印刷媒介塑造的线性思维。但是今天，还会有哪个社会组织将这些作为评价标准？又有哪个从业人员将精力花在这些看起来没有那么实用的事情上呢？他们更多看重的是那些立竿见影的东西。

与陈寅恪相比，当代大学生更注重实际，他们在择业问题上的选择也呈现出了急功近利的倾向。稳定、高收入、轻松成为大多数毕业生的首选工作要求。这种择业的功利化倾向会直接影响对学校、专业的选择以及学习态度和表现。他们倾向于选择985、211高校和热门专业，衡量标准就是学校或专业的考研率、出国率和就业率。热门专业、实用知识、"考证"成为大学生学习的重点，而一些冷门的专业无人问津。

第六，合作能力不强，团队作战精神欠佳。合作是人们赖以生存和发展的重要动力，学会共同生活、培养社会活动的参与和合作精神是思想政治教育不可缺少的内容。但当代大学生在一定程度上存在着"团队协作观念较差"的问题。相比于二十世纪七八十年代的大学生在群体价值观中强调的集体主义精神，如今的大学生在价值观的表达中更多关注自我，或关注自己的"小家"，而在公开场合表达自己报效祖国之心、奉献社会之志的大学生不多，他们不注重形式，在处理集体利益与个人利益的关系时显得更加务实。他们擅长个体攻关、单兵作战，在团队活动中会出现角色混乱、协作精神差的情况。大学生团队精神弱化主要有自我意识膨胀、和谐处理人际关系方面的能力较差以及责任意识淡薄等方面原因。

首先，自我意识膨胀。自我意识膨胀指以自我为中心，在集体利益和个人利益出现冲突时，会优先考虑自己的利益，很少会考虑他人的感受，不懂得关心他人。自我意识膨胀在独生子女群体中更为明显，他们从小在优越的环境中成长，所有人都围着他（她）转。在这样的家庭氛围中成长起来的一代人，自然成为关注的中心。在受到关爱时，他们并没有养成为他人着想的习惯，以致在集体生活中表现出极强的个人中心主义。

其次，处理人际关系能力较差。人际交往能力主要体现在能够和谐地处理人际关系，这也是事业和学业成功的必备技能。良好和谐的人际关系是团队精神产生、发展的前提和基础。由于部分大学生处理人际关系的能力较差，所以在与团队其他成员相处时，喜欢把个人观点、个人感受强加给其他队友，这种不尊重他人的做法必然会影响团队的和谐发展。在团队产生分歧时，他们缺乏对其他成员的信任和尊重，只会站在自己的立场考虑问题，拒绝别人的意见和建议，容易影响团队的和谐氛围。

最后，责任意识淡薄。有的大学生只考虑自身学业、工作和科研方面的事情，不能很好地将团队的前途与个人的责任统一起来，过分强调自我得失，不能很好地处理二者之间的关系，他们不愿承担责任，对自己作为团队成员应尽的责任和义务认识不清，缺乏应有的大局观念。

习近平总书记指出："青年的价值取向决定了未来整个社会的价值取向，而青年又处在价值观形成和确立的时期，抓好这一时期的价值观养成十分重要。这就像穿衣服扣扣子一样，如果第一粒扣子扣错了，剩余的扣子都会扣错。人生的扣子从一开始就要扣好。"① 只有正确引领当代大学生在大是大非问题上具备正确的思想，扣好人生的第一粒扣子，才能使他们在政治态度、思想观念、价值取向上站稳立场，才能增强他们对中国特色社会主义的思想认同、理论认同、情感认同，才能提高他们对中国特色社会主义的道路自信、理论自信、制度自信和文化自信。

2. 进一步健全高校思想政治工作体制机制

2016 年召开的全国高校思想政治工作会议，对高校思想政治工作进行了新一轮的部署和动员，对高校思想政治工作提出了顶层设计和具体要求。

高校思想政治工作面临的环境发生了新的变化，作为意识形态斗争

---

① 习近平. 习近平谈治国理政［M］. 北京：外文出版社，2014：172.

的前沿阵地，党和政府对高校思想政治工作的要求更高了。随着我国经济的快速发展和综合国力的不断提升，中国特色社会主义的优越性日益凸显，我们逐渐掌握了意识形态斗争的主动权，也看到了意识形态领域的斗争越来越激烈。党的十九大提出了统筹推进"五位一体"总体布局和协调推进"四个全面"战略布局，要求进一步凝聚全党全国人民的意志，对高校思想政治工作提出了新的要求。

教育部和相关部门出台了《教育部等八部门关于加快构建高校思想政治工作体系的意见》《新时代高校思想政治理论课教学工作基本要求》《高等学校课程思政建设指导纲要》系列政策文件，进一步理顺了高校思想政治教育体制机制，对加强和改进新时代思想政治工作、做好网络思政工作、加强思政理论课建设、加强思想政治理论课教师队伍建设等方面提出了新的措施。

3. 提高高校思想政治教育的科学化水平

思想政治教育是一门科学，是有规律可循的。中国特色社会主义新时代是一个深化改革开放的社会，面对的考验比较复杂，所以要提高思想政治教育的针对性和感染力，必须在提高科学化水平方面下功夫。

一要加强党对高校的全面领导，发挥好中国特色社会主义大学办学优势。把思想政治工作作为学校各项工作的生命线，抓好高校党的建设工作，提高党组织依法办学治校水平，把党的教育方针全面落实到学校工作各方面和人才培养各环节。

二要加大理论武装力度，推进习近平新时代中国特色社会主义思想入耳入心入脑。以习近平新时代中国特色社会主义思想武装师生头脑，是高校思想政治教育的重要任务。用好思想政治理论课主渠道，用好校园文化，用好网络新载体开展理论教育，让师生带着问题学习、联系实际学习，全面了解习近平新时代中国特色社会主义思想基本精神和基本要义，全面提升思政教育教学水平。

三要坚持立德树人根本任务。保证中国特色社会主义办学方向，以昂扬向上的精神状态和脚踏实地的行动，自觉担负起"为党育人、为国育才"的时代使命，努力培养堪当民族复兴大任的时代新人。

四要强化思想政治教育体系建设，提高思想政治教育亲和力和针对性。把立德树人融入思想道德教育、文化知识教育、社会实践教育各环节，努力推动高校思想政治工作体制机制、内容形式、方法手段的创新。

五要深化思政教育基本理论研究，强化马克思主义道德伦理思想教育。思想政治教育基本理论是学科发展的重要支撑。深化思想政治教育基本理论研究，有助于推动思想政治教育学科建设的科学化，构建具有中国特色、中国风格、中国气派的思想政治教育学科体系。以思想政治教育核心概念作为切入点，深化马克思主义基本道德伦理思想的研究，做到守正创新、夯实基础，开拓马克思主义道德伦理思想教育新境界。

六要做好高校意识形态工作，积极营造安全和谐的校园环境。牢牢掌握高校意识形态工作领导权和主动权，推进马克思主义中国化、时代化和大众化，建设具有强大凝聚力和引领力的社会主义意识形态，使全体师生在理想信念、价值理念、道德观念上高度一致，落实高校立德树人的根本任务。通过各方努力，进一步提升高校思想政治教育的科学化水平。

七要推动社会主义核心价值观教育走向精细化。教育是推进社会主义核心价值体系建设的主阵地，学校是培育和传播社会主义核心价值观的主渠道。高校要积极行动起来，要以更加积极的姿态和更加务实的举措，深化社会主义核心价值观学习教育，让社会主义核心价值观内化于心、外化于行，为培养社会主义可靠接班人贡献更大的力量。

4. 不断推动高校思想政治教育工作理论创新

党中央对高校思想政治教育工作的每一次重大部署，都伴随着一系列的理论创新。在思想政治教育工作定位上，从"学校教育、育人为本，德智体美、德育为先"的定位发展到"坚持把立德树人作为中心环节，把思想政治工作贯穿教育教学全过程"①，提出了"高校立身之本在于立德树人"②"必须牢牢抓住全面提高人才培养能力这个核心点，并以此来带动高校其他工作"③。这可以看作是从"德育为先为首说"发展到"德育中心说"，符合高校思想政治工作的时代地位。在高校育人格局上，从"两育人"上升到"七育人"。1987 年颁发的中共中央《关于改进和加强高等学校思想政治工作的决定》提出"教书育人、服务育人"的意见。2004 年中共中央、国务院《关于进一步加强和改进大学生思想政治教育的意见》将"两育人"发展到"三育人"，即"教书育人、管理育人、服务育人"。2014 年中办、国办《关于进一步加强和改进新形势下高校宣传思想工作的意见》将"三育人"发展到"五育人"，即"教书育人、实践育人、科研育人、管理育人、服务育人"。2016 年 12 月中共中央、国务院印发的《关于加强和改进新形势下高校思想政治工作的意见》提出了"七育人"的要求，即"教书育人、科研育人、实践育人、管理育人、服务育人、文化育人、组织育人"④。2017 年 12 月，教育部出台的《高校思想政治工作质量提升工程实施纲要》提出要构建"课程育人、科研育人、实践育人、文化育人、网络育人、心理育人、管理育人、服务育人、资助育人、组织育人"⑤ 等"十大育人体系"，打通育人最后一公里。思政理念和体制创新的过程不能认为是简单的加减，这体现了对育人视野的拓展和育人格局的完善。对高校党委书记和校长

---

① 习近平. 习近平谈治国理政：第 2 卷 [M]. 北京：外文出版社，2017：376.
② 习近平. 习近平谈治国理政：第 2 卷 [M]. 北京：外文出版社，2017：377.
③ 习近平. 习近平谈治国理政：第 2 卷 [M]. 北京：外文出版社，2017：377.
④ 中共中央、国务院印发《关于加强和改进新形势下高校思想政治工作的意见》[EB/OL]. 中华人民共和国中央人民政府网，2017-02-27.
⑤ 中共教育部党组关于印发《高校思想政治工作质量提升工程实施纲要》的通知 [EB/OL]. 中华人民共和国教育部网站，2017-12-05.

的职业定位，也从"教育家"发展到"政治家、教育家"，提出"党委书记和校长，应当努力成为社会主义的教育家"，强调要按照社会主义政治家、教育家标准选好配强高校领导班子，特别是党委书记和校长。

高校思想政治教育是一门科学。我们要用基层的大胆实践助推理论的创新，不断总结思想政治工作规律、教书育人规律和学生成长规律，既要低头赶路，也要抬头看天。而在推动理论创新方面应该重点考虑以下五方面的内容。

一要更加明确高校思想政治教育工作的地位。从事关中国特色社会主义事业成败的高度来认识，高校思想政治工作是提升青年一代的理想信念、精神状态、综合素质和我国高等教育发展水平这两项国家核心竞争力要素的重要动力，高校思想政治工作是实现党对高校领导的重要途径。中国共产党领导的主要途径分为政治、思想和组织领导三种方式。党的思想领导主要通过思想政治工作实现。思想政治工作被称为高校的"战略工程、固本工程和铸魂工程"。建设"中国特色世界一流"的高校离不开卓有成效的思想政治工作。"保证高校始终成为培养社会主义事业建设者和接班人的坚强阵地"①，关键在于"党委要保证高校正确办学方向，掌握高校思想政治工作主导权"②。

二要创新高校思想政治教育的理念。树立"大思政"思维，构建"大思政"工作格局。习近平总书记将立德树人作为高校立身之本，高校思想政治工作的重点关注对象是学生。"关照学生、服务学生、围绕学生"是高校思政工作的重点内容，而实现的方式是"全程育人、全员育人、全方位育人"（即"三全育人"），这个界定使思想政治工作在时空上扩展了占位，开阔了思想政治工作的理论和实践。

三要遵循思想政治工作规律。思想政治工作要因事而化、因时而进、

---

① 习近平.习近平谈治国理政：第2卷［M］.北京：外文出版社，2017：379.
② 习近平.习近平谈治国理政：第2卷［M］.北京：外文出版社，2017：379.

因势而新，这应该在现代大学制度的框架中实施，遵循高等教育办学规律运行。

四要把思想政治工作与学校各项工作有机结合起来。把思想政治教育无痕无形地融入高校教育教学和其他工作中。

五要创新思想政治教育方法。针对青年学生擅长互联网的特点，运用微博、微信等新媒体主动抢占网络空间，提高思想政治教育的亲和力、吸引力和感染力。

5. 不断拓展高校思想政治教育工作视野

我国高校思想政治教育既要走出学校，突破国门，学习其他国家和地区的先进经验和做法，也要从中华优秀传统文化中汲取营养，借鉴传统思想政治工作方法。

国外高校通过"通识教育"渗透政治思想，开展价值观教育。我国很多高校也越来越重视发挥人文素质课程的育人功能，挖掘思政教育元素，落实"课程思政"的要求。例如：北京市开展"名家领读经典"活动，聘请北京高校的 19 位理论专家作为授课老师，讲授"中国共产党与国家治理体系和治理能力现代化"的市级思想政治理论课，作为思想政治理论课课程体系的补充，得到了学生的喜爱和社会的好评。上海市高校推行"课程思政"改革试点，遵循思想政治理论课、综合素养课、专业课三类课程的功能定位，从课程内容、教学方法、师资队伍以及网络平台手段的综合运用等途径推进改革，在探索"课程思政"方面总结了很多经验做法，走在了全国高校前列。百色学院在按要求开好思政理论课的同时，组织教师开发了 170 多门"红色微型选修课"，对学生开展中国共产党革命精神和文化资源的教育取得了可喜的成绩。"依托红微课堂，让红色精神永放光芒——百色学院红微课堂建设的做法和经验"荣获第九届全国高校校园文化建设优秀成果一等奖，打造出了老区高校思想政治教育和校园文化建设品牌。

　　同时，我们要善于从中国优秀传统文化中汲取养分。中华五千年文明发展史，也可以说是中华五千年的思想政治工作史。在不同的历史时期和社会制度框架下，思想政治工作的总体要求和具体思路虽有所不同，但都符合当时社会发展的需要。对于其中一些好的理念和做法，我们可以结合实际加以取舍，如中国传统思想政治工作非常重视家庭教育，在家庭生活环境的布置中就可以体现道德教育的意蕴，房屋的装修与装饰普遍使用木雕、砖雕、石雕，梅、兰、竹、菊寓意做人要有高尚的品格，二十四孝图生动传递孝悌之道，这体现了对家庭教育功能的重视。

　　习近平总书记在第一届全国文明家庭表彰大会上强调："家风好，就能家道兴盛、和顺美满；家风差，难免殃及子孙、贻害社会，"① "广大家庭都要弘扬优良家风，以千千万万家庭的好家风支撑起全社会的好风气，"② "各级领导干部特别是高级干部要带头抓好家风，做家风建设的表率，把修身、齐家落到实处"③。相关政策强调家校联动，党和政府也在大力倡导家风建设。

　　推动思想政治工作创新，需要开放的视野，只有从不同角度收获灵感、得到启发，才能构建思想政治教育创新的格局。当然，一切的借鉴都不应该是简单地照搬照抄，而应结合实际予以创造性转化、创新性发展，以形成新时代思想政治教育的中国特色、时代特色、自身特色。

---

① 习近平. 习近平谈治国理政：第2卷［M］. 北京：外文出版社，2017：355.
② 习近平. 习近平谈治国理政：第2卷［M］. 北京：外文出版社，2017：355—356.
③ 习近平. 习近平谈治国理政：第2卷［M］. 北京：外文出版社，2017：356.

第二章

中华优秀传统文化的传承

中华优秀传统文化是中华民族在几千年历史发展过程中创造出的闻名世界的灿烂文化，是重要的思想政治教育资源。传统文化所蕴含的价值取向、思维方式、行为准则等内容，具有强烈的历史性和民族性，它影响着人们的生活态度和生活方式，为开创中国特色文化教育事业提供了历史的渊源和现实的借鉴。本意将从宏观角度对中华传统文化的内涵、历史演变、思维方式、基本特点、价值取向以及世界影响展开研究，以凸显中华优秀传统文化传承的价值和意义。

一、中华传统文化的内涵

中华传统文化博大精深、兼容并蓄、和而不同、形态多样。丰富、灿烂的传统文化是我国人民勤劳、勇敢和智慧的象征，是世界文化百花园中最具特色的组成部分。它充分展现了中华民族五千年的文明发展道路，体现了人类文明发展的多样性和创造力，在世界文化发展史上占有十分重要的地位。把握中华传统文化的深刻内涵，对于传承优秀传统文化、推动社会主义文化的繁荣和发展、提升国家文化软实力十分重要。

（一）把握文化基本内涵，厘清内在逻辑关系

学习、传承中华优秀传统文化，首先要了解文化的内涵。文化的界定是一个比较复杂的问题，因为文化作为人类社会的客观存在，具有与人类自身同样悠久的历史，一部人类发展史就是一部人类文化发展史。因此，文化的概念是一个内涵丰富、外延宽广的多维概念。

据不完全统计，国内外关于文化的概念已有 260 多种表述。在我国古代典籍中，"文化"最早指的是统治者对普通民众施加的"以文教化"，与"以武力征服"相对应。到了汉代，"文化"成为一个常用词，多为"以文德治天下"之意，与没有经过社会教化的"野蛮""质朴"相对应。

在十八、十九世纪的西方学术界，"文化"成为一个社会使用比较普遍的概念。它来自拉丁文"cultura"，具有与制作、掘垦、居住、动植物培育等物质生活相联系的意义，在此基础上进一步引申出对人的性情陶冶及品德养成的寓意。1871 年，英国人类学家泰勒在其著作《原始文化》中对"文化"进行了比较系统的阐释。他明确提出："文化或文明，就其广泛的民族的意义来说，乃是包括知识、信仰、艺术、道德、法律、习俗和任何人作为一名社会成员而获得的能力和习惯在内的复杂整体。"[①] 在这里，泰勒把文化作为一个精神文化的综合整体的基本含义进行强调，为后世对文化的研究具有非常重要的影响。

在近代西学东渐的潮流中，西方的文化概念开始传入中国，于是翻译家就借我国古代的"文化"一词进行表述，然而，这种对文化概念的表述与我国古代的"文化"概念相差甚远。

在当代，我国的一些专家学者对文化的概念做了比较认真、深入、系统的研究："从广义来说，指人类社会历史实践过程中所创造的物质

---

① 毛芳烈，张向东. 人文教育导读［M］. 昆明：云南科技出版社，2002：200.

财富和精神财富的总和。从狭义来说，指社会的意识形态，以及与之相适应的制度和组织机构。"① 一般认为，在广义的文化概念中，可以把文化分为物质文化、精神文化和制度文化。

1. 物质文化

物质文化，主要指人们在物质生产活动过程中创造出来的一种文化，是人类在物质生产领域中认识自然和改造自然的主要能力和水平的具体体现。物质文化体现了一定生产、生活方式的具体存在，如建筑物、生活用具、服饰饮食、交通运输、生产工具以及乡村等，它们既是人类创造出来的，也为人类服务，看得见，摸得着，是一种表层次的文化。物质文化发展的程度常常作为一种衡量和评判社会进步发展的标准。

2. 精神文化

精神文化是人们在精神生产活动过程中创造出来的精神财富的总称，包括人们的审美情趣、价值观念、道德规范、宗教信仰和思维方式等。精神文化与物质文化一样，是人们在长期的生产生活中总结出来的经验理论，不过它更加侧重于价值体系、思维方式和心理结构。对社会个体来说，精神文化是其精神食粮，孕育人的精神家园、决定人的精神状态等，是人的本质属性体现。对一个社会来说，精神文化是社会的旗帜，能够引领社会发展，具有价值导向、精神动力、民族凝聚等精神层面的功能属性。对于一个国家来说，精神文化赋予一个民族、一个国家思想灵魂和软实力，是一种深层次的东西。

例如，在西安半坡村挖掘出来的土壤只是一种自然物质，而不是一种文化形态，但是经过原始先民捏塑加工、烧制成陶罐之后，他们的智慧和情感付诸在陶罐之上因而成了一种文化，也成为原始文化的一个组成部分。

---

① 华焱.学习毛泽东哲学思想讲话 [M].吉林：吉林人民出版社，1982：426.

　　因为陶罐既是我们祖先创造的物质成果，又是他们的精神活动产品，陶罐被赋予了祖先的思想和智慧。我们今天不仅可以看到古代生活中所用的器具，还可以透过陶罐的彩绘图案获取到古代人们的生活状态和艺术观念等信息。

　　3. 制度文化

　　制度文化是基于物质文化发展水平而形成的各种社会制度，如经济制度、政治制度、文化制度、教育制度以及处理人与人、人与社会、人与自然界之间的关系准则等。制度文化是人类在物质生产过程中结成的各种社会关系的总和，它处在物质文化和精神文化之间，在物质文化和精神文化的发展过程中发挥协调作用。制度文化有的是历代相传，有的在变化发展，有的被不断创造出来，也有的不断被废止，既没有具体的存在物，也不是抽象到看不见，而是一种中层次的文化。

　　在三个文化形态中，处在最表层的是物质文化，中间的是制度文化，最核心、最深层的是精神文化，精神文化决定了制度文化。

　　我们介绍的中华传统文化采用的是广义文化的表述，但总体而言侧重于精神文化和制度文化。在对文化进行分析时不会脱离广义文化这个宏大的背景，因为精神文化与物质文化之间既互相区别又密切联系，精神活动必然以物质活动为基础。

　　（二）解读中华传统文化，提高中国文化自信

　　1. 学术界的观点

　　关于"中华传统文化"的内涵，学术界有各种不同的看法。下面主要从时间、内容和根源三个维度对中华传统文化的内涵进行介绍。

　　时间维度。从时间方面来说，有些专家认为"传统文化"主要指在过去的一个较长历史发展过程中形成和发展起来的，包括从周秦至清中叶这三千多年历史过程中形成并发展起来的文化。也有些专家认为"传

统文化"应该指从过去一直发展到现代的文化。还有学者认为"传统文化"不仅包括封建社会的文化，而且包括近代文化和五四运动以后的新文化。

内容维度。在内容方面，有的专家认为"传统文化"指深深根植于中华民族土壤中的相对稳定的东西，也有动态的东西寓于其中，是过去与现在的融合过程，融入了各个时期的理论、思想和观点。也有学者提出"传统文化"不仅表现在各种程式化了的理论形态方面，而且更广泛地表现在社会的思维方式、生活习惯、审美情趣、心理特征、价值观念等非理论形态方面。

根源维度。从根源上讲，有的学者认为"中华传统文化"不是一源分流，而是殊途同归，是中华民族大家庭各种不同文化所进行的大融合。这些观点都从不同方面和角度对中华传统文化的内涵做出了积极的探索。

2. 本书观点

中华传统文化指从远古到晚清（即 1840 年鸦片战争以前）的历史进程中形成和发展起来的、根植于中国疆域以中华民族为创造主体的、具有鲜明特色和稳定结构的、世代传承并影响整个社会历史的宏大文化体系。它积淀着中华民族最深沉的精神追求，体现了中华民族独特的标志，是中华民族生生不息、发展壮大的营养，是中国特色社会主义植根的文化沃土。我们侧重从本土性、历史性、传承性方面分析其形成的特点，并从核心思想理念、中华传统美德、中华人文精神三方面概括其内容。

（1）形成的特点

本土性。中华传统文化首先在地域上强调的是中国的文化，是中华民族的文化，而不是其他国家、其他民族的文化。它是中华民族在特定的时间维度、地域空间范围内，在特定的经济、政治、社会文化习俗等背景下，创造出来的文化成果。它的创造主体是中华民族，是世世代代的中国人民，是中华民族在特定的自然环境、经济模式、政治结构、意识形态等方面的相互作用下所形成的文化习惯和文化积淀，具有鲜明的本土特色。

历史性。中华传统文化是相对当代文化而言的，传统不仅代表过去，还代表着历史，传统是相对于现在、相对于当代而言的。社会在不断进步，历史在不断更新，文化也在不断发展。但它不仅仅存在于过去和历史中，而是随着一代代人的传承、发扬和创新，以史为鉴、传承文明是推动文化发展的历史趋势。对于中国的传统文化而言，既是上下五千年中华民族集体创造的灿烂文化，同时也是珍贵的历史文化遗产。中华传统文化不仅仅是中华民族的"根"和"魂"、中华民族的标志，也是中华民族的骄傲，中华传统文化就像"巨人的肩膀"，我们要想看得更远，做得更好，必须站在巨人的肩膀上登高望远，拓宽视野。

传承性。文化是不能割裂的，中华传统文化是中华民族一代代传承下来的文化成果。自有文字记载开始，至当代以前的各个历史时期的文化，并不会随着时代的变迁而湮没在历史的长河中，反而会通过世代相传而保留下来。因此，中华传统文化是中国各个历史时期所形成的如政治制度、经济制度、道德伦理、风俗习惯等各种文化成果。

（2）主要内容

中办、国办印发的《关于实施中华优秀传统文化传承发展工程的意见》对中华优秀传统文化的主要内容做了新的概括。

一是核心思想理念。主要指中华民族和中国人民在修齐治平、尊时守位、知常达变、开物成务、建功立业过程中逐渐形成的基本思想理念，如革故鼎新、与时俱进的思想，脚踏实地、实事求是的思想，惠民利民、安民富民的思想，道法自然、天人合一的思想等，这既是人们认识世界、改造世界的方法指引，也是国家管理的有益借鉴。所以，坚持讲仁爱、重民本、守诚信、崇正义、尚和合、求大同等核心思想理念，是传承发展中华优秀传统文化的着力点。

二是中华传统美德。中华优秀传统文化蕴含着丰富的道德思想和规范，如天下兴亡、匹夫有责的担当精神，精忠报国、振兴中华的爱国情怀，崇德向善、见贤思齐的良好风尚，孝悌忠信、礼义廉耻的荣辱观念等，是评判是非曲直的价值标准的体现，长期影响着中国人的思维方式和行为方式。弘扬自强不息、敬业乐群、扶危济困、见义勇为、孝老爱亲等传统美德，是传承发展中华优秀传统文化的基本点。

三是中华人文精神。中华优秀传统文化积淀着多样、宝贵的精神财富，如求同存异、和而不同的处世方法，文以载道、以文化人的教化思想，形神兼备、情景交融的审美追求，俭约自守、中和泰和的生活理念等，集中体现了中国人民思想观念、风俗习惯、生活方式与情感表达，一直影响着我们的文学艺术、科学技术、人文学术，是中华民族的独特营养。弘扬有利于促进社会和谐、鼓励人们向上向善的思想文化内容，这是传承发展中华优秀传统文化的落脚点。

（三）凝练传统文化特征，呈现独特价值功能

习近平总书记指出："中华文明绵延数千年，有其独特的价值体系。中华优秀传统文化已经成为中华民族的基因，植根在中国人内心，潜移默化影响着中国人的思想方式和行为方式。"① 在长期的历史积淀过程中，中华传统文化体现出重伦理、重和谐与融合、重实际、重理性与人文修养的显著特征。

1. 重伦理，倡导道德至上

中国传统文化其实是一种明显的"伦理型"文化，按照中国古代的说法，中国传统文化又可以称为"崇德型"文化。中国传统文化最重要的社会基础就是以血缘关系为主要纽带的宗法制度，宗法制度在很大程

---

① 习近平. 习近平谈治国理政［M］. 北京：外文出版社，2014：170.

度上决定了中国的社会政治结构及其意识形态。

在"家国同构"的宗法观念下,"天下如一家,中国如一人",个人被重重包围在社会群体之中,所以中国人特别重视家庭成员之间的人伦关系。人伦关系的实质是为了进一步明确规定各个成员在家庭中应尽的责任和义务,包括父母对子女的抚养、教育责任,子女对父母的赡养、送终义务,这是儒家所极力倡导的一种"人道亲亲"。

从"亲亲"的观念出发,我们还能够进一步引申出对君臣、夫妻、长幼、朋友等关系的处世原则。当忠孝、人伦原则被进一步明确后,社会成员就能够正确处理个人与社会、个人与他人的关系,古人讲的"设身处地""推己及人"就是这个意思。古言道,"己欲立而立人,己欲达而达人"①"己所不欲,勿施于人"②"老吾老以及人之老,幼吾幼以及人之幼"③。

2. 重和谐与融合,追求和谐统一

一直以来,中华民族都具有一个非常明显的特征,即在我们的文化形态中以人伦关系为中心的人和主义价值观和行为追求,始终都占据着重要的、不可替代的位置。强烈的和谐意识能够使中华民族的民族凝聚力和民族向心力越来越强大,这是中华传统文化在几千年的大浪淘沙中得以保留下来的重要原因。

中华传统文化强调和谐与统一的特点,首先体现为"人与自然和谐共处"的理念。在处理人与自然关系的问题上,中国古代的思想家反对把天与人割裂开来、对立起来,并进一步提出了关于"天人协调""天人合一"的观点。

---

① 杨绪敏,韩德凌,尹占群. 自然·思维·人生 [M]. 北京:中国矿业大学出版社,1992:315.
② 龙昭雄. 论语与现代生活:上 [M]. 南宁:广西人民出版社,2009:158.
③ 论语 [M]. 吴迎君,文. 成都:天地出版社,2009:16.

其中,《易传》的作者提出太极是天地的根源,天地是万物的根源。"有天地,然后有万物;有万物,然后有男女;有男女,然后有夫妇。"①这进一步明确了人类既是自然界的产物,也是自然界不可或缺的重要组成部分,把自然界和人类社会作为一个相互统一整体来考量。既然人与自然是一个不可分割的统一的整体,那么人在社会中的一切活动就必须尊重自然规律,自觉地与自然保持协调一致。

因此,《易传》的作者在《文言》篇中进一步提出"与天地合德"的思想,"夫大人者,与天地合其德,与日月合其明,与四时合其序,与鬼神合其吉凶。先天而天弗违,后天而奉天时,天且弗违,而况于人乎"②。这里的"先天"是指在自然界发生变化之前人们可以对自然进行一定程度的改造、引导,而"后天"则是指顺应自然的实际变化,不能违背自然规律。

一方面,在天地间,人们具有调整、引导自然的能力;另一方面,人们又必须对于自然的变化规律进行积极的遵循和顺应,不能违背。这种关系协调说在一定程度上体现了科学辩证的思想。

《中庸》提到的"与天地参"和《易传》提到的"天人协调说"有着惊人的一致。"与天地参"就是说圣人不仅能够对于自己所具有的本性做到全面的了解把握,还能够对天地万物的本性也有一个全面的了解把握,只有了解得越深入,把握得越准确,才可以进一步根据天地的变化规律孕育万物,如果做到这一步,就可以与天地并立,实现天人和谐一致的完美状态。

汉宋以后,关于天人协调的思想逐渐融入了"天人合一"的观念,并在此基础上不断得到发展。例如,西汉董仲舒的"人副天数"观点,宋代的张载、程颢、朱熹等人主张的"天人合一""天人一物"的思想。

---

① 周大明.周易悬解 [M].上海:上海古籍出版社,2014:23.
② 易经 [M].周鹏鹏,译.北京:北京联合出版公司,2015:13.

　　在中国古代，"天人协调说"与"天人合一说"都不否认人类能够通过自身的行为，在一定程度上改造、调节、控制并引导、利用自然。荀子就明确提出了"明于天人之分"和"制天命而用之"的思想。但是，在肯定人有一定作用的同时，他们也清醒地认识到，人在大自然的整体环境中依旧发挥着一种辅助性作用，人既应对自然进行一定的改造，同时也应对自然有一定的适应程度。

　　实际上，人类所进行的相关活动的最终目标，并不是为了能够统治自然、征服自然，而是可以通过适当的调整，对自然界进行一定的改造，最终使其变得更加符合人类的具体需要。同时，人类在对自然进行相应改造的过程中，整改计划也应该有对应策略，既不能以大肆破坏大自然的布局结构为代价，也必须让自然万物正常发展，以避免遭受破坏和负面影响。

　　因此，在我国传统文化中，人们十分讲究"大乐与天地同和"与"上下与天地同流"。总之，中国的古代思想家都有一个共同的特征，那就是特别重视人与自然之间的和谐共生关系。

　　另外，中华传统文化还有一个明显的特征，即人与人之间的关系。长期以来，中华传统文化都极力主张"贵和尚中"。协调人际关系一直都被我国传统文化放在首要地位，所以强调和谐也就成为应有之义。

　　《国语·郑语》中更加明确提出："商契能和合五教，以保于百姓者也。"① 其中所提到的五教主要包括父义、母慈、兄友、弟恭、子孝，只有五教合为一体、融在一起，才能使百姓有所安身立命。

　　"和谐"与"等同"的意思大不一样，而且含义也不相同，"和谐"指把所存在的不同因素与矛盾结合起来而形成的一个有机组合，即"求

---

① 刘克明．中国技术思想研究古代机械设计与方法［M］．成都：巴蜀书社，2004：278.

同存异"。正如孔子所说的"君子和而不同，小人同而不和"①。

在社会中必然会存在不同思想的交流碰撞。只有这样，人们才会为了达成一致而进行沟通，在沟通的过程中逐渐达成一定的和谐。如果社会中不存在不同的思想，所有事物都是一味地趋同，甚至形成一种同流合污的局面，那么对于整个社会而言，就会失去真正的意义，没有正常的和谐气氛。

由此可见，无论是哪一位思想家，他们都极力强调人们要在社会中立足，思想和行为就应该保持一种适度和守常，努力做到孔子所倡导的五德，即"惠而不费，劳而不怨，欲而不贪，泰而不骄，威而不猛"②"文质彬彬，然后君子"③。然后，进一步达到人与人之间和睦相处的完美境界，从而实现"天下大同"的社会理想，这就是关于"中庸"的核心要义。

如果把范围进一步扩大，合理利用这个原则，更好地处理民族之间、邻邦之间所存在的关系，以道德修养和教化为根本，以治理好自己的家园为前提，并以此去感化其他的民族和邦国，最终达到一个"协和万邦"的理想画面。

3. 重实际，崇尚安居乐业

几千年来，在黄河与长江的孕育下，华夏大地土壤变得肥沃，正是因为具有如此天时地利的条件，才为我们祖先的繁衍生息提供了优越的自然条件。

在古代，因为技术传播和交通条件的限制，生产工具的更新速度相对较慢，甚至长期处于一种落后的状态，导致生产力水平低下。但是，从整体来看，人口与土地仍能保持一种相对适合的比例，只要不出现大

① 论语 [M]. 王超，译. 北京：北京联合出版公司，2015：104.
② 论语 [M]. 王超，译. 北京：北京联合出版公司，2015：154.
③ 论语 [M]. 王超，译. 北京：北京联合出版公司，2015：43.

面积的自然灾害或兵荒马乱，祖先们保持日出而作、日落而息、凿井而饮，就可以年复一年，世世代代地过着平静的生活。

由此可见，老子提出的小国寡民理想，孟子提倡的仁政思想，陶渊明所向往的优美田园风光，在现实生活中确实存在，并非虚无缥缈，这是对农耕文明生活理想状态的一种真实写照。中国自古就是农业大国，因此，农业生产的节奏与整个国家政治、经济、文化生活的节奏始终息息相通。

4. 重理性与人文教养，提升人格境界

封建时期，除了中国外，其他国家和民族几乎都处在宗教统治的气氛中。中国自西周开始，就出现了"重民轻神"的思想，比起重视神的旨意，人们往往更关注现实社会。长期以来，"敬天保民""明德慎罚""民之所欲，天必从之"一直都是西周统治者所信奉的信条。

春秋战国时期，由于受到西周的影响，理性主义和人文精神得到了更大的发展空间，于是它们在士文化中所具有的统治地位也就毫无疑问地确立了。人文是士文化活动的主要领域和研究的主要对象，因为有了明确的出发点，才能够做到坚持以人为本的人文主义态度立场，把鬼神、生死之类属于宗教范畴的问题完全可以置之度外，不予理睬。

在西方封建时代的中世纪，宗教占据着一个国家的重要统治地位，国家属于政教合一的基本态势，教权、神权甚至比皇权的地位还要高。

一直以来，基督教认为宇宙的创始者和主宰者都来自上帝的旨意，伊斯兰教则认为真主是万物之主，他们都把自己的一切毫无保留地交给心中所信奉的"上帝"或"真主"，人在"上帝""真主"面前将十分渺小，并形成了一种绝对的依附关系。

于是，他们虔诚地信仰"上帝"和"真主"，绝对地遵守来自"上帝""真主"的诫令和旨意，把自我无私地奉献给他们，在精神上与"上帝"和"真主"合为一体，形成了中世纪西方国家精神生活的重要特征。因此，在中世纪的西方哲学史中，对"上帝存在""灵魂不死"进行论证是唯心主义哲学的重要使命。

中国的儒家思想在大力弘扬理性精神、排斥宗教信仰的同时，还对于宗教所提倡的有神论思想进行了深刻批判。无论是唯物论还是无神论的传统思想，都在很大程度上给予了人文主义、理性主义有力的支持。因此，中国的古代哲学除了唯物论哲学家极力主张无神论外，还有许多唯心主义者也与无神论在一定程度内结合在一起。

中国传统文化之所以能够超越其他国家，成为封建时代文化的一个标杆，很重要的原因是，中国传统文化本身就具有非常明显的理性主义和人文精神的特点。

即使没有了宗教信仰，人们的精神信念和社会关系的维系仍然能够得到有力的支撑，道德理性在这方面做出了积极的贡献。所以，中国传统文化除了重视人文精神外，还重视人文教养。通过实施持续的道德教育、礼乐熏陶，以道德和艺术作为切入点，提升社会成员的人格理想和人生境界，就能够使人类自身得到不断升华，最终达到高尚的精神境界，领略人生的无限风光。

二、中华传统文化的历史演变

从夏商周有文字记载的时代算起，中华传统文化迄今已有四千多年的辉煌历史。这既是汉民族文化融合、吸收其他少数民族文化以及近代以来借鉴、吸收外来文化的结果，也是以汉民族为主体的中华各族人民共同创造的灿烂辉煌的文化。中华文化从孕育形成、发展到走向强大繁荣，终于以自身独特的魅力自立于世界民族文化之林。纵观中华传统文化的演变历程，可以清楚地发现这样一个发展脉络：孕育期——先秦文化，奠基期——秦汉文化，融合期——魏晋南北朝文化，繁荣期——隋唐宋元文化，衰落与转型期——明清文化。

（一）中华文化孕育起步，构建对人的关注基调

中华传统文化孕育于夏商至战国时期，在此以前属于远古文明的发端阶段。中国先民的生产方式、生活方式、文化活动等与其他民族的原始文明基本一致，因为"这个时代的人们，……彼此并没有什么差别"，"他们还没有脱掉自然发生的共同体的脐带"①。

夏商时期，氏族公社的平等性与广泛性被阶级性与等级性所代替。生产力和科学技术虽然相比以前有了较大发展，但由于历史的局限性决定了生产水平依然低下，人们承受着来自社会和自然的双重压迫，面对许多一时无法解释、难以处置的主客观问题，便产生了命运观念、天命观念和神鬼观念。为了预知天命、预知自身的命运，先人在生产实践中创造和总结出各种各样的"问卜"方法。从已发掘、整理出来的殷墟卜辞来看，其内容涉及当时社会生活的各个领域，包含了非常丰富的文化内涵，初步形成了较为系统的有关天地、人生、吉凶、祸福、善恶、美丑等观念文化，其中最具特色的是尊神、敬鬼理念，以先王的法令制度神圣不可侵犯为原则，先王的法令制度又是以上天的意志为本源。这是一种以鬼神崇拜和祖先崇拜为价值取向的原始的君权神授理论和宗教信仰。

大约公元前十一世纪，西周灭商后，开展了一系列的社会变革。一方面，周人对殷商以种族血缘为主的统治方法进行了改进，建立了既有政治权力统治又有血亲道德制约双重功能的宗法制度组织形式，这对后来的中华民族世代文化影响深远。另一方面，周朝统治者对殷商灭亡的经验教训进行了总结，初步认识到"民心"比"天命"更加珍贵。虽然

---

① 中共中央马克思恩格斯列宁斯大林著作编译局．马克思恩格斯全集：第4卷［M］．北京：人民出版社，2013：94.

他们不可能完全摆脱天命神权思想的束缚，但并不像殷人那样完全尊听于天命，而是积极引进了"德"的文化范畴，并对王朝兴替、人事盛衰等社会现象进行了合理的解释，提出了"敬德保民""以德配天"的思想，认为"敬德"与"保民"两者互相关联、不可分割。二者结合，方能"祈天永命"，即实施"德治"，才可以祈求天命以永保王命。这说明当时的统治者已经开始关注"人"的作用，提出"民"的重要性，成为传统文化中民本主义、德治主义、"天人合一"思想的水源木本。

值得令人关注的是，两周时期出现了对中华传统文化影响深远的阴阳、五行学说。阴阳，原指自然现象，向日为阳，背日为阴，两者又因时、因地、因物而异。古代思想家用"阴阳"的概念来解释自然界两种既相互对立又相互统一的事物。战国末期，以邹衍为代表的阴阳家更是把阴阳变成和"天人感应"的神秘观念，广泛地运用在自然现象、人生过程、人生处境、身体等具体事物中，使阴阳学说成了中国历史最早出现的、最根本的学说。

五行学说在殷周时代就提出来了，最早出现于《尚书·洪范》篇，后来儒家学派的子思、孟轲又加以提倡。古代思想家们试图以五种物质元素——金、木、水、火、土来说明世界万物的起源和多样性的统一。战国时期流行"五行相生相胜"的原理，"相生"即相互促进，"相胜"即相互排斥。五行思想外延的应用扩展，构成了以五行为基础的多个对应系统，例如：五色、五气、五时、五方、五味等系统，五脏、五体、五窍、五荣、五志之说；五行说后来又被引申出儒家的仁、义、礼、智、信的"五常""五伦"学说。

公元前八世纪后，春秋战国时期，出现了士人崛起、学派林立的文化繁荣现象。正如梁启超先生在《论中国学术思想变迁之大势》一文中充满激情的描述一样："孔北老南，对垒互峙，九流十家，继轨交作。"儒、墨、道、法、名、阴阳、兵、纵横、杂、农诸家出于"匡时救弊"

的文化目的，纷纷著书立说，招徒讲学，相互争论辩驳，又彼此吸收渗透，出现了一派诸子并起、百家争鸣的文化繁荣发展盛况。

这个时期除了诸子争鸣外，在其他文化领域也同样取得了辉煌的成就。文学领域硕果累累。例如：我国古代第一位伟大的爱国主义诗人——屈原的作品《离骚》成为我国诗歌史上最为宏伟瑰丽、荡气回肠的长篇抒情诗，既给后世文人带来了良好的艺术滋养，也给爱国主义教育留下了丰富的资源；《左传》《国语》《战国策》等优秀历史散文以及《孟子》《庄子》等诸子的文句精粹、独具韵味的散文，造就了中国散文史上的第一个黄金时代；科学技术领域更是出类拔萃，天文学领域成绩斐然。公元前十二三世纪，殷末周初，我国就建立了按时圈与赤道相截的点对赤道进行分区的完善体系，战国时期的石申和甘德分别著有世界上最早的恒星表——《石氏星经》和《天文星占》；数学领域同样业绩辉煌，殷商时即开始使用十进位法，春秋末期的孙子兵法中已有关于分数的记载，战国时荀子的著作里已有九九乘法表，后期墨家的《墨经》已经提到几何学的点、线、面、方、圆乃至极限和变数的概念，还记载了许多先进的物理学、几何学等方面的知识；医学领域也取得了骄人业绩，公元前三世纪的《黄帝内经》成为我国现存最早、内容较完整的一部古典医学巨著，它把医学理论和临床实践结合起来，奠定了中医学的理论基础。

总而言之，先秦时期是中华传统文化的孕育时期，为后来中华文化的发展指明了方向，后来的文化现象大多可以从先秦文化中找到其历史渊源。

（二）中华文化奠基发展，文学艺术异彩纷呈

公元前221年，秦始皇顺应历史发展的潮流，以强大的政治、经济和军事实力消灭了六国，开始了封建帝国的基业。统一后的秦王朝除在

政治、经济上采取了许多有利于推动发展经济和巩固国家政权的政策外，还在文化教育上推行了"书同文""制同度""车同轨""行同伦""地同域"，统一语言、统一伦理和习俗等措施。这对巩固中华民族的统一、形成民族的共同心理特征和文化传统，具有积极的作用和深远的影响。但是，秦朝统治的时间十分短暂，加上缺乏大国的治理经验，在文化教育政策上出现了许多严重失误，如不重视文化教育，禁止私学，又不兴官学，推行"以法为教，以吏为师"的文化专制政策，企图以政策法令代替文化教育，甚至否定传统文化和历史遗产，用简单粗暴的行政手段和消极的烧、杀、禁来解决思想和学术上的争论和分歧，采取了"焚书坑儒"等极端残暴野蛮的政策，造成了思想文化的巨大损失，使六国《史记》及一部分诸子经典书籍永远地消失。秦始皇倒行逆施的行为导致了社会矛盾的进一步激化，在客观上加速了秦朝统治灭亡的进程。

公元前 202 年，刘邦起而代之，建立了汉朝。汉代封建统治者吸取了秦朝灭亡的教训，在继承秦朝主要统治制度的基础上，对各项政策进行了重大调整。汉初为了缓和阶级矛盾，汉王朝采纳了道家"无为而治"的思想，实施"与民休养生息"的基本国策，使社会秩序趋于安定，经济逐渐复苏，文化教育也得到了较快的恢复发展。

随着政治、经济和思想条件的日益成熟，雄才大略的汉武帝果断采纳并实施了董仲舒提出的"罢黜百家，独尊儒术"[①] 的文化政策，把能够适应并巩固封建大一统帝国需要的儒家学说定为一尊。当然，这个时期的儒家思想已经过汉儒的改造，完全超越了先秦儒学的原貌，但礼教德治的基本精神还是保留了下来。从此以后，汉代的学校教育主要是经学教育。以儒学独尊为特征的文化模式逐渐被确定下来，奠定了中国封建社会文化教育政策的基调，且行之久远，直至清代。

---

① 张淑媛，苏克勤. 中外历史大事概览 [M]. 郑州：河南人民出版社，2011：42.

汉代独尊儒术以后,儒家的《诗》《书》《礼》《易》《春秋》被尊崇为经,以传授、阐释儒家"五经"为主要内容的学校教育逐渐兴盛。文学艺术领域异彩纷呈,贾谊、晁错、王符等卓越政论家的散文针砭时弊,笔锋犀利。司马迁、班固等著名史学家的史传散文秉笔直书,爱憎分明,出现了中国古代散文的又一个黄金时代。尤其是司马迁的宏大巨作《史记》,更是以其无可比拟的史学成就被世人推崇为"史家之绝唱"。秦汉时期的雕塑艺术精妙入神,风格奇异,如陕西临潼骊山秦始皇陵侧出土的数以千计的彩绘兵马俑,曾经让整个世界为之轰动。科学技术方面,汉代出现的《九章算术》、王充的《论衡》、张仲景的《伤寒杂病论》等都是我国乃至世界科技史上极其重要的典籍,张衡发明了利用水力转动的天文仪器——浑天仪和测量地震方位的仪器——地动仪,蔡伦造纸技术不仅成为我国古代的伟大发明,而且还对世界文明做出了卓越贡献。

(三)中华文化融合激荡,文教艺术高峰迭起

汉末至隋朝是一个社会动荡、战火纷飞的年代,诸侯割据,南北对峙,一元化的封建帝国统治模式被打破了,儒学独尊的文化模式土崩瓦解,给人们带来了精神上的自由与解放,思想文化出现多元发展的局面。学术思想上,老庄思想和佛家思想融合而成的玄学清谈之风兴起,经学教育沦为形式或遭到更多的批评。经学的衰落,解除了汉代"师法""家法"对人们的禁锢、束缚,抛弃了烦琐僵化的考证注疏,哲学、文学和科学技术获得了一定的自由发展空间,取得了不少成就。玄学的出现、道教的创制、佛教的传播以及儒、玄、佛、道的相互抗衡、相互牵制、相互融合,形成了各派粉墨登场、多元文化激荡的态势。另外,北方少数民族如匈奴、鲜卑、氐、羌向南迁移,与汉毗邻,出现了胡汉文化冲突与融合的态势,更使这一时期的文化发展呈现出花色繁多的态势。

学校教育方面出现了新的气象，官学虽然时兴时衰或名存实亡，私学和家庭教育却不曾衰落，甚至更加兴盛。官学也突破了单一的经学教育模式，出现了儒学、玄学、史学、文学"四学"并举的局面。

文学在这一时期发展较为迅速，文学成就斐然：由曹操、曹丕、曹植"三曹"和"建安七子"组成的邺下文人集团，创作了一批骨气奇高，词采华茂的五言、七言诗歌。其中，最具代表的有陶渊明的田园诗、谢灵运的山水诗、沈约的"永明体"，还有大量优秀的南北民歌等，风采各异，争奇斗艳。曹丕的《典论》、刘勰的《文心雕龙》和钟嵘的《诗品》等，堪称中国古代文学批评史上的不朽佳作。

艺术创作方面也取得了令人瞩目的成就。顾恺之、陆探微、张僧繇是当时著名的画家；王羲之、王献之"二王"的书法"笼天地于形内，挫万物于笔端"①，使人流连忘返，获得无穷的美感；雕塑杰作遍布全国各地，石窟艺术优美绝伦。

古代的科学、技术在这一时期发展到了一个高峰：东晋虞喜第一个发现了岁差现象，即春分点（或冬至点）在恒星间的位置逐年西移；北齐张子信发现了太阳、五星运动的不均匀性；祖冲之将圆周率运算精确到了 $3.1415926 < \pi < 3.1415927$。实用技术制造方面，诸葛亮发明"木牛""流马"，马钧制作了指南车等先进工具，进一步推动了社会的发展。

总而言之，魏晋南北朝时期的文化在多元激荡和大融合中得到了快速的发展，为隋唐宋元文化的繁荣昌盛夯实了坚实基础。

（四）中华文化繁荣兴盛，教育科技领先世界

公元 581 年，隋文帝结束了南北分裂、战乱割据的状态，重新建立了统一的封建帝国，推动了南北文化的进一步融合。隋朝一方面尊奉儒

---

① 陈昌渠，张志烈，邱俊鹏. 唐诗三百首注释［M］. 成都：四川人民出版社，1982：284.

家的礼教，另一方面又倡导外来的佛教，对道教也表示尊崇。所以，隋朝建国时间虽不长，但基本上确立了儒佛并立、兼尊道教的文化格局。

公元618年，唐朝建国。唐承隋制，封建统治者采取了"重振儒术""三教并尊"的文化发展措施，同时尊崇儒学、佛教与道教。儒学独尊的局势虽然得到了一定的改变，但当时的政治体制主要还是来自儒家。唐代僧人对佛教的经典教义进行了独创性的阐释，建立了自己的学说体系，形成了具有中国特色的佛学，其中禅宗的独创性最为显著，可称为中国化的佛学。

建立在经济繁荣、国力强盛、交通便利、社会安定基础上的唐代文化，政策开明，气氛宽松，创造活跃，以隆盛和恢宏的气度成为世界各国学习的标杆。在教育方面，建立了完整的中央和地方分级管理的教育行政体制和完备的官学体制，形成了一系列较为成熟的教育、教学管理制度。教育内容得到了丰富，专业和知识范围也得到了扩大，在大力推崇经学的同时，也建立了医学、算学、书学、律学、崇玄学等多样化的学校类型，为文化教育的繁荣发展提供了动力，注入了活力。

唐代文化的繁荣，在文学艺术方面成就辉煌。第一，诗歌创作在唐代达到了巅峰状态，迎来了中国诗歌波澜壮阔、森罗万象的百花齐放时代。唐代三百多年的历史，诗体争奇斗艳，流派百家争鸣，名家灿若星斗，出现了诗仙李白、诗圣杜甫，成了两座后世无法超越的高峰。第二，书法艺术在唐代也取得了辉煌的成就，各体兼备，名家辈出。张旭、怀素的狂草线条流畅，欧阳询、虞世南、颜真卿的楷书端庄稳健，李邑的行书意境优美，李阳冰的篆书婉曲翩然，如百花齐放，香溢千年。第三，唐代的音乐、舞蹈、绘画、雕塑等艺术门类也异彩纷呈。

公元960年，宋太祖结束了唐末五代十国的分裂局面。虽然宋朝经常受到北方游牧民族的侵扰，国势衰微，但文化发展却能秉承唐代遗风，进入更加深邃精密的时代。

　　唐代韩愈排斥佛、道，致力于儒学的复兴，但遗憾的是没有建立起完整的理论体系。北宋中期，周敦颐、张载、程颢、程颐继承先秦儒家的经典，又兼容了佛、道思想，建立了以孔孟学说为主，兼并了释、道两家思想观点的理论体系，建立理学，理学成为南宋、元以至明清时期占主导地位的思想体系。理学家们提出天地万物、君臣父子之间都有一个"天理"，与之对应的是饮食男女的各种"人欲"，大力倡导人们以"天理"抑制"人欲"，而要实现这一目标，就必须加强"修身""内省"。这对强化中华民族重义轻利、重社会责任与使命担当的人文性格，起到了十分重要的作用。

　　理学的思想也渗透到了宋代的各个文化领域。宋代的理学家常常到书院讲授、宣传他们的思想观点。理学在一定程度上促进了学校教育，尤其是促进了书院的发展。而书院作为一种新的教育方式，也进一步推动了理学的兴旺发达和文化艺术的繁荣。理学的尚理、内省、细腻的特点也影响着宋代的文学艺术。宋诗蕴含着丰富的人生哲理，宋词则"婉约与豪放并存，清新与华丽相竞"，宋代的雕塑刀法细腻、形象逼真。宋代的科学技术成为中国古代科技发展的高峰期，指南针广泛运用于航海，毕昇发明了活字印刷术，火药被运用于军事领域，四大发明在宋代有了新的突破，而且天文学、数学、医学、农艺、建筑等领域的技术工艺也超越了唐代，在世界处于领先的地位。英国剑桥大学著名的科学史学家李约瑟博士在其著作《中国古代科技史》中对唐宋时期的中国发展给予了很高评价："十三世纪前的中国科学技术发展水平，令西方望尘莫及。"

　　公元 1279 年，元世祖灭南宋，国家重新统一，社会相对安定。与同时期尚处于中世纪黑暗时代的欧洲相比，元代的文化发展仍然处于世界领先水平。蒙古国子学与回回国子学的开设，诸路阴阳学与社学的创立，使民族教育、社会教育发展较快。文学艺术方面，元杂剧与散曲兴起，出现了关汉卿、王实甫等元曲大师和赵孟頫等一代书画大师。科技方面，杰出的天文学家郭守敬编制的恒星表，列出的恒星多达 2500 颗，并和王恂一起共同完成了中国古代登峰造极的历法——授时历，发明了测定天体方位的简仪，在历法与天文观察方面取得了辉煌的成就。

（五）中华文化转型衰弱，繁荣景象渐渐远去

1368 年，崛起于元末群雄之间的朱元璋推翻了元朝的统治，建立了大明江山。为了达到巩固专制统治地位的目的，他对知识分子心存戒备，大力推行文化专制，大兴文字狱，禁锢知识分子的思想。对国子学和地方学校的教师、学生实行严格的管理和控制，建立严厉苛酷的学规，对学生轻者杖罚、充军，重者杀头示众。为了强化封建专制，明朝曾四次禁毁天下书院，使天下书院遭受灭顶之灾，对中国教育事业的发展产生了极大的破坏。为了尊崇和推行程朱理学，明太祖朱元璋和大臣刘基还创造了"八股取士"制度，选择"四书""五经"的内容进行命题，以八股制义为定式，"代圣人立言"，并规定以朱熹的《四书集注》为标准答案，进一步抵制知识分子的创新思维，使原本繁荣活跃的文化大业渐渐沉寂下来，唐宋繁荣的文化景象一去不复返。

到了清朝雍正、乾隆之时，步明代后尘，多次大兴文字狱，残酷杀害知识分子，其惨烈程度不亚于明朝洪武年间的文字狱，展现了封建专制的极端残酷和野蛮。中国文化繁荣的态势逐渐衰落了，而此时的欧洲已经过震古烁今的文艺复兴运动，思想解放，科技昌盛，文化繁荣，直至出现了资本主义的生产方式和制度。可见，明清时代是中国文化发展由繁荣转向衰弱，由原来的领先世界转而落后于欧洲文化的时期。

不过，随着手工业的不断发展、商品经济的出现以及市民阶层的兴起，资本主义生产方式在江南一带开始萌芽，出现了一些带有市民反抗意识的早期启蒙社会思潮，如明代王阳明提出"致良知"学说，李贽抨

击程朱理学；明清之际黄宗羲、顾炎武、王夫之等杰出思想家揭批封建专制主义，传播经世务实思想；清代万斯同、全祖望、章学诚等学者专心钻研历史，出现了著名的浙东学派，不守门户之见，博纳兼容，富于创新，提出学术研究要为社会服务的宝贵思想。这一时期，义理之学、考据之学、辞章之学盛行，从学术史的角度来看，这三种学问在某些方面达到了较为先进的水平，但他们却不与社会实际相结合，远离社会，奉程朱理学为儒学正宗，其他学问均被视为异端邪说。

同时，丛书、类书的编撰也取得了较好的成绩，主要代表作有《永乐大典》《四库全书》。文学艺术方面，市民文学兴起，小说成为主流，出现了《三国演义》《水浒》《西游记》《红楼梦》等一批代表当时世界水平的中国古典文学名著。明清也是书画艺术的一个集大成和全面发展的重要时期，书画作品的数量超过了任何一个时代。明代朱载堉首创十二平均律，后来被认定为世界通行的标准音调。此外，科学技术也有一定的进步与发展，取得了明显的成就，为近代科学技术的发展奠定了基础。

三、中华传统文化的思维方式

中华传统文化既是中华民族勤劳、勇敢和智慧的产物，也是中华民族思维方式的外在显现。深入研究传统文化的思维方式、基本特点和价值取向，有助于全面、深刻地认识中华传统文化，进而更好地把中华优秀传统文化发扬光大。其中，比较有代表性的是辩证思维、直觉思维、中和思维三种方式。

（一）辩证思维底蕴深厚，彰显传统理性智慧

思维方式是一个民族的智慧，影响着一个民族的思想和行为模式。从思维发展的历史来看，辩证思维具有悠久的历史。在古希腊时期，毕

达哥拉斯、赫拉克利特、德谟克利特、苏格拉底、柏拉图和亚里士多德等一批思想大师已经自觉或不自觉地运用朴素的辩证思维方式来观察世界。在古代中国，《易经》《老子》《孔子》《庄子》和《荀子》也开始表现出较为深刻的辩证思维特点。

1. 辩证思维对事物生成、发展和变化规律的探究

人类为了生存发展，就必须对周围的世界有一个正确的认识。早在两千多年前，聪明的中国人就与古希腊人一样，开始追寻世界的本原、生成及其发展变化的规律，在对世界认识的过程中逐渐产生了朴素的辩证思维。

春秋战国时期，思想家们就开始把视角转向世界万物的产生与发展规律，他们许多人都把"气"看作万物生成的最初物质。根据《国语·周语》的记载，西周末年伯阳父提出了"天地之气，不失其序"①。战国时期，老子把"气"作为范畴纳入其哲学体系进行阐述，强调"万物负阴而抱阳，冲气以为和"，提出了"天下万物生于有，有生于无"② 的论断。《管子·内业》篇则认为，气"下生五谷，上为列星；流于天地之间，谓之鬼神；藏于胸中，谓之圣人"③，同样主张气为世界万物本原。荀子认为气是构成万物的总根源，他在《王制》篇说道："水火有气而无生；草木有生而无知；禽兽有知而无义；人有气有生有知亦且有义，故最为天下贵也。"④ 荀子不仅肯定气是人类和自然万物的本原，而且还注意到了生和气的区别。这也就是说，"气"不是指生命力，而是指物质性的存在。按照著名哲学家、哲学史家张岱年先生的解释，"气"表示质量和能量的统一，"中国哲学讲气，是有内在的动力，自己就会运动，不

---

① 周桂钿. 秦汉思想史 [M]. 石家庄：河北人民出版社，1999：574.

② 王泽. 老子释评 [M]. 西安. 陕西出版集团三秦出版社，2012：76.

③ 吴玉泓，朱向东. 中医治未病之养生方法精粹 [M]. 兰州：甘肃文化出版社，2009：397.

④ 张宽政. 人性论 [M]. 北京：线装书局，2013：2.

需要外在的推动，这个思想是很深刻的"①。尽管中国古代的"气"在内涵界定上还不是很清晰，但毕竟强调"气"是物质性的根本存在，而非处于静止的状态，"气"是存在与运动的统一，体现了辩证思维的特点。

　　除了把"气"看作事物的一种本原以外，古代思想家还进一步把金、木、水、火、土五种物质看作构成万物的基本元素，以"五行"来对客观物质世界的起源及其多样性的统一进行说明。《国语·郑语》提出："先王以土与金木水火杂，以成百物。"② 战国时期的思想家甚至认为五行各要素之间相生相胜，彼此既相互促进，也相互排斥。总之，古人能从"气"或"五行"等物质性的存在出发探究世界万物生成的本源，不仅体现了朴素的辩证思维，还在一定程度上蕴含了唯物主义思想的萌芽。

　　除此之外，古代的思想家还进一步探讨了事物的运动、变化与发展规律。老子不仅肯定了万物从"道"演化而来，而且还看到了万物永恒的变动规律。宋代周敦颐在《太极图说》中指出："二气交感，化生万物，万物生生，而变化无穷焉。"周敦颐的"变化无穷"可谓语言简练，寓意深刻，深刻地揭示了事物运动发展的永恒性。北宋张载针对事物发展变化过程提出了"渐化"思想，认为事物的发展变化是一个逐渐深入的过程，深入到一定程度就会引起事物显著的变化，他比较深刻地揭示了事物发展变化的辩证过程。古希腊哲学家赫拉克利特有一个著名的判断，他认为太阳每天都是新的，人不能两次踏入同一条河流。明清时期王夫之认为，天地之化日新，"静"也是"动之静"，这揭示了事物运动的绝对性和静止的相对性规律，进而体现出了比较深刻的辩证思维。

---

① 张岱年. 文化与哲学 ［M］. 北京：教育科学出版社，1988：101.
② 谢松龄. 阴阳五行与中医学 ［M］. 北京：中央编译出版社，2008：10.

2. 辩证思维揭示了事物对立面的相互转化及对立统一

中国古代的辩证思维从整体观点出发，揭示事物变化发展规律，明确提出"相反相成""物极必反"的辩证思想，进一步肯定了事物对立面的相互转化及对立统一的变化过程，在辩证思维的发展史上具有重要的意义。

从《易经》所蕴含的辩证思维来看，其内容已经从不同的角度提出了事物发展的对立面，既强调事物发展的对立统一，也充分肯定事物存在矛盾的普遍性，如阴阳、刚柔、大小、远近、出入、进退、往来、上下、吉凶、祸福、泰否、生死、存亡、损益等。这些范畴的提出，充分说明了我国古代思想家已经从辩证的角度来分析和把握事物。不仅如此，《易经》还强调阴阳对立面的相互作用，对于后世辩证思维的发展影响深刻。

古代朴素辩证法大师老子，比较深刻地揭示了事物对立面的相互转化及其统一。《老子·二章》提出："有无相生，难易相成。"《老子·五十八章》强调："祸兮福之所倚，福兮祸之所伏。"① 这意味着老子已经注意到任何事物都存在着相互对立的两个方面，并且事物对立面之间存在着相互依存和相互转化关系。老子关于祸福相互转化的思想，对《淮南子·人间训》中"塞翁失马"这个循环往复极富戏剧性的故事产生一定的影响。但当时老子没能看到事物转化的条件和原因，辩证思维时代具有一定的局限性。

另外，班固在《汉书·艺文志》提出"相反相成"的命题。他在评价先秦诸子时提出："其言虽殊，辟犹水火，相灭亦相生也。仁之与义，敬之与和，相反而皆相成也。"② 程颐则认为"消长相因""有上则有

---

① 卢正言. 毛泽东读过的中国古代散文 [M]. 上海：上海辞书出版社，2013：3.
② 何国松. 中华文明简史一本通 [M]. 北京：北京工业大学出版社，2012：31.

下，有此则有彼，有质则有文"①。在揭示事物对立面关系的同时，他还提出了"极而必反"的观点。从辩证思维的角度来看，"相反相成"的观点揭示了事物之间的相互对立及其相互作用的关系，不仅反映了矛盾的普遍性，还反映了矛盾的对立统一性，这对于辩证思维的发展具有重要的贡献。

中华传统文化对"物极必反"的认识，其源头可以追溯到《易经》和《老子》。《易·丰》提出："日中则昃，月盈则食。"《老子·五十五章》认为"物壮则老"。后来《战国策·秦策》也指出："物盛则衰，天地之常数也；进退盈缩，与时变化，圣人之常道也。"韩非认为"万物必有盛衰，万事必有弛张"。明清时期，王夫之对传统的动与静的关系进行了一番考察之后，提出了事物之间存在"动极而静，静极而动"的辩证关系。

中国古代对"物极必反"的认识虽然容易陷入循环论思想，但它毕竟蕴含着辩证思维的合理内核。直到今天，"物极必反"对于我们抓住机会，积极推动事物向着积极的方面转化，把握对立面的统一，仍具有启迪作用。从历史的角度看，每当社会处于危机需要变革时，进步的思想家就会积极引领、宣传鼓动，这就是"物极必反"的一种特殊表现。新中国成立后，毛泽东曾经运用"穷则思变"的理论，号召、动员全国人民积极投入到社会主义建设大潮中去，为改变一穷二白的中国做出自己的贡献。

3. 辩证思维对中华传统文化的影响

辩证思维是中华传统文化的核心内容，它已经深深地渗透到了传统文化的各个领域，影响了整个传统文化体系的构建。

从社会进步发展的角度来看。每当社会处于大调整、大变革的关键

---

① 张文治. 国学治要·集部子部 [M]. 北京：北京理工大学出版社，2014：1046.

时刻，敏锐的思想家总是自觉或不自觉地运用辩证思维进行思想引领，倡导社会改革，运用事物发展变化的观点批判落后的文化观念，为建设新的文化体系呐喊开路。近代社会的康有为、梁启超、谭嗣同高扬维新变法大旗，将变化发展的思想作为维新变法的舆论导向，向封建专制开火，学习和传播西方科学文化。

从传统文化的发展走向来看。在中华传统文化中，儒道两家无疑是最具影响的思想派系。从对立统一的观点来分析，儒道思想观点既对立又统一，共同处于中华传统文化的统一体中。因此，儒道互补既成为传统文化的重要内容，也成为封建专制统治对文化思想进行宏观调控的有效手段，甚至成为体现中国传统知识分子鲜明特点的价值取向。

中国传统知识分子在人生修养方面，大多表现出外儒内道的特点，即"达则兼济天下，穷则独善其身"。这种外儒内道、儒道互补的特点，既体现了儒道二者的对立统一，也在一定程度上可以保持人的身心平衡。

从军事科学的角度来看。古代军事理论及战争的决策，在很大程度上也受到了辩证思维的影响。孙子提出，战争中对立双方治与乱、勇与怯、强与弱等在一定条件下是可以相互转化的。如官渡之战、淝水之战均是以少胜多，以弱胜强的战争，这都是辩证思维在军事上的具体应用。

从传统的中医理论来看。中医理论认为人体器官是相互区别又相互联系的统一整体，人体局部的疾病会影响全身的健康，全身的健康状况又可影响局部的病变。《内经》还提出了人体与自然环境的平衡关系，把人体机能与外部环境相互联系起来，强调只有遵循自然界的变化规律，科学调控人的饮食起居和精神活动，才能保证人的健康。

这种辩证思维对于人体与自然的对立统一关系进行了科学的阐述，注意到了人体内部器官的相互联系及其相互作用，并且注重对人体疾病进行辩证的调理、治疗，闪烁着传统中医学的光芒，对现代医学理论的发展也有新的启示。

从历史发展的观点来看。中华传统文化注重事物的内在统一，即双方的相反相成、相互依存和相互转化，辩证思维是中华民族智慧的具体体现，促进了中国文化的健康发展和生生不息。今天，我们应当自觉地把这种辩证思维与辩证唯物主义思想高度结合，继续发扬光大。

（二）直觉思维超越理性，重视人生体验感悟

直觉思维是中华传统文化的重要思维方式。它是思维主体通过对思维对象的直观认识，以非逻辑、非理性的形式，试图认识把握事物本质的一种思维形式。直觉思维不受某种固定的逻辑规则约束，而更看重人们的直接反应。中国古代的直觉思维是直观与体悟的统一，是一种特殊的"顿悟"。

1. 直觉思维是直观与体悟的统一

直观与体悟的统一表现在对宇宙人生的把握上。在古代，由于人们认识能力的局限性，科学技术进步相对缓慢，人们对宇宙万物、人生的认识不可能达到定量分析的理性研究状态，而更多地表现为对宇宙人生的整体与直观的猜测和把握，"正是由于强调整体观念，于是特别推崇直觉"①。《周易》虽然包含着传统的辩证思维，但它首先是一种直觉思维。《周易》中的"易"字，《系辞》解释为"《易》者，象也。象者，像也""在天成象，在地成形""悬象著明，莫大乎日月""仰则观象于天"。《周易》研究专家刘大钧认为："所谓《周易》者，即日月之道普照周天。"② 这说明了《周易》的作者是以直觉思维的方式，通过对"日月之道普照周天"这一自然景观的直观把握，进而演化、猜测出"一阴一阳之谓道"③，将事物发展变化的根本规律提炼为阴阳对立面的相互作用。

---

① 张岱年. 文化与哲学 [M]. 北京：教育科学出版社，1998：208.
② 刘大钧. 周易概论 [M]. 济南：齐鲁书社，1986：3.
③ 兰甲云. 周易古礼研究 [M]. 长沙：湖南大学出版社，2008：14.

　　无论是程朱理学的格物致知，还是王阳明的"心外无理""心外无物"，都与严格意义上的直觉思维已经有了很大程度的区别，是重"心"轻"物"的客观唯心主义和主观唯心主义。与程朱和王阳明不同，叶适重点从主观与客观的关系探究了对事物的直观把握，再进入到人内心的思考。明末清初思想家王夫之通过论述与客体的辩证关系，揭示了物质第一性、精神第二性的唯物主义原理。同时，他还提出形、神、物三者相遇，知觉才可能发生。这也就是说，人的感觉器官、精神思维和客观事物相遇到一起，才能产生知觉和认识，这蕴含了直觉思维。

　　直观与体悟的统一表现在它是一种审美的艺术思维。以老庄为代表的道家文化，特别是庄子的思维方式主要表现为直观、体验和领悟。他经常通过多种形象的类比和寓意，对宇宙人生采取超脱的审美态度。这导致有些学者还把老庄看作"美学的摇篮，艺术的保姆"①。虽然有一些夸张的成分在，但庄子的怪诞、旷达，"目击道存"，以及对宇宙人生进行审美的直观、体验与感悟，大多通过幻想丰富、飘逸潇洒的作品呈现在世人面前。

　　2. 直觉思维是一种特殊的"顿悟"

　　"顿悟"本是佛教的话语体系，具体指"顿了"，与"渐悟"相对。从佛教的话语方式来看，"顿悟"是指无须经过复杂仪式和长期艰苦的修习，即可豁然觉悟，把握佛教"真理"。"渐悟"亦称"渐了"，指必须经过长期学习和思考，才能实现对佛教"真理"的觉悟。从"顿悟"和"渐悟"的思维来看，直觉思维显然是一种特殊的顿悟。

　　禅宗特别主张"顿悟"。这种"顿悟"不仅对宋明理学产生了一定的影响，而且也对中国古代艺术影响较大。有的学者认为"悟既是中国哲学的精髓，也是中国美学的核心"，可谓一语中的。换一种说法，从

---

　　① 李哲良. 禅的人生与艺术［M］. 成都：四川美术出版社，1992：14.

直觉思维的角度来看，中国哲学和美学都离不开"顿悟"。正是由于"顿悟"，才让我们找到了中国古代哲学、美学与西方哲学、美学区别的依据，即中国古代哲学、美学一般不讲究严密的逻辑，不去穷根究底，而是更多地表现为体验与感悟。传统文化中经常见到的格言警句以及文学艺术中的"文眼""诗眼"，在今天仍备受青睐。这些格言警句、"文眼""诗眼"大多是古代思想家对人生思考、对艺术创造的豁然开朗与大彻大悟，是古代文人的一种创造性发现，或者说是灵感思维或突发奇想的成果。

（三）中和思维不偏不倚，实现人生温柔敦厚

中和思维是中华传统文化受儒家思想的影响在思维方式上的体现。中和思维反映了人类思维方式的共性的内容，是中华民族思维方式与西方思维方式相区别的集中表现。所谓中和思维，指传统文化中认识和解决问题所采取的不偏不倚、执中适度的思维方法，不走极端，追求四平八稳。

1. 中和思维的理论来源

基于中外思维发展史角度。中和思维的产生相对于朴素的辩证思维来说要晚一些。在古希腊，泰勒斯和赫拉克利特的思维方式更多是辩证思维，德谟克利特、柏拉图、亚里士多德的思维方式更多是中和思维。在中华传统文化中，辩证思维较早地表现在《周易》和《老子》的思想中，中和思维虽然可追溯到《周易》，但真正成型于孔子及其儒家学派。

基于我国传统中和思维来源角度。中和思维最早起源于人们对于"执中""尚中"的认识，在一定程度上反映了我国古代思维逐渐走向成熟。早在《易传》一书就已经出现了对"中"的认识，有"中正""正中""得中""中行""在中""大中""中心""行中""中节""位中"等近30种说法。通过梳理发现，带"中"的卦爻都是吉卦、吉爻，"凡

吉占都是因为能'正中''得中''中正''黄中通理'等"①。这就进一步说明了当时人们已经对"执中"和"尚中"有了基本的认识并付诸了相应的社会实践活动。

2. 中庸是最高境界的善

中华传统文化的一个重要特点就是运用中和思维对人类的认识活动和实践活动进行指导，将中庸看作一种最高境界的善。

《礼记·中庸》一书对人的喜怒哀乐各种情感的中和之美进行了探讨，提出了"喜怒哀乐之未发，谓之中；发而皆中节，谓之和。中也者，天下之大本也；和也者，天下之达道也。致中和，天地位焉，万物育焉"。董仲舒在对《礼记》的"中"进行解释时，认为"中"不是指各种情感未发之时，而是指已发之情应保持无过之无不及的状态，不要走向极端。程颐在《近思录》的阐述更加符合《中庸》的原意，他认为"喜怒哀乐之未发，谓之中。中也者，言'寂然不动'者，故曰'天下之大本'。发而皆中节，谓之和。和也者，言'感而遂通'者也，故曰'天下之达道'，学也者"②。邵雍认为"人得中和之气则刚柔均，阳多则偏刚，阴多则偏柔"③。这些对"中和"的解释各有特点、各有侧重，但表达的意思都基本相同。

对于古代西方而言，也非常讲究中和之美，但与中国传统的中和思维相比，时间稍晚一些。德谟克利特、苏格拉底和柏拉图虽然也在一些场合谈到节制和适度的问题，但遗憾的是并没有就此展开深入的研究。古希腊时期，对中和、中庸展开深入研究的毫无疑问是亚里士多德，他认为在一切连续而又可分的事物中，都存在着过度、不足和中庸，"过

---

① 刘大钧．周易概论［M］．济南：齐鲁书社，1986：31.
② 晁说之，等．晁氏客语［M］．长沙：岳麓书社，2004：36.
③ 北京大学哲学系美学教研室．中国美学史资料选编［M］．北京：中华书局，1981：18.

度和不及都属于恶，中庸才是德性""中庸是最高的善和极端的美"①。

纵观亚里士多德的哲学观、社会观、伦理观和美学观，他已经自觉地把中庸作为看待事物的一把重要钥匙、一种重要的思维方式，用来开启他思想宝库的大门。亚里士多德的中庸思想与中国传统的中和思维尽管表述不完全一样，但在本质上却惊人的相似，都是对人类思维发展共同性的集中反映。

3. 艺术创造的中和之美

中国传统的中和思维，除了处理人际关系、道德修养、人格完善以及社会治理等方面，还广泛运用于艺术创造领域。中和思维用于艺术创造之中，主要表现为对中和之美的热烈追求。

孔子一直以来都极力主张"执两用中"，十分注重对中庸之道的追求。在艺术方面提倡"中和"之美。孔子以"中和"作为事物的审美标准，在做人方面提出"质胜文则野，文胜质则史。文质彬彬，然后君子"②。其核心要义就是提倡做人"允执其中"，文质兼备，达到中和之美的境界。在艺术创造上，《关雎》做到了审美主体和社会理性的统一，孔子评价《关雎》是"乐而不淫，哀而不伤"③，对于艺术创作主张"温柔敦厚"。

受孔子中庸思想的影响，《乐记》把"中和"作为音乐的审美标准，认为"和"是音乐的本质，以"和"为美，倡导"礼以导其志，乐以和其声"，追求"安以乐"的和美之音，这是音乐艺术所追求的一个新境界。

受儒家思想的影响，中国传统美学的"中和"之美成为中国古代艺

① 亚里士多德.亚里士多德全集［M］.苗力田，徐开来，余纪元，等译.北京：中国人民大学出版社，1992：36.
② 论语［M］.王超，译.北京：北京联合出版公司，2015：43.
③ 论语［M］.王超，译.北京：北京联合出版公司，2015：20.

术主要的价值取向和思维方式。翻开中国文学发展史，传统的诗、词、文、赋等抒情作品数量众多，即使抒情，大多都能符合人之常情、常理，有所节制，合乎礼义。在传统的戏剧艺术中，我国的悲剧并不是悲到极限，一般不会出现俄狄浦斯杀父娶母后肝胆欲裂的痛苦，而大多都会给观众留下希望；喜剧的诙谐有趣或可笑都不会太过分，一般都是适可而止。传统艺术的"中和"之美，无疑是儒家中庸思想在音乐舞蹈艺术中的体现，是中和思维在艺术创造中的不自觉运用。

纵观中华传统文化的辩证思维、直觉思维和中和思维，它们深入到中华传统文化的骨髓里，对文化的发展起到了积极或消极的作用。

综上所述，在中国传统的三种思维方式中，辩证思维是中华传统文化中最重要的一种思维方式，是我们祖先在认识世界和改造世界的过程中发展形成的，充满着理性的智慧。直觉思维主要受道家文化的影响，抛弃了过于讲究理性、逻辑过于严密的东西。中和思维主要是儒家文化影响的结果，看问题不偏不倚，不走极端。如果把中国传统思维看作一驾马车，辩证思维是马车的主干部分，直觉思维与中和思维是马车的两个轮子。这三种思维方式既相互联系，又相互区别，在彼此渗透融合的过程中构成了中华传统文化的思维体系。

在思维方式的发展中，我们应该对传统思维方式的优秀内核进行合理的吸取，克服偏于直觉的体悟，克服轻视科学实证和逻辑分析的不足，重点培养中华民族的创新性思维模式，加大创新创造力度，使中华民族文化不断焕发出新的生机活力。

第三章

中华优秀传统文化的现代价值

传统文化彰显一个国家、一个民族的历史底蕴。优秀传统文化是一个国家、一个民族宝贵的精神财富，对个人的成长、国家的进步以及整个人类社会的发展具有不可替代的作用。我国优秀传统文化无疑具有重要的现代价值，具体可以从国家层面、社会层面和个人层面体现出来。

一、国家层面：优秀传统文化是文化强国的历史支撑

优秀传统文化是文明的源泉和宝贵的历史遗产，是我们实现文化强国的历史支撑。我们应该了解传统文化，研究传统文化，尊重传统文化，真正做到取其精华，去其糟粕，继往开来，发展创新，使中华文明在新时代散发新的光彩，引领我们走向人类文明的前列。

（一）深化文化强国认识，激发文化发展动力

1. 建设文化强国是实现中华民族伟大复兴的需要

中华民族拥有悠久的历史文化，中国是世界四大文明古国之一，具有深厚的文化积淀。推动中华民族伟大复兴，要求我们加强经济建设和文化建设，建设文化强国对我们来说意义重大。在复杂多变的国际国内形势下，人们的文化观发生了巨大改变，对于当今中国来说，如何建设

中华民族新文化和如何建设中国特色社会主义文化强国是一项崭新的课题，这是摆在 14 亿中华儿女面前值得认真思考的问题。

新中国成立后，在毛泽东等老一辈无产阶级革命家的领导下，中国文化建设取得了长足的发展，我们从积极借鉴和吸纳西方优秀文化，到推进马克思主义中国化，中国社会主义文化建设进入了"百花齐放，百家争鸣"的时代。改革开放后，以邓小平为核心的第二代中国共产党人在抓好经济建设的同时，大力加强社会主义精神文明建设，培养社会主义建设需要的"四有"新人。以江泽民为核心的第三代中央领导集体提出了推动社会主义先进文化建设的要求。以胡锦涛为核心的党中央顺应时代要求，提出了建设社会主义和谐社会的战略，大力推进和谐文化建设。

党的十七届六中全会将"建设文化强国"纳入国家战略，党的十八大针对建设文化强国在中国特色社会主义建设中的重要性，进一步明确了建设文化强国的道路、方向、方针、原则和关键点，并为建设文化强国提出了具体的要求和措施。从整体上为建设社会主义文化强国指明了方向，描绘了蓝图，将社会主义文化强国的建设提升到了一个新高度。党的十八大报告指出"建设社会主义文化强国，必须走中国特色社会主义文化发展道路"①，为建设中国特色社会主义文化强国，实现中华民族伟大复兴指明了方向，奠定了基础。

习近平总书记在党的十九大报告中指出："中国特色社会主义文化，源自于中华民族五千多年文明历史所孕育的中华优秀传统文化，熔铸于党领导人民在革命、建设、改革中创造的革命文化和社会主义先进文化，

① 胡锦涛. 坚定不移沿着中国特色社会主义道路前进 为全面建成小康社会而奋斗——在中国共产党第十八次全国代表大会上的报告 [M]. 北京：人民出版社，2012：30.

植根于中国特色社会主义伟大实践。"① 建设中国特色社会主义必须加快中国特色社会主义文化发展，中国特色社会主义文化是中国特色社会主义"五位一体"总体布局的重要组成部分。中国特色社会主义文化具有鲜明的中国特色和实践特色，反映了中国共产党的性质和宗旨，反映了我国的文化建设和发展方向，同时借鉴和吸纳了人类文明发展的积极成果，凝结了中华民族优秀传统文化的精华，是符合我国基本国情和具体实际、适应社会主义文化强国建设要求的重要工程。

当然，我们并不能盲目自信，我们离文化强国还有较大的差距，西方文化仍然处于强势地位，我们必须重视社会主义文化建设，把文化建设上升到国家战略的高度狠抓落实，这是实现国家强盛和民族复兴的基础和前提。只有这样，我们才有可能在激烈的国际竞争中，尽快占领文化发展的制高点，掌握文化引领的主动权。同时，我国加快社会主义文化强国建设，不仅为实现中华民族伟大复兴的中国梦提供精神动力，还将为人类文明进步事业做出巨大贡献。中华民族伟大复兴是全体中华儿女的共同愿望，我们必须沿着中国特色社会主义文化发展道路，大力推进社会主义文化强国建设，增强传统文化自信，提高文化建设的自信心，只有这样才能实现建设文化强国的共同愿景。

2. 建设文化强国是全面建成小康社会的需要

党的十九大的主题是"不忘初心、牢记使命"，高举中国特色社会主义伟大旗帜，决胜全面建成小康社会，夺取新时代中国特色社会主义伟大胜利，为实现中华民族伟大复兴的中国梦不懈奋斗。② 贯彻落实党的十九大精神，要求我们在推进经济建设和政治建设的同时，大力发展

---

① 习近平. 决胜全面建成小康社会 夺取新时代中国特色社会主义伟大胜利——在中国共产党第十九次全国代表大会上的报告 [M]. 北京：人民出版社，2017：41.

② 习近平. 决胜全面建成小康社会 夺取新时代中国特色社会主义伟大胜利——在中国共产党第十九次全国代表大会上的报告 [M]. 北京：人民出版社，2017：1.

社会主义文化，建设社会主义文化强国。政治、经济和文化之间紧密相连，一个国家的政治经济发展水平决定了文化事业的发展，一个国家的文化发展也会反映该国的政治、经济发展水平，文化建设对政治、经济发展具有推动作用。

毛泽东同志指出："一定的文化（当作观念形态的文化）是一定社会的政治和经济的反映，又给予伟大影响和作用于一定社会的政治和经济；而经济是基础，政治则是经济的集中的表现。"① 当今社会，文化、经济、政治的融合已经成为趋势，三者相互交融、相互作用，共同推进社会的进步和发展。文化在社会发展中的地位越来越高，彰显出了巨大的经济价值。当前文化产业的快速发展，已经成为推动社会进步的一支重要力量。同时，文化与政治之间密切相连，随着文化软实力地位的不断提高，文化已经成为各国开展政治斗争的重要形式和手段，加强文化建设是保持政治优势的重要途径。只有提高文化软实力，才能增强一个国家在国际社会的政治影响力。

推进中国特色社会主义建设是一项系统工程，需要统筹各方面的力量，要整体推进中国特色社会主义经济、政治、文化、社会和生态文明的建设进程，推进中国特色社会主义事业的发展。其中，经济建设为中国特色社会主义提供物质基础，政治建设提供方向保障，文化建设提供精神动力和智力支持。自从改革开放以来，我国经济迅猛发展，而文化发展却相对滞后，严重影响了建设社会主义强国的步伐。在全面建成小康社会的决胜阶段，加强文化建设已经成为不可回避的时代课题。在发展社会主义经济的同时有机融入文化建设，这是我们党和国家必须解决的问题。

只有从根本上解决好文化建设的问题，才能加快中国特色社会主义

---

① 毛泽东. 毛泽东选集：第 2 卷［M］. 北京：人民出版社，1991：663-664.

建设进程，才能如期实现"两个一百年"奋斗目标。全面建成小康社会，实际上是让人民群众享受更好的生活。加强社会主义文化强国建设，为全面建成小康社会提供文化保障。推进文化强国建设，要求我们积极创建良好的文化氛围，激发广大人民的积极性和创造性，带领人民群众巩固社会主义共同理想，引导人民群众主动地投身于中国特色社会主义伟大事业。因此，加强社会主义文化强国建设是全面建成小康社会的客观要求。

3. 建设文化强国是满足人民群众对精神文化需求的需要

随着改革开放的深化和社会主义现代化建设事业的发展，人们的物质需要在得到不断满足的同时，对精神文化的满足有了新的要求。充满活力的中国特色社会主义事业，必须保证人民具有丰富的精神世界，保证人民的精神力量可以得到充分的发挥。就中国社会发展的现状来说，经济发展为人们带来了优越的物质生活条件，但距离人们精神文化的需求还存在较大的差距。因此，为了满足人民日益增长的精神文化需求，必须加强社会主义文化建设，推进社会主义文化强国建设。建设社会主义文化强国，要求我们以社会主义核心价值观引领社会思潮，营造健康向上的思想教育环境，加强文明素养和民族精神的培育，积极促进社会的人际和谐。

社会越发展，人们对文化的需求就越旺盛。建设社会主义文化强国，就要发挥好文化的引领作用，一方面通过文化市场促进经济增长，另一方面通过文化建设聚人心、舞斗志，引导人们坚定走中国特色社会主义道路。文化发展和文化消费需要依靠人民，因为人民群众既是文化的生产者，也是文化发展和文化消费的主体。推进社会主义文化强国的建设，要大力推进文化发展和文化消费，一方面要营造良好的文化发展氛围，取得丰富的文化发展成果；另一方面要尽可能满足人民群众的文化需求，保障人民群众良好的文化消费水平质量，让人民群众拥有良好的精神风貌。

因此，我们在推进社会主义文化强国建设的过程中，必须坚持文化建设"为人民服务""为社会主义服务"的理念，要贯彻好贴近实际、贴近生活、贴近群众的"三贴近"原则，维护好人民群众的合法文化权益，满足人民群众的文化需求。我们要激发人民群众的主体性和创造性，积极引导人民群众开展文化创造活动，同时还要尽可能地给予人民群众多层次、多样化、全方位的文化服务，切实做到文化发展依靠人民，文化发展成果由人民共享。

（二）挖掘传统文化功能，助推文化强国建设

优秀的传统文化是文明的源头，是宝贵的历史遗产，是世界上为数不多的精神财富，是我们实现文化强国的历史支撑。优秀传统文化塑造文化强国的民族自豪，支撑文化强国的文化自觉，感召文化强国的心理自信。优秀传统文化凝结着宝贵的爱国主义和民族精神，是我们建设文化强国的精神积淀。

1. 传统文化承载文化强国的精神积淀

传统文化的历史支撑在力量、智慧以及理性上得以体现。正因为中华民族拥有丰富多彩的传统文化，中华文明才能源远流长，中国现代化建设才有坚实基础，中华民族才能不断攀登人类文明高峰。2014年4月1日，习近平总书记在比利时布鲁日欧洲学院的演讲中说道："2000多年前，中国就出现了诸子百家的盛况，老子、孔子、墨子等思想家上究天文，下穷地理，广泛探讨人与人、人与社会、人与自然关系的真谛，提出了博大精深的思想体系。他们提出的很多理念，如孝悌忠信、礼义廉耻、仁者爱人、与人为善、天人合一、道法自然、自强不息等，至今仍然深深影响着中国人的生活。中国人看待世界、看待社会、看待人生，有自己独特的价值体系。"① 2013年的五四青年节，习近平总书记在北

————————
① 习近平. 习近平在布鲁日欧洲学院的演讲（全文）[EB/OL]. 新华网，2014-04-01.

京大学师生座谈会上发表重要讲话，明确指出："中华优秀传统文化已经成为中华民族的基因，植根在中国人内心，潜移默化影响着中国人的思想方式和行为方式。"① 今天，我们培育和践行社会主义核心价值观，充分体现了对中华优秀传统文化的传承和提升，文化强国建设必须从中汲取丰富营养，否则就不会拥有强大生命力和影响力。

中华文化提出"民惟邦本""天人合一""和而不同"，倡导"天行健，君子以自强不息""大道之行也，天下为公"；号召"天下兴亡，匹夫有责"，主张以德治国、以文化人；提倡"君子喻于义""君子坦荡荡""君子义以为质"；要求"言必信，行必果""人而无信，不知其可也"；强调"德不孤，必有邻""仁者爱人""与人为善""己所不欲，勿施于人""出入相友，守望相助""老吾老以及人之老，幼吾幼以及人之幼""扶贫济困""不患寡而患不均"等思想。这些思想和理念，不论在哪个时代都能闪耀鲜明的民族特色，不论在哪个年代都能发挥积极的作用。随着社会的发展，这些思想和理念会不断地被赋予新的含义，其自身也具有较强的连续性和稳定性。作为中华民族的后代，我们必须坚守中国人独特的精神世界，坚持百姓日用而不觉的价值观，为建设文化强国做出贡献。

2. 传统文化凝结爱国主义的民族精神

在中国优秀传统文化基础上升华出新的思想和精神，其中以爱国主义为核心的民族精神很好地反映了自觉衔接优秀传统文化的意识。在中华民族长期的历史发展过程中，逐渐形成了以爱国主义为核心的团结统一、爱好和平、勤劳勇敢、自强不息的伟大民族精神。"夙夜在公""先天下之忧而忧，后天下之乐而乐""苟利国家生死以，岂因祸福避趋之"，无不显示出为国家、为民族、为社会献身的精神。正是这样一代

---

① 习近平. 习近平谈治国理政 [M]. 北京：外文出版社，2014：170.

代中国人的精神操守塑造了宝贵的民族精神。

我们党带领中国人民在新民主主义革命、社会主义建设和改革开放伟大实践中积累了大量经验，在充分结合时代背景和社会发展要求的基础上，不断丰富我们的民族精神。民族精神随着中华民族的发展越发丰富，民族精神根植于中国大地，具有十分深厚的历史底蕴。

推进社会主义文化强国建设，必须大力弘扬和培育民族精神。我们必须弘扬和创新中华优秀传统文化，从传统文化中获取有较高价值的文化资源。

3. 传统文化提升文化强国的民族自信

中华民族优秀传统文化可以提升中国人民的民族自豪感和自信心。人是建设文化强国的主体，传统文化是建设文化强国的基础和支撑。传统文化有很多优秀的成分，为人类发展做出过重要贡献。中国是世界上著名的文明古国，具有五千年的文明历史，博大精深，源远流长，曾数度辉煌，屹立在世界的东方。

我们曾经拥有秦皇汉武的文韬武略，拥有唐宗宋祖的盛世雄风，拥有明朝郑和七下西洋的非凡壮举，拥有大清初期的康乾盛世，拥有人类文明里程碑标志的四大发明，拥有诸子百家争鸣的学术大花园，异彩纷呈，各领风骚，拥有绵延不绝的二十四史，卷帙浩繁，还拥有抵达西亚、北非、欧洲的"一带一路"……

今天，我们踏上了中国特色社会主义的发展道路，走向了民族伟大复兴的壮丽征程。透过历史的风尘，跨过岁月的长河，我们看到了伟大的中华民族和不屈的中国人民手握镰刀收割自己的灵魂，周而复始的命运，一次又一次的凤凰涅槃，死而重生，中华儿女的智慧及繁衍得以生生不息。一个有强大生命力的民族，一个追求自身强大的国家，无论经历怎样的风雨，最后都可以见到彩虹。正是在不屈不挠的奋斗中，传承并发展着中华民族的浩然正气。

中华民族由辉煌跌到低谷，又从屈辱中重新崛起，一部中华文明史告诉世人，中华民族是有精神的、伟大的、不可战胜的、坚贞不屈的民族。正是以爱国主义为核心的民族精神，正是对优秀传统文化历久弥新的传承，成就了历经磨难而不衰、千锤百炼而更坚强的东方之躯。

习近平总书记强调："不忘历史才能开辟未来，善于继承才能善于创新。优秀传统文化是一个国家、一个民族传承和发展的根本，如果丢掉了，就割断了精神命脉。我们要善于把弘扬优秀传统文化和发展现实文化有机统一起来，紧密结合起来，在继承中发展，在发展中继承。"①

4. 传统文化增强文化强国的心理自觉

在建设文化强国的过程中，要求一个国家和民族必须具有深层次的文化力量。这种力量源于历史，穿越时空，源于人们对自身文化的自觉，为人们带来深层次的内心安宁，帮助人们抵御浮躁的外界对心灵的冲击。一个国家和民族的文化力量，是推动先进文化产生和发展的基础。确保一个国家和民族拥有文化力量，人类文明才有可能得到持久的进步。在时代变革和社会发展的过程中，文化力量即是保持国家和民族自身精神特质的标识，也为时代变革提供最基本、最稳定的文化认同和自觉。

弘扬和发展中华优秀传统文化，强化中华儿女精神家园的建设，必须坚持传统文化的民族性和大众性。中华优秀传统文化是中国人民精神家园的底蕴，是中华儿女文化认同、价值认同、民族认同的最大公约数。精神家园体现了中华儿女在国家意识和民族精神方面的高度一致，同时还表现在中华儿女对传统文化的自觉上。中华优秀传统文化内涵丰富，提倡和而不同的思想观念，具有极强的包容性，讲究万物共存，多道并行。中华传统文化追求"三不朽"精神，要求人们在人生实践中实现"立德、立功、立言"，强调以义取利、见利思义的义利观，提倡修身养

---

① 习近平. 在纪念孔子诞辰 2565 周年国际学术研讨会暨国际儒学联合会第五届会员大会开幕会上的讲话［N］. 人民日报，2014-09-25（02）.

性，做君子而不做小人。这些传统文化的重要内容，是团结凝聚全体中国人民的文化基础。建设社会主义文化强国，就必须加强人们对自己民族文化的自信和自觉，必须为人民打造出体现精神共识的精神家园。只有传承传统文化，提高文化自觉，才能使人们面对困难和挫折时坚定信心，在中国特色社会主义事业中做出更大的贡献。

二、社会层面：优秀传统文化促进和谐社会的构建

中华民族崇尚和谐，中国"和"文化底蕴深厚，包含着天人合一的宇宙观、协和万邦的国际观、和而不同的社会观及人心和善的道德观。优秀传统文化是一座巨大宝库，"和谐"是这座宝库的核心理念和思想精华，它能够为促进和谐自然、和谐社会、和谐世界的建设提供方向和方法。

（一）传承优秀传统文化，实现人与自然和谐

1. 传统文化为正确处理人与自然关系提供启迪

传统文化蕴含的"天人谐和说""回归自然观"，追求人与自然、人与社会、人与人之间的全面和谐，引导我们正确处理人与自然之间的关系，为我们提供解决问题的思想方法。在经济全球化背景下，为人类改造自然、顺应自然、利用自然、保护自然、坚持可持续发展提供借鉴和启迪，如"天人合一"的观念长期以来为世人所推崇。中国古代的思想家普遍认为人与自然之间存在着某种神秘的联系，二者和谐统一、相互依存。如果把他们割裂开来，"天人"就不能成为一个有机统一的系统，"人"和"天"之间就不能和谐发展，一旦"人""天"出现矛盾或矛盾加剧，将会给人类生存和自然环境带来不可估量的损失。

《周易·序卦传》中记载："有天地然后有万物，有万物然后有男女，有男女然后有夫妇，有夫妇然后有君臣，有君臣然后有上下，有上

下然后礼仪有所错。"① 这段话体现了中国传统的家国同构思想，天地孕育了万物，万物又孕育了人类，因为人类借助天地万物建立了世界，天地万物与人类存在着必然的联系，不能将它们割裂开来。儒家倡导"不违天时""节用""御欲"等，反对不遵守自然节律的乱砍滥伐、过度狩猎捕鱼、"暴殄天物"的思想。在今天，这些观点对于处理人与自然的关系，仍然起到正确的引导作用。道家也主张"万物负阴而抱阳，冲气以为和""道法自然""上善若水"等。这些敬重生命、关爱自然、提倡天人和谐的思想，对于我们构建人与自然和谐相处的和谐社会具有重要的启迪作用。

我国古代生态文明思想主要体现在两方面，一是顺应自然规律，保护自然环境。人类要尊重自然，在保护环境、顺应自然规律的基础上对自然进行适当的改造，引导自然环境朝好的方面发展。二是不破坏生态平衡，使自然资源能够持续发展。正如孟子所说："不违农时，谷不可胜食也；数罟不入净池，鱼鳖不可胜食也；斧斤以时入山林，材木不可胜用也。"② 他告诉我们，要不违背农作物耕种的时节，真正按照节气和物候的变化进行耕作，才会获得丰收；用细密的渔网开展捕捞，鱼和鳖这类的水产就怎么也享用不完；按照一定的季节进山砍伐，木材也会用不完。《吕氏春秋》从反面告诫人们："竭泽而渔，岂不获得，而明年无鱼。"③ 意思是把湖水都抽干了再去捕鱼哪有抓不到鱼的道理，但是明年就没有鱼可抓了，告诫我们如果只是看到眼前的利益而不做长远打算，毫无节制地向大自然索取，很快资源就会消耗殆尽，近期会对于当下的生产生活产生影响，从长远来看会给子孙后代的生活埋下隐患。"焚林

---

① 王开敏，冯林，高友清. 母道——母亲文化与家庭教育 [M]. 武汉：武汉大学出版社，2009：78.
② 刘邵. 人物志：孝经 [M]. 兰州：敦煌文艺出版社，2015：158.
③ 刘钦普. 生态农业概论 [M]. 郑州：河南科学技术出版社，1995：26.

而猎"等典故都说明了相同的道理。

传统文化中的"天人和谐"思想警示我们：人类的生存和发展需要依托自然界，自然界与人类是相互依赖、相互依存的。人应该敬畏、尊重、热爱、善待生机勃勃的自然界。人必须在遵循自然规律的基础上认识自然、利用自然、改造自然，从自然界获取人类所需的物质生产资料。如果人类把自然界的发展规律放到一边，放纵自己的主观欲望肆意开采自然资源，打破自然界的平衡和秩序，那么必将给自己的生存发展，甚至给子孙后代的生存发展带来不可预见的灾难。

在人与自然的关系问题上，传统文化主要表现为对天人合一、天人和谐精神的推崇。就世界范围而论，无论是西方发达国家，还是像中国这样的发展中国家，生产、生活的各方面都存在着追求过度物质化、功利化的趋势，人的内心需求、精神世界得不到满足似乎成为一个普遍的社会问题。正如有些社会问题研究专家所说的那样，在当今世界，人们对物质的过度追逐，滋生了人与人之间可怕的冷漠感、荒谬感和无意义感，人和人之间的感情变得逐渐淡漠和疏远。人们要走出这种孤独和悲哀的困境，必须摆脱物质生活的羁绊。中国文化建设落后于经济建设，尤其是作为社会精神支柱的生活理想、人生信仰等问题没有得到很好的解决，以致造成在物质生活不断改善的同时，精神世界却在荒芜，成为内心空虚的"空壳人"。从这个意义上说，以注重心性长于伦理为基本特征的优秀传统文化，无疑能为骄傲的现代人走出自我心性的迷失提供理性之光。有着几千年历史的中华传统文化在实现由农耕文明向现代文明的转型过程中，必将以其特有的思想精华，继续启迪和照耀着人类迈向美好的未来。

进入 21 世纪，伴随"全球化"进程的加速，现代化所带来的发展与代价、成就与丧失、进步与退步等矛盾和问题，也在更深刻的层面和更广泛的程度上得到彰显和展开，现代文明遭到了前所未有的危机。西方文化片面地主张人定胜天，强调科技改变一切，强调人要征服自然，缺乏保护环境的自觉，过度掠夺自然资源，最终遭到了自然界的报复。古代思想家所倡导的天人合一精神、礼治精神、德治精神、仁爱精神、民本精神等传统文化内核，经过现代文明的转换和创新，必然能够成为一种新的价值主张而被赋予新的世界意义，对推动人类社会进步起到重要的作用。

2. 传统文化为推动人与自然和谐共生指明方向

党的十九大报告提出"加快生态文明体制改革，建设美丽中国"[①]的战略思想。生态兴则文明兴，生态衰则文明衰。"人与自然是生命共同体，人类必须尊重自然、顺应自然、保护自然。"[②] 西方资本主义经济体过度追求利益最大化的生产方式，已经蔓延到了世界各地。工业文明比较发达的国家一般不会采取与经济欠发达国家经济和谐相处的战略，而是更多使用武力、强盗式地撞开其他国家的大门。近代升级版的方式是将科技含量高、环境污染少、使用劳动少的产业留在本土，将科技含量低、环境污染多、劳动力密集的产业转向国外，然后以理念的冲突来实现自身利益的最大化。工业文明的发展历程警示我们，必须努力促进人与自然的和谐共生，实现生态文明。

先秦时期，有思想家结合庄子"顺天"与荀子"制天"的思想，提出了"天人合一"的思想，实质上就是把天、地、人看作一个和谐的整体，既要尊重自然，遵循自然发展的客观规律，也要在社会生产中发挥人类的主观能动性，改造自然和利用自然，在顺应自然、保护自然资源的基础上进行人类生产、生活，达到人与自然和谐相处的关系，保证人

---

① 习近平 . 决胜全面建成小康社会 夺取新时代中国特色社会主义伟大胜利——在中国共产党第十九次全国代表大会上的报告 [M]. 北京：人民出版社，2017：50.

② 习近平 . 决胜全面建成小康社会 夺取新时代中国特色社会主义伟大胜利——在中国共产党第十九次全国代表大会上的报告 [M]. 北京：人民出版社，2017：50.

类与自然合二为一，促进生态环境的良性循环，满足人类文明的长远发展。

（二）传承优秀传统文化，促进和谐社会构建

1. 传统文化为正确处理人与人的关系提供方向

在构建和谐社会的进程中，人与人之间的关系也会出现一些问题。生活节奏的加快加速了人们对物质生活的追求，人们会为了获得一定的物质利益而想尽办法甚至不择手段。为了利益，人们由熟悉变为陌生，由支持变为诋毁、攻击，由信任变为猜忌，由鼓励变为排挤，人与人之间的关系逐渐淡漠和疏远。

传统文化中很多有益的思想和观点，都为解决上述问题提供了理论上的依据。在人性方面，儒家和墨家都提倡与人为善。主张性善论的孟子提出："恻隐之心，人皆有之；羞恶之心，人皆有之；恭敬之心，人皆有之；是非之心，人皆有之。"① 孟子认为，每个人出生的时候就具有善良的本性，拥有同情心、羞耻心、恭敬心和是非心，经过后天努力拥有仁义礼智各种好的品性。孟子把拥有"恻隐之心"即"不忍之心"作为道德养成的起点。他认为无论是谁都应该对处于痛苦处境的人给予同情心，提供必要的救助。孟子还以"天时不如地利，地利不如人和"②表达了对团结互助、和睦共处的人际关系的称颂。墨子向人们提出了博爱的处世之道——兼爱。兼爱就是一个人要同时爱不同的人和事物，不管是关系亲疏远近、地位高低贵贱，都要保持一颗爱人之心，让世界充满爱。

2. 传统文化为人自身的发展提供契机

在现代化进程加快、竞争异常激烈的今天，人们在物欲横流的世界中面对着太多的诱惑、陷阱和选择，往往会不知所措，常常只注重追求

① 孟子. 孟子 [M]. 段雪莲，陈玉潇，译. 北京：北京联合出版公司，2015：103.
② 孟子. 孟子 [M]. 段雪莲，陈玉潇，译. 北京：北京联合出版公司，2015：42.

外在的、肤浅的东西，而忽视了自己内心的强大和发展。如何在利益和诱惑面前不动心，站稳立场，保持清醒，守住自己做人的底线，谨慎行事，修身养性，严于律己，这是新时代对每一个人提出的考题，也是个人修养提升的关键。在锤炼品德修为方面，中华传统文化给我们提供了很多可供参考、借鉴的途径和内容，这对处于浮躁环境的社会成员具有很好的指导和帮助。

中国传统文化倡导内省修养的提高，崇尚对真、善、美的追求。孔子有"君子谋道不谋食……君子忧道不忧贫"①的观点，其中所说的"谋道"要求人们有所追求，追求社会理想和人生抱负。儒家认为，人只有在具备良好的个人品行和道德操守的基础上，才有可能胸怀坦荡，勇往直前，实现人生理想和抱负。孟子提出"饱食、暖衣，逸居而无教，则近与禽兽"②，要求人们追求更高的修养境界。人如果只是沉溺于享受安逸的生活，而不追求高远的志向和独特的情趣、向往高尚的情操，那么就不会有美的体验，也就和一般的动物没什么区别了。儒家还提出了"穷则独善其身，达则兼济天下"③"见贤思齐"和"见不贤而内自省"的观点，对于个人的道德成长很有帮助。中国传统文化中的仁、义、礼、智、信作为"五常"，虽然目的是维护封建制度，存在着一定的阶级性和局限性，但是无论在哪一个历史时期，这些要求作为个人道德修养都是不可或缺的。仁、义、礼、智、信对于构建现代化社会依然具有很大的推动力。

我国传统文化中的和谐理念带给我们的启示是：身心和则康，家庭和则福，人际和则安，社会和则治，自然和则美。我们必须汲取传承中华民族优秀传统思想文化的精华，进一步加深理解社会主义和谐社会建

---

① 论语［M］. 王超，译. 北京：北京联合出版公司，2015：125.
② 孟子. 孟子［M］. 段雪莲，陈玉潇，译. 北京：北京联合出版公司，2015：56.
③ 孟子. 孟子［M］. 段雪莲，陈玉潇，译. 北京：北京联合出版公司，2015：128.

设的新理念、新要求，在推进社会主义现代化进程中发挥好中华优秀传统文化的独特作用。

（三）传承优秀传统文化，传播和谐世界理念

当今世界，和平与发展仍然是时代的主题，但是世界仍然存在不确定、不稳定的因素。粮食安全、能源安全、网络安全、恐怖主义、贸易保护主义等全球性问题仍然突出，各种局部冲突"一波还未停息，一波又涌起"，国家之间的贸易摩擦愈演愈烈，甚至出现相互制裁的局面。应对这些冲突，中华优秀传统文化所蕴含的"贵中尚合"的和谐思维、"和而不同"的和谐思想、"忠恕宽容"的和谐心态可以帮助人们找到解决方法和路径。

1. 传统文化蕴含构建和谐世界的价值理念

"爱好和平"是中华民族精神的重要内容。中华民族历来以崇尚和平著称于世。"礼仪之邦""协和万邦""德莫大于和"等"和"理念深深地扎根于中华民族的文化血脉中。"亲仁邻善""讲信修睦"等充分表现了中华民族在处理国家关系、民族问题上的宽宏胸襟。联结欧亚，开辟丝绸之路；畅通亚非，郑和七下西洋；历经万难，玄奘印度取经；为传真经，鉴真东渡扶桑……这些例子是中华民族爱好和平、与世界各国和民族进行友好往来、文化交流的历史见证。因此，中华民族爱好和平不仅表现在国内各兄弟民族之间以和为贵、团结奋斗等方面，而且表现在与世界各国、各民族的友好交往、和平共处上。

"和而不同"是优秀传统文化的价值理念。"和而不同"是儒家思想的一个重要命题，内涵丰富而深刻，体现了中华传统文化的包容精神。孔子在《论语·学而》篇中提出："礼之用，和为贵。先王之道，斯为美，大小由之。"① 意思是在礼的运用中，"和"是最重要的。过去圣王

---

① 论语［M］. 王超，译. 北京：北京联合出版公司，2015：5.

的为政之道，美好的地方正在于此。不管是治国理政，还是处理社会中的人际关系，都应该这样去做。"和而不同"的社会观包含多方面的含义：

第一，社会是分殊一体的存在。社会是统一的，也是分殊的，一个社会有不同的民族、宗教、地域、阶层、职业、群体，群体中的性别、年龄、能力、性格、健康水平也有不同，是有差别、有分殊的一体存在，所以必须倡导"和而不同"的社会观，承认事物的差别且坚持和合，才能和谐有序，并达到合力、合生、合美、合久。

第二，以"和而不同"理念处理人际关系和社会关系。孔子提出"君子和而不同，小人同而不和"①，认为君子都有自己的独特能力，但又能和谐相处，而小人没有自己的独特能力，却矛盾重重、冲突不断。我们应该崇尚"和而不同"的君子人格以及"和而不同"的人际关系与社会关系，坚决反对"同而不和"的小人人格以及"同而不和"的人际关系与社会关系。

第三，加强教育和示范引领，营造"和而不同"的社会环境。在全社会进一步加强"和合"教育，提升社会成员的道德水平，在理解"和合"要求的基础上，领导干部要有"仁爱之心"和"仁爱之行"，带头做表率，还要依据"和而不同"社会观念强调必要的行为规范，建立正常的社会秩序等。荀子在《荀子·大略》中提倡"审节而不和，不成礼，和而不发，不成乐"，提出制定礼仪制度必须以"和合"作为基本原则，不坚持"和合"的要求，就不可能制定出礼仪制度；不奏出"和谐"的声音，就不可能成为"优美"的音乐。古代思想家所倡导的"和而不同"的思想揭示了社会存在和发展的规律，为人的社会行为提供了行为准则，是人类文明建立秩序、协调发展的真谛。我们的祖先把"和

---

① 论语［M］. 王超，译. 北京：北京联合出版公司，2015：104.

而不同"的儒家思想表现得淋漓尽致。对于今天我们对待各种文化、社会思潮提供了一种思路。

"忠恕宽容"是优秀传统文化的处事态度。"忠恕"是儒家在当代颇有实践意义的思想,不仅是历史贡献给今天的智慧,也是中国贡献给世界的财富。忠,是中人之心,尽心待人,忠于本心,己欲立而立人,己欲达而达人。恕,是如人之心,推己及人,换位思考,己所不欲,勿施于人。"忠"强调极尽所能,"恕"要求量体裁度,所以"忠"与"恕"、"仁"与"义"是一对既相互补充、又相互制衡的范畴。忠,就是尽己之心,去付出和助益;恕,就是待人如己,换位思考,多多体谅别人。

如今,随着科技的发展,特别是网络技术的日新月异,面对面的人际交往方式越来越少,人与人之间的关系变得疏远和冷漠,忠恕宽容的理念现在听来令人格外动容。这些关乎体谅、诚恳、理解、尊重的品质,随着历史河流向前推进,常常是找不到踪影。在全球化的背景下,国家之间的交往联系、矛盾竞争问题变得日益突出,意识形态领域的斗争、能源的掠夺、经济利益的争夺等,都会导致战争。看来"忠恕"这个熟悉又陌生的概念,实在是被我们遗忘得太久了。

2. 坚持和平发展道路,积极构建和谐世界

中华民族五千多年文明发展史,中国人民近代以来 170 多年的抗争史,中国共产党 100 多年的浴血奋战、艰苦奋斗史,新中国 70 多年的发展史,改革开放 40 多年的探索史,就像中国饱经沧桑、苦难辉煌、薪火相传的历史一样,一脉相承,不可割裂。脱离中国的历史文化,脱离中国人的精神世界,脱离当代中国改革开放的伟大成就,就不可能对中国有一个全面、清醒的认识。中国传统文化博大精深,和谐思想稳健厚重,在当今纷繁复杂的国际关系中,只有秉承和谐理念的中国,才能问心无愧地担当起构建人类命运共同体的重担。

"海纳百川，有容乃大"。中华民族自古以来就是一个包容性很强的民族，坚持平等互信，坚持国家不分大小、强弱、贫富，一律平等，我们正是用"和而不同"的思维方式，努力推动国际关系的民主化，尊重各国领土和主权的完整统一，共享国际安全，维护世界和平。

"求同存异，包容互鉴"。从传统中走来的中国，对世界各国不强调整齐划一，在文化上提倡"各美其美、美美与共"，尊重各国文化发展的多样性，选择多样化的发展道路、发展模式，尊重和维护各国人民独立自主选择社会制度、发展道路的权利，相互借鉴，取长补短，推动人类走向文明、走向进步。两千多年前中国人就懂得了这个道理，"橘生淮南则为橘，生于淮北则为枳，叶徒相似，其实味不同。所以然者何？水土异也"①。中国在文化发展上提倡"和而不同"，在世界文明的大花园里，人类各种文明之花竞相绽放。

"携手共进，合作共赢"。"合作共赢"不仅是古代中国人崇尚的思想，而且是今天中国领导人治国的理念。习近平总书记在党的十九大报告中向世界庄重承诺："积极发展全球伙伴关系，扩大同各国的利益交汇点，推进大国协调和合作，构建总体稳定、均衡发展的大国关系框架，按照亲诚惠容理念和与邻为善、以邻为伴周边外交方针深化同周边国家关系，秉持正确义利和真实亲诚理念加强同发展中国家团结合作。"② 我们强调在保护自身利益的同时，绝不侵害别国利益，在谋求本国发展的同时，又相互促进各国共同发展，建立更加平等均衡的新型国际关系，同舟共济，权责共担，携手共建人类命运共同体，与国际社会一起共同创造人类的美好未来。

---

① 晏婴. 晏子春秋白话篇 [M]. 杨有庆，译. 兰州：敦煌文艺出版社，2014：113.
② 习近平. 决胜全面建成小康社会 夺取新时代中国特色社会主义伟大胜利——在中国共产党第十九次全国代表大会上的报告 [M]. 北京：人民出版社，2017：59-60.

三、个人层面：优秀传统文化促进人的全面发展

中华优秀传统文化是思想政治教育的重要内容，大学生学习和传承中华优秀传统文化，能够把自己培养成为中国特色社会主义事业的建设者和接班人，也有利于个人思想道德素质的提高。从个人层面分析，优秀传统文化是思想政治教育的重要内容，因为它内在地包含着"家国情怀""修身养性""天人合一"等有利于个人成长进步的思想。

（一）传承优秀传统文化，厚植"家国情怀"根基

爱国主义是中华优秀传统文化最具正能量的内容，爱国主义是中华优秀传统文化的一条主线，支撑着中华民族生生不息地向前发展。历史上岳飞"精忠报国"、文天祥"人生自古谁无死，留取丹心照汗青"等一系列爱国故事和诗篇，总是振奋人心，鼓励着千千万万中华儿女为国家的独立和富强而努力奋斗，对于那些英雄人物总是充满着至高无上的赞美和敬意。

对于我们而言，国家不仅仅是一个地理空间概念，它更是一个集结自然、政治、历史、文化、社会等多因素于一身的综合体，是一个由地缘关系、血缘关系、社会政治经济文化关系共同组织起来的共同体。在国家共同体中，我们的生活方式、思维方式、心理习惯、物质财富，以及一切我们生存和发展所需的物质生产资料、文化资源都从这里生长发育。国家既为我们的生存提供庇佑，也为我们的成长和强大提供力量之源。

所以，每个人的命运与国家的命运都是连接在一起的。没有国家的保护就没有个人的安全，没有祖国的强大就没有个人的发展，没有个人的智慧和努力也没有国家的强大，每个人的利益同整个国家的命运、利益紧密相连。国家的强大与否决定着个人地位的尊卑和命运的优劣，对

于个人的前途命运有着很大的影响。可见，个体与国家之间现实的共同利益就像一股强大的力量将个人前途和国家命运牢牢地拴在一起，为爱国主义注入强大的力量源泉，让爱国主义精神一代又一代地传下去，构筑起中华民族的脊梁。

（二）传承优秀传统文化，打牢"修身养性"基础

中华优秀传统文化是以人为本的文化，是高度关注个体生命成长的文化。从古至今，我们十分强调人作为社会个体的人格修养，在人格修养教育方法上，效果显著的有"存心养性"和"三省吾身"。

1. 存心养性

众所周知，孟子倡导"人之初，性本善"。其真正意图是想说明只要一个人心存善念，用心做人，才能真正体验到人性的魅力和人生的美好，感受到来自内心深处的强大力量，认识到生命的尊严和价值。孟子提出："尽其心者，知其性也。知其性，则知天矣。存其心，养其性，所以事天也。"① 第一部分"尽心、知性、知天"，要求先"尽心"，然后"知性"，最后"知天"。第二部分"存心、养性、事天"，"存""养""事"强调的是人的行为。所以，两部分强调在社会生活中，人们要做好任何一件事情必须付诸实践和行动。这两部分代表两个递进和对应的过程，无论是"知"还是"行"，都是针对人的品性修养而发的，针对"心""性""天"三者而言的。

孟子提出"存心""养心"的说法，主要是针对人心难以驾驭和控制而言的。"存"讲的是保存，有意识地把握、坚守。"存心"指人在社会实践过程中要主动保存好自己善良的心态，不被纷纷扰扰的世事干扰而失去本心。明代儒学大师王阳明提出"致良知"，要求人们时时感受到自己本心的存在，遵循良心的呼唤，遵从自己内心良知的声音。"存

---

① 孟子. 孟子 [M]. 段雪莲，陈玉潇，译. 北京：北京联合出版公司，2015：125.

心"之外，孟子还提出了"养心"。孟子说："养心莫善于寡欲。"① 通过减少不健康的欲望，可以达到涵养心灵的作用。虽然孟子提出的"存心"和"养心"的关键点都在"心"，但两者所包含的含义却不尽相同。"存心"指的是具体的内心活动，强调不丢失本善之心；而"养心"强调的是积极作为，主动通过各种修养活动培养健全的心灵，这是一个循序渐进、通过艰苦实践逐渐养成的过程，并不是先天就有的。所以，"存心"的着眼点"保存"是短期的行为，而"养心"注重的是长期效果；"存心"过程需要的是毅力和决心，"养心"过程需要细心和注重对生活处事各方面的体验。孟子的修身养性思想在传统文化中占有重要的地位，对现代社会和后世也有深远影响。

2. 三省吾身

曾子曰："吾日三省吾身。为人谋而不忠乎？与朋友交而不信乎？传不习乎？"② 中国人提倡"独善其身""每日三省吾身"，通过自我的力量和自身修养来达到内心的平衡，与西方文化相比，我国传统文化更显内敛、含蓄。在这种文化氛围下，我们强调在日常生活中要经常自我反省，时时解剖自己，这是社会个体进行道德修养的重要途径。

"三省吾身"要求我们经常反省自己。在高速运转的现代社会中，人们生活的节奏越来越快，特别是随着物质生活条件的改善，人们尽情享受着社会发展给我们带来的便利，但部分青年学生却不思进取，静不下心来认真学习，把大量的时间用在打游戏、追剧和网上购物等。他们不愿意花时间去读书、想问题、思考人生和未来，更不要说对自己的工作、学习、生活进行自我反思，在忙碌中寻找心灵片刻的宁静了。"身忙"导致"心盲"，逐渐成为物质、工具的奴隶，无法提升自己的人生

---

① 孟子. 孟子 [M]. 段雪莲，陈玉潇，译. 北京：北京联合出版公司，2015：150.
② 论语 [M]. 王超，译. 北京：北京联合出版公司，2015：2.

境界。因此，"三省吾身"，恰好为我们的心灵打开了一扇窗口，让我们加强道德修养，反省自己的生活状态，为提高人生境界提供一种思路。

（三）传承优秀传统文化，培养"天人合一"思想

1."三才和谐"的哲学观

"天人合一"的思想是对人类文明的一个伟大贡献，历经几千年的风雨洗礼，至今仍熠熠生辉，尤其适用于我们走出对自然肆意开发和破坏的困境。"天人合一"思想内涵丰富，是包括范式、方法、观念等一套的整体思维模式。

"天人合一"包含两层意思。一方面，人类改造自然的能力不断增强，通过风力、水力、畜力等再生资源和金属工具的改造使用，不违天时就可以对天、地、人三才进行合理匹配。另一方面，人类改造自然的能力还十分有限，自然是主宰一切的力量，"人法地，地法天，天法道，道法自然"①。人应当遵守自然规律，不能从事违反自然规律的活动。古人对长期从事农业活动的经验进行哲学思考，把整个自然界看作有机运动的整体，各个要素之间相互依赖、相互联系、共消共亡。

"天人合一"的观念深深地融入国民的性格之中，沉淀为中国传统文化的重要理念，表现在中华民族的行为方式与待人接物方面。人之性、人之德均生于天，源于天，也要合于天。在建筑、绘画、书法、音乐等形态中表现出来，中国的园林依山傍水，水墨画浑然天成，书法行云流水，处处彰显出人对自然的整体感悟和人与自然和谐相融的审美态势。

2."为人者天"的道德观

西汉时期，儒学代表董仲舒认为"人"的概念因"天"而被赋予特殊意义，他在《为人者天》一文中提出："人之形体，化天数而成；人之血气，化天志而仁；人之德行，化天理而义；人之好恶，化天之暖清；

---

① 王文明. 老子心声 [M]. 北京：九州出版社，2012：99.

人之喜怒，化天之寒暑，人之受命，化天之四时；人生有喜怒哀乐之答，春秋冬夏之类也。"① 虽然天是人生命的根本依据和最后根源的代表，但天与人是不能直接产生联系的。"天人"的联系不仅要借助其神性义来体现天的决定性，还要借助自然的生化来展开、落实。普通人有喜怒哀乐之情，而"天亦有喜怒之气、哀乐之心"②，所以说天"与人相副，以类合之，天人一也"③。我们由此而知，人取化于天、受命于天、生息于天，为"天之副"。因此，天和人之间存在着某种感应，能够通过阴阳之气达到"以类相招""同类相动"。这也就是说，"天有阴阳，人亦有阴阳；天地之阴气起，而人之阴气应之而起；人之阴气起，天地之阴气亦宜应之而起，其道一也"④。"天人相类"和"天人感应"的思想，将神圣、神秘、神奇的"天"同人类联通起来，用可感受的经验给不可感知的范畴下定义，把"天"这一概念本身包围的神秘面纱揭了下来，把人类精神与行动的崇高性赋予其上，强调人类主观能动性和道德的力量，使"人"与"天"形成一个统一可感的整体。

先秦时期，儒家和道家的"天人合一"将"天"和"人"的概念进行了区别，并强调"人"必须通过努力，利用各种方法使"人道"不断接近"天道"，最终达到"人道"与"天道"的统一。儒家的"天"是道德的至高之境，是仁德之地。人的生命是有限的，有限的生命只有融入无限的"天道"之中，才能到达道德修养的最高境界，成为真正的"仁者"。

总的来说，先秦儒家把"天人合一"的"天"解释为道德之天、仁义之天，强调了道德的崇高性。人只有经过长时间艰苦的道德修养，才

---

① 周济．中西科学思想比较研究——识同辩异探源汇流［M］．厦门：厦门大学出版社，2010：345.
② 李俊．中国古代哲学［M］．北京：人民卫生出版社，2012：58.
③ 阴阳家语录［M］．陈爱平，译．重庆：重庆出版社，2008：85.
④ 于民主．中国美学史资料选编［M］．上海：复旦大学出版社，2008：84.

能把自己变为一个道德高尚的人。而一个道德高尚的人要积极参加社会活动，在社会实践中表现出对他人、对自然、对社会、对整个宇宙的仁爱之心，并为构建其和谐关系而努力奋斗。

3. "以时禁发"的生态观

科学技术是一把双刃剑。虽然科技给我们的工作生活带来了许多便利，但如果对科学技术不当运用，也会给人类自身、自然环境带来危害。值得深思的是，在科技如此发达的今天，人们不得不回到博大精深的传统文化中试图寻求一种救赎，人的欲望似乎与经济发展成正比，然而对自然环境的保护意识和能力并没有随之提高。

在科技落后的农业文明时代，我们的祖先形成了保护自然与生态平衡的意识，很多典籍作品对人们滥伐、滥采、滥捕、滥杀等破坏自然环境和浪费资源的现象进行了猛烈的抨击。

管仲提出"以时禁法"的原则来保护生态资源。《孟子·梁惠王上》也提出："不违农时，谷不可胜食也。数罟不入洿池，鱼鳖不可胜食也。斧斤以时入山林，材木不可胜用也。谷与鱼鳖不可胜食，材木不可胜用，是使民养生丧死无憾也。养生丧死无憾，王道之始也。"[1]《荀子·王制》也强调："春耕、夏耘、秋收、冬藏，四者不失时，故五谷不绝，而百姓有余食也。汙池渊沼川泽，谨其时禁，故鱼鳖优多，而百姓有余用也。斩伐养长不失其时，故山林不童，而百姓有余材也。"[2] 另外，在《礼记》《韩非子》《吕氏春秋》等典籍中也提出过相同的保护生态环境的思想。历代封建统治者也制定了相关保护自然与生态的制度与法令。

在古代，人们已经形成了朴素的生态伦理思想，对自然利用有张有弛，坚持开发利用与保护并举，人与自然长期处在和谐发展的状态中。

---

① 仇鸿伟. 大学语文 [M]. 北京：中国对外经济贸易出版社，2002：49.
② 张良驯，周雄，刘胡权. 当代青少年中华优秀传统文化教育研究 [M]. 北京：北京理工大学出版社，2015：20.

当今时代的生产力水平远远高于占代社会，但社会的进步、生产的发展却让我们付出了惨痛的代价，全球气温变暖、生态环境恶化、资源浪费以及各种疾病出现、一些突发公共卫生事件的发生，既扰乱了人们的生活秩序，也给生活环境带来了毁灭性的影响，给人类敲响了警钟。提倡"以时禁发"的生态观，绝对不是为了让人们回归原始自然，而只是期望我们能够为了人类的长远发展，从历史的悲剧中吸取教训，寻找未来发展之路，让人类的文明更上一个台阶。

第四章

优秀传统文化融入思想政治教育的现状分析

习近平总书记指出，"中国传统文化博大精深，学习和掌握其中的各种思想精华，对树立正确的世界观、人生观、价值观很有益处"[1]。"文化自信是一个国家、一个民族发展中更基本、更深沉、更持久的力量"[2]。我们应该"不断增强意识形态领域主导权和话语权，推动中华优秀传统文化创造性转化、创新性发展"[3]，因此，将中华优秀传统文化融入思想政治教育，是加强和创新思想政治教育的重要举措。

一、优秀传统文化融入思想政治教育的必要性

中华民族历史悠久，在历史发展的长河中形成了优秀的传统文化，在中国五千多年的发展中散发出灿烂的光芒。今天，我们在实现中华民族伟大复兴中国梦的伟大征程中，在对青少年学生进行思想政治教育的同时，继承和发扬中华民族优秀传统文化，帮助青少年学生形成正确的

---

① 习近平. 习近平谈治国理政 [M]. 北京：外文出版社，2014：405.
② 习近平. 决胜全面建成小康社会 夺取新时代中国特色社会主义伟大胜利——在中国共产党第十九次全国代表大会上的报告 [M]. 北京：人民出版社，2017：23.
③ 习近平. 决胜全面建成小康社会 夺取新时代中国特色社会主义伟大胜利——在中国共产党第十九次全国代表大会上的报告 [M]. 北京：人民出版社，2017：23.

世界观、人生观和价值观，不仅具有理论指导意义，而且更具直接的现实意义。

（一）加强优秀传统文化融入，推动思政教育创新

中国革命、建设和改革开放的伟大实践充分证明了马克思主义理论的科学性、真理性。因此，为了确保中国特色社会主义的正确方向，思想政治教育必须坚持马克思主义的指导地位。然而作为一种产生于中国本土之外的科学理论，不能生搬硬套，使之直接成为中国革命和建设事业的路线、方针和政策，马克思主义必须同中国的具体实践相结合、与中华优秀传统文化相结合，实现马克思主义中国化。毛泽东思想、邓小平理论、"三个代表"重要思想、科学发展观和习近平新时代中国特色社会主义思想，都是中国化的马克思主义，都已经深深地扎根在中国的文化土壤中，打上了中国文化的烙印；既吸收了马克思主义真理性的科学理论，也汲取了中国传统优秀文化的营养。

思想政治教育坚持以马克思主义为指导与传承优秀传统文化并不矛盾。充分汲取中华优秀传统文化的营养，尊重中国传统文化、行为方式、思维习惯等，是基于中国发展实际和人民需求，是创造性地继承和发展具有鲜明民族特色的中国传统文化。这是实现马克思主义中国化的前提基础，只有这样才能推动我国思想政治教育和人才培养工作，在马克思主义的指导下不断发展，才能充分发挥思想政治教育的作用，为社会发展注入活力。

促进人的全面自由发展包含了多方面内容，其中也包括文化素养的提高。因此，思想政治教育必须把文化素质的提高当作一项重要任务。从我国思想政治教育的发展现状看，我国思想政治教育一直把政治性作为其重点，忽略了它的文化性，这也是造成思想政治教育资源过于单一、教育形式相对呆板的原因之一。最终导致思想政治教育简单表现为政策

的解读，无法坚定人的理想信念，在知其然的同时不知其所以然。思想政治教育缺失人文关爱，在一定程度上会削减其育人功能。中国传统文化是一种崇德型文化，在继承和发展的过程中，逐渐形成了"文化化人"和"文化育德"的优良传统，这也是中国传统文化成为思想政治教育资源的重要原因。

随着文化在国家和社会发展中的地位不断提升，增强思想政治教育的文化内涵必然成为一种趋势，这要求我们加强优秀传统文化与思想政治教育的相互融合，在结合中国现实生活的基础上继承和创新优秀传统文化。

（二）加强优秀传统文化融入，拓宽思政教育渠道

将优秀传统文化融入思想政治教育，不仅能丰富思想政治教育的内容，还能进一步拓展思想政治教育的渠道。中国传统文化重视人格修养，强调律己修身。"自天子以至于庶人，壹是皆以修身为本。"① 上至天子，下至普通百姓，一切都要以修身作为为人处事的根本。"修身"是基础，是社会成员立足社会、实现自我发展和自我完善的重要途径，只有踏踏实实努力"修身"，才能做到"齐家、治国、平天下"。中国先人在长期的发展中逐渐形成了一套具有中华民族自身特色的修养方法，其中包括"慎独、内省、自讼、养气"等，其中比较有代表性的修身方式就是"吾日三省吾身"，这是一种自我审视、自我完善的过程，表现为自觉自律地适应社会的道德要求。

在大学生中开展修身教育，可以有效地调动他们自我教育的积极性，实现思想政治教育依靠外部力量向内外力量综合发力转变，以提升思想政治教育的实效性和针对性。具体来说，中国传统修身方法主要包括道德践履、省察克治、慎独、学思结合四方面。

---

① 戴圣. 礼记 ［M］. 刘小沙，译. 北京：北京联合出版公司，2015：128.

1. 道德践履

实践是检验真理的唯一方法。践履，即亲自去实践。中国传统文化中蕴含着很多优秀的道德修养内容和方法，这些方法能否给我们带来好的效果，归根结底就体现在"践履"上。

对于道德实践的重要性，古代思想家早就提出了自己的观点。孔子指出："不能正其身，如正人何?"① "其身正，不令而行；其身不正，虽令不从。"② 这里所说的"正"就是行。荀子强调："不闻不若闻之，闻之不若见之，见之不若知之，知之不若行之。"③ 意思是说对于知识，没听到不如听到，听到不如看到，看到不如了解，了解不如去实践，只有亲身去实践才最重要。"知而不能行，与不知同。"宋朝诗人陆游在《冬夜读书示子聿》中提出"纸上得来终觉浅，绝知此事要躬行"。南宋理学家朱熹提出"博学之、审问之、慎思之、明辨之、笃行之"④ 的方法论，"笃行"指坚定不移的实践精神。"道德践履"到王阳明便发展为"知行合一"的命题。王阳明强调："致知之必在于行，而不行之不可以为致知。"⑤ 根据王阳明的观点，在道德教育过程中，知而不行不全是真正的"知"，只有身体力行、亲身实践，才可能真正掌握道德的原则和要求，才能成为道德高尚的人。

2. 省察克治

"省察"是指自我检查、自我反省。通过"省察"可以帮助人们及时发现自身思想和行为中的不足之处和不良倾向，并及时做出调整和改正。"克治"是指自我纠正，这是在"省察"基础上实现的自我完善，

① 论语［M］. 王超，译. 北京：北京联合出版公司，2015：101.
② 论语［M］. 王超，译. 北京：北京联合出版公司，2015：99.
③ 张文治. 国学治要·集部子部［M］. 北京：北京理工大学出版社，2014：707.
④ 周敏. 语文课程"动姿化"知识教学研究［M］. 长沙：湖南师范大学出版社，2012：45.
⑤ 于钦波. 中国德育思想史［M］. 长春：吉林教育出版社，1993：323.

通过自我检视发现问题，及时改正思想和行为中不符合道德规范之处。"省察克治"来源于孔子，最后由王阳明正式提出并进行阐述。省察克治可以从自省、内察两方面进行理解。

（1）自省。"自省"要求人要经常反省自己的思想和行为，辨察自我意识和言行中的善恶是非，自我批评，及时改正自己的过错。"自省"在大学生思想政治教育中十分重要，大学生要经常反省自己的言行，将对社会不利、不符合道德要求的私心杂念和不良行为进行清理，对符合社会需要和道德要求的保留下来。孔子提出"内自省""吾日三省吾身，为人谋而不忠乎"①，孟子也提出"反求诸己"的思想。自省是传统文化中儒家所倡导的一个重要的道德修养方法。

（2）内察。"内察"是建立在"自省"之上的一种思想政治教育途径，这是从行为动机的层面来说的，源于"自省"但又高于"自省"，比自省更加深刻、更加严格。

人们在发现自己的错误言行后应该及时改正错误，应该用正确的态度对待错误。《论语·子罕》提出："过则勿惮改。"② 意思是说人们犯错误后不应该害怕改正，而应正视自己的错误，用端正的态度面对错误。"人谁无过，过而能改，善莫大焉。"③ 由于人们的认知能力是有限的，每个人都会犯错，但如果不能用正确的态度对待错误，那就真的成为错误了。"过而不改，是谓过矣！"④ 孔子曾经称赞颜回"不贰过"，实际上就是充分肯定颜回敢于直面自己的错误并及时改正的行为，正视错误并及时改正是提高自我修养水平的重要途径。因此，用端正的态度看待和改正错误是一种重要的学习方式，可以有效地提高自身的道德修养。

① 论语 [M]. 王超，译. 北京：北京联合出版公司，2015：2.
② 论语 [M]. 王超，译. 北京：北京联合出版公司，2015：70.
③ 左丘明. 春秋左氏传 [M]. 常亚光，译. 北京：北京联合出版公司，2015：80.
④ 论语 [M]. 王超，译. 北京：北京联合出版公司，2015：124.

同时，我们还可以从一个人对待错误的态度去分析、判断此人的思想和品行。道德品质高尚的人会用端正的态度对待自己的错误，并及时改正；道德品质差的人则会躲躲闪闪、一味逃避、不承认自己的错误，坚持不改正错误。子贡说："君子之过也，如日月之食焉；过也，人皆见之；更也，人皆仰之。"① 子夏说："小人之过也必文。"② 子贡和子夏所强调的就是通过人们对待错误的思想和态度评判一个人的道德品质，能够自觉改正自己的错误的人，大家都会敬佩他。

3. 慎独

"慎独"指的是"莫见乎隐，莫显乎微，故君子慎其独也"③。一个人独处的时候还能够严于律己，戒慎恐惧，"如临深渊，如履薄冰"，就不会出现违背道德的思想或不符合道德规范的行为。大学生要在实践中做到慎独，首先要有真诚的态度，做到"诚于中，形于外"。"诚意"是"慎独"境界中的第一要义，要求人们做到"如恶恶臭，如好好色"，要求我们像厌恶腐臭气味那样厌恶不好的德性，如同喜爱美色那样爱好美德。在《论语》的《子罕篇》和《卫灵公篇》中都将"好德"比作"好色"，即"吾未见好德如好色者也"。事实上，可以将"好色"从追求美色引申到追求美好的爱情，人们只有像追求美色、追求爱情那样追求美德，才能做到对美德有诚意，才能坚守美德，才有可能达到"能慎独，故能克己不贰过，而至于三月不违仁"的道德境界。

"慎独"要求我们从隐处、微处入手，往往是在隐蔽和微小的地方更能看出一个人的道德品质。因为道德高尚的人会严格要求自己，在各种场合都能体现出良好品质。在"隐""微"处能够严格要求自己，才能"独善其身"，不断提升自己的道德境界。朱熹说："君子慎其独，非

---

① 论语［M］．王超，译．北京：北京联合出版公司，2015：150.
② 论语［M］．王超，译．北京：北京联合出版公司，2015：147.
③ 戴圣．礼记［M］．刘小沙，译．北京：北京联合出版公司，2015：107.

特显明之处是如此，虽至微至隐、人所不知之地，亦常慎之。小处如此，大处亦如此；显明处如此，隐微处亦如此。表里内外、粗精隐显，无不慎之，方谓之'诚其意'。"① 随着改革开放的全面深化和市场经济的快速发展，部分大学生在激烈的市场竞争环境下，虽将提高专业知识和技能作为头等大事，但有时却忽略了道德品质的培养，这种过分追求功利的态度和做法并不利于其健康成长。大学生应从隐蔽处着眼、从细微处入手提高自身道德修养水平，树立正确的世界观、人生观、价值观，用科学的态度认识和判断是非、善恶、美丑，塑造符合社会发展需要的完美人格。

4. 学思结合

思想政治教育要引导大学生在学习的同时学会思考，这样才能确保科学知识和思想观念入心入脑。孔子说："学而不思则罔，思而不学则殆。"② 不管是从书本中学习知识，还是向他人请教，都必须经过自己大脑进行认真的思考，做到学习与思考相结合。

子夏提出："博学而笃志，切问而近思，仁在其中矣。"③ 后来进一步发展为"博学、审问、慎思、明辨、笃行"。学习与思考是一套组合拳，二者是统一的，它们既相互促进，也不可分割。

综上所述，我国古代总结了很好的思想政治教育方法、途径，将传统文化融入思想政治教育既可以丰富教育内容，也可以有效拓宽教育渠道，形成丰富多彩的教育方式。文化发展具有历史继承性，在新的历史时期，我们必须结合社会实际和社会需要，合理地吸收和学习传统文化中的修养方法，用马克思主义及其中国化的最新成果作为理论指导，将优秀传统文化与社会主义核心价值观要求有机结合起来，进一步丰富大

① 黄钊. 儒家德育学说论纲 [M]. 武汉：武汉大学出版社，2006：437.
② 论语 [M]. 王超，译. 北京：北京联合出版公司，2015：11.
③ 论语 [M]. 王超，译. 北京：北京联合出版公司，2015：147.

学生思想政治教育的途径和方法，夯实思想政治教育的文化底蕴。

（三）加强优秀传统文化融入，努力实现中国梦想

中国梦是国家的梦，是民族的梦，是人民的梦，它集中体现了近代以来中国人民的理想和夙愿。习近平总书记指出："实现中华民族伟大复兴，就是中华民族近代以来最伟大的梦想。这个梦想，凝聚了几代中国人的夙愿，体现了中华民族和中国人民的整体利益，是每一个中华儿女的共同期盼。"① 中国梦深深扎根于中华优秀传统文化的沃土之中。实现中华民族伟大复兴的梦想，尽管是在近代以来中华民族面临生死存亡之际提出来的，但是对全体中华儿女之所以具有极强的感召力、凝聚力和引领力，是因为它具有深厚的中华优秀传统文化底蕴。

1. 中国梦拥有坚实的大众心理基础和精神动力

在几千年的历史发展过程中，中华民族曾经创造了让世界为之惊叹的辉煌，我们为自己的祖先、为自己的民族感到自豪。但是，近代以来随着西方列强的入侵，加之我们闭关自守的封建体制，使中华文明雄风不再。中华民族和中国人民遭受了帝国主义、封建主义和官僚资本主义的残酷压迫，但不甘屈服的中国人进行了艰苦的抗争，取得了民族独立和翻身解放，终于掌握了自己的命运，开始了建设社会主义国家的伟大征程。

中华民族伟大复兴的中国梦，承载了千千万万中国人的梦想，有着广泛的心理共鸣，中国梦已经成为激励当代大学生团结奋斗的一面旗帜。经过七十多年的砥砺前行，中华民族伟大复兴的中国梦展现出光明的前景，成为我们接续奋斗的精神动力。

2. 中国梦和传统文化包含强烈的爱国主义精神

中国梦蕴含着伟大的爱国主义精神。实现中华民族伟大复兴的中国

---

① 习近平. 习近平谈治国理政［M］. 北京：外文出版社，2014：36.

梦是当代中国爱国主义的鲜明主题。引导大学生全面认清中国梦的本质是国家富强、民族振兴、人民幸福，凝聚奋进新时代、实现民族复兴的磅礴伟力，这是新时代爱国主义教育的要求。坚持以习近平新时代中国特色社会主义思想武装党员、教育高校学生，深入开展中国梦教育，引导当代大学生深刻认识中国共产党为什么"能"、马克思主义为什么"行"、中国特色社会主义为什么"好"，筑牢当代大学生团结奋斗的精神世界。

从中国几千年的发展历史来看，我们的祖先留下了许多壮怀激烈、感人至深的爱国事迹和光辉诗篇。古代思想家提出了许多爱国主义思想，对于培养大学生的家国情怀意义重大。习近平总书记强调："爱国主义是中华民族精神的核心。爱国主义精神深深植根于中华民族心中，是中华民族的精神基因，维系着华夏大地上各个民族的团结统一，激励着一代又一代中华儿女为祖国发展繁荣而不懈奋斗。"① 传统文化包含了舍生取义、精忠报国、为国尽忠等爱国主义精神，是我们开展大学生爱国主义教育的重要资源。"对祖国悠久历史、深厚文化的理解和接受，是人们爱国主义情感培育和发展的重要条件。"② 思想政治教育应注意挖掘传统文化的爱国主义精神元素，增强大学生的爱国情感。

3. 中国梦蕴含浓郁的优秀传统文化气息

中华优秀传统文化的精气神在中国梦的各方面都能得到体现。中国梦要求有自强不息的奋斗精神，要求实现社会的公平正义，强调个人理想与民族发展的有机统一，强调国家之间要实现和平发展、追求合作共赢，而这些思想同时也是传统文化的重要内容，中华优秀传统文化为中

---

① 习近平. 大力弘扬伟大爱国主义精神 为实现中国梦提供精神支柱 [EB/OL]. 中华人民共和国中央政府门户网站，2015-12-30.

② 习近平. 大力弘扬伟大爱国主义精神 为实现中国梦提供精神支柱 [EB/OL]. 中华人民共和国中央政府门户网站，2015-12-30.

国梦的内涵提供了重要的依据和有力的支撑。

中国梦在一定程度上继承和发展了中华优秀传统文化，浓缩了中华民族五千年的文化基因。对大学生开展中国梦教育，必须把中华优秀传统文化作为重要内容，加强传统文化与社会主义先进文化的有机融合，更好地发挥中华优秀传统文化对大学生的滋养作用，使之成为重要的力量源泉，夯实中国梦的文化根基。

（四）加强优秀传统文化融入，培育践行核心价值

当前，我国面临着复杂多变的国际形势，西方社会思潮如潮水般涌来，各种文化和价值观的碰撞更加直接，社会生活方式更加多元。在这样的环境下，大学生思想意识更加活跃，价值追求更加多样，个性特点更加张扬，社会上一些不良思想倾向和道德行为对大学生的成长直接造成负面冲击。加强传统文化教育，对于帮助大学生增强文化自信和价值自信，自觉践行社会主义核心价值观的意义重大。

为了更好地推进社会主义核心价值体系的建设，我们党提出了社会主义核心价值观，这是对社会主义核心价值体系的科学概括和提炼。党的十八大报告提出要"倡导富强、民主、文明、和谐，倡导自由、平等、公正、法治，倡导爱国、敬业、诚信、友善，积极培育和践行社会主义核心价值观"①。社会主义核心价值观分别从国家层面、社会层面和公民个人层面提出了建设目标，这是对社会主义核心价值体系的高度提炼，能够帮助人们更直观、更简单地理解和把握社会主义核心价值体系。

习近平总书记指出："中华优秀传统文化已经成为中华民族的基因，植根在中国人内心，潜移默化影响着中国人的思想方式和行为方式。今天，我们提倡和弘扬社会主义核心价值观，必须从中汲取丰富营养，否

---

① 胡锦涛. 坚定不移沿着中国特色社会主义道路前进 为全面建成小康社会而奋斗——在中国共产党第十八次全国代表大会上的报告 [M]. 北京：人民出版社，2012：31-32.

则就不会有生命力和影响力。"① 在大学生群体中培育和践行社会主义核心价值观，必须强调勤学、修德、明辨和笃实。实际上，社会主义核心价值观是对传统文化的创造性继承和转换。社会主义核心价值观的丰富和发展，也离不开传统文化的作用。社会主义核心价值观是在与现代社会发展对接的基础上，对传统文化的继承和发展。只有培育和践行社会主义核心价值观与弘扬发展优秀传统文化，实现两者的高度统一，才能为国家和民族的发展提供精神力量，推动中国特色社会主义事业兴旺发达、不断前进。

1. 从国家层面看

中华民族一直重视"民本"，在我国历史文化长河中，"民本"始终是人们对文化思考的重要方面。《尚书·五子之歌》中讲道："民惟邦本，本固邦宁。"人民是一个国家的根本和基础，只有为人民提供良好的生活环境，保障他们的生活富足安康，才能从根本上实现国泰民安、和谐稳定。这与社会主义核心价值观所倡导的"富强""民主"高度契合，都是重视人民群体的根本利益，为人民创造幸福的生活条件，只有关注民生问题，为人民解决生存和发展的问题，才能实现国家富强，所以可以说社会主义核心价值观所提倡的"富强""民生"是对中国传统民本思想在当代社会的发展和提升。

中华优秀传统文化蕴含"天人合一""和而不同"的思想。"天人合一"强调人们在社会生活中不能违背自然规律，维护好人与自然和谐共处的局面，构建起人类社会和自然环境的和谐关系。"和而不同"要求在人际交往过程中，既要坚持自己的立场观点，又要建立和谐友善的人际关系。这也就是说，在与自然相处的时候要敬畏自然、尊重自然，在与他人相处的时候要求同存异，建立自由、平等、民主的人际关系，从

---

① 习近平. 习近平谈治国理政［M］. 北京：外文出版社，2014：170.

而实现人与人、人与社会、人与自然之间的协调有序、可持续发展。这实际上就是社会主义核心价值观中"和谐"思想的充分体现。

2. 从社会层面看

孔子提出："己所不欲，勿施于人。"① 这要求人们在做事的时候要充分考虑他人的感受，不能将自己不想做、不愿做的事情强加到别人身上。孟子也提出过同样的观点。《孟子·滕文公上》提出："出入相友，守望相助。"② 这教育人们要彼此关心，互相帮助。《孟子·梁惠王上》提出："老吾老以及人之老，幼吾幼以及人之幼。"③ 这号召人们在赡养、孝敬老人，抚育、爱护孩子时，也应该推及至与自己无亲缘关系的老人及小孩。

这些强调博爱、爱人的思想都是以"和谐"为内核的中华优秀传统文化的真实反映。这些思想体现到当代，即要努力构建民主法治、公平正义、诚信友爱、充满活力、安定有序、人与自然和谐共处的社会主义和谐社会。

3. 从公民层面看

国家的强大与发展和广大公民素质有密切关联，只有公民不断提升自己的思想觉悟和道德水平，在自己的岗位上履行好职责，才能推进国家和民族的发展与进步。

《周易·乾》强调："天行健，君子以自强不息。"④ 这提倡君子应该像天的运行一样，发愤图强，勇于拼搏，永不停息。顾炎武在《日知录·正始》中提出："天下兴亡，匹夫有责。"⑤ 这说明国家的兴盛与衰

---

① 论语 [M]. 王超，译. 北京：北京联合出版公司，2015：123.
② 王文光，朱映占，赵永忠. 中国西南民族通史：下 [M]. 昆明：云南大学出版社，2015：78.
③ 吴迎君.《孟子》名句 [M]. 成都：天地出版社，2009：16.
④ 易经 [M]. 周鹏鹏，译. 北京：北京联合出版公司，2015：7.
⑤ 吴文翰. 陇上学人文存：吴文翰卷 [M]. 兰州：甘肃人民出版社，2010：70.

亡，和每个人都息息相关，哪怕是普通老百姓都要以国家兴亡为己任。《论语·里仁》提出："君子喻于义，小人喻于利。"① 这强调人们要加强自身道德修养，以德立身。《论语·述而》讲道："君子坦荡荡，小人长戚戚。"② 这要求人们在待人接物中要懂得包容，克己容人，以宽厚胸怀承载万物。《论语·子路》强调："言必信，行必果。"这要求人们做人要讲信用，答应别人的事一定要办到。《论语·为政》提出："人而无信，不知其可也。大车无輗，小车无軏，其何以行之哉?"③ 这进一步说明了"诚信"的重要性。《孟子·离娄下》要求："仁者爱人，有礼者敬人。"④ 这里讲的"仁者"是指充满慈爱之心的人，"礼者"指有礼貌、对人尊重的人。《孟子·公孙丑上》提出："取诸人以为善，是与人为善者也。故君子莫大乎与人为善。"这要求人们与人为善，乐于助人。这些优秀传统文化在社会主义核心价值观关于"建设什么样的公民"的要求中得到了充分的体现。

2014年5月4日，习近平总书记到北京大学与师生座谈时指出："我们提倡的社会主义核心价值观，就充分体现了对中华优秀传统文化的传承和升华。"⑤ 因此，在大学生中培育和践行社会主义核心价值观，必须立足于中华优秀传统文化，这是提高大学生思想素质和道德水平的根本要求。深入学习习近平总书记的重要讲话精神，对于正确厘清社会主义核心价值观与中华优秀传统文化之间的逻辑关系、加快实现中华民族伟大复兴中国梦具有重要的现实意义。

---

① 论语 [M]. 王超，译. 北京：北京联合出版公司，2015：26.
② 论语 [M]. 王超，译. 北京：北京联合出版公司，2015：56.
③ 论语 [M]. 王超，译. 北京：北京联合出版公司，2015：13.
④ 孟子. 孟子 [M]. 段雪莲，陈玉潇，译. 北京：北京联合出版公司，2015：83.
⑤ 习近平. 习近平谈治国理政 [M]. 北京：外文出版社，2014：171.

二、优秀传统文化融入思想政治教育的现实问题

习近平总书记在党的十九大报告中提出，我们要"深入挖掘中华优秀传统文化蕴含的思想观念、人文精神、道德规范，结合时代要求继承创新，让中华文化展现出永久魅力和时代风采"①。这为我国思想政治教育指明了方向，我们必须推进传统文化与思想政治教育的有机融合，提升大学生的思想政治水平和综合素质。目前，我们在传统文化融入思想政治教育过程碰到了一些问题，但只有勇敢面对和科学把控，才能走出一条相互融合的有效之路。

（一）加强优秀传统文化融入，正视冲突走出重围

1. 网络新兴文化与优秀传统文化的冲突

近年来，网络信息技术发展迅猛并得到了及时推广，新媒体深受广大青年学生的喜爱，应运而生的网络文化也因契合了大学生求新、求异、求变的心理需要而受到了追捧。网络作为一个虚拟化的平台，各种不同性质、不同形态的文化都可以同时呈现。网络给高校开展优秀传统文化教育既提供了全新的文化环境，也提供了先进的平台和渠道，但网络在带来先进的科学技术和思想理念的同时，也不可避免地带来了相悖于社会文明进步的异质文化。

（1）网络语言造成传统语言文字的失范和混乱。这些古怪的用语和文字近年来在网上快速传播，被网民称为"火星文"。"火星文"标新立异，张扬个性，特别受青年学生群体的青睐。他们热衷于使用这些文字，有些学生甚至将"火星文"用在作业、论文中，让教师无所适从。这些网络用语在使用上的随意性和非规范性，怪字、错字、别字层出不穷，

---

① 习近平. 决胜全面建成小康社会 夺取新时代中国特色社会主义伟大胜利——在中国共产党第十九次全国代表大会上的报告［M］. 北京：人民出版社，2017：42.

影响着青年学生对严谨规范的传统语言文字的学习与掌握，冲击着丰富多彩的语言文化，导致了大学生传统语言文字教育的失范和混乱。

（2）网络多元化价值体系冲击着大学生的传统价值观教育。网络文化是一种开放性的文化，不同国家、不同民族的文化在网络传播中相互碰撞和交融，使网络文化多元化特征更加明显，这必然会形成多元的思想观念和价值体系。网络文化中有许多先进的思想与理念，但也不乏政治导向错误、充斥暴力、带有低级趣味的落后文化，如宣扬西方政治制度、"普世价值"、拜金主义、功利主义、物质主义等文化。大学生正处于走向成熟的成长阶段，他们的世界观、人生观、价值观以及审美观等还不稳定，容易受到网络上一些标新立异、与中华传统文化价值观相背离的西方文化影响。

（3）网络恶搞行为同样践踏经典文化形象。网络恶搞是一种网络大众消费文化的现象，网络恶搞现象的背后其实是解构经典、消解价值的行为。恶搞行为表面看是标新立异、讽刺幽默的表现，但幽默的背后实际是对传统文化的不尊重，会对青年学生学习古文化造成极大的干扰。

网络作为一把双刃剑，关键是如何发挥好平台的作用，为青年学生创设一个有助于健康成长的绿色环境。如何屏蔽、过滤掉网络中的有害文化垃圾，宣传传播正能量，是我们应该长期探讨的重要课题。从大学生使用网络的情况来看，网络文化确实是一种客观存在。如何利用好网络平台对大学生开展优秀传统文化教育，如何帮助青年学生适应网络、运用网络进行文化学习，在此基础上对传统文化进行内容和形式的创新，彰显时代特点，保持自身魅力，这同样是一个值得研究和实践的话题。

2. 大众流行文化与优秀传统文化的冲突

在现代工业社会、消费社会的背景下，产生了大众文化。具体来说，大众文化是指以大众传媒为载体，以城市大众为对象的复制化、模式化、批量化、类像化、平面化和普及化的一种新的文化形态。① 大众文化作为一种日常性的消费文化，在崇尚物质的时代得以日益凸显和张扬，这直接导致了青年学生群体消费主义的恶性蔓延。物质主义、消费主义等是对中华优秀传统文化要义的直接消解，在"利与义""物质与精神"等核心问题上，会误导人们直接对"利益"和"物质"进行选择，同时也会使人们承受内心的痛苦，甚至受到良心的谴责。全国政协委员魏明伦一针见血地指出："年轻人的欣赏观正在由'审美'变为'逐臭'，由'蝴蝶化'变为'苍蝇化'，对于高雅、优美、正义的东西排斥抗拒，对于恶俗的、浮躁肤浅的东西却趋之若鹜。"②

流行文化是社会大众特别是青少年在与社会互动中形成的、得到同龄群体认同的独立价值和行为规范，包括生活形态、行为模式和心理特征等。随着我国社会经济及文化娱乐产业的快速发展，出现了一些吸引人们眼球的娱乐选秀节目和相亲节目，这些节目表现出来的思想和价值观使当代大学生的价值取向、思想观念、生活方式、审美情趣、语言表达等受到影响和冲击。流行文化和娱乐文化互相糅合在一起，可能会变异成为一种肤浅无内涵、浮躁无人格的庸俗、低俗、媚俗文化。虽然其中也有不少体现草根励志、文化修养等正面例子，却没有形成排山倒海之势。总体来说，流行文化对大学生造成的负面影响值得我们警惕，这会导致大学生对有深厚内涵的优秀传统文化敬而远之，而去追逐稍纵即逝的外在文化形式，追逐一夜成名所带来的光环。社会大众流行文化对大学生的消极影响主要表现在三方面。

（1）冲击大学生的政治抱负和道德修养。"我国高等教育肩负着培养德智体美全面发展的社会主义事业建设者和接班人的重大任务，必须

---

① 黄高锋．青少年传统文化教育面临的文化挑战与对策［J］．青年探索，2009（3）：5.
② 魏明伦．警惕青少年审美观"苍蝇化"［N］．中国教育报，2006-03-09.

坚持正确政治方向。"① 培养德智体美全面发展的社会主义事业建设者和接班人既是我国高等教育的任务，也是高校思想政治教育的目标。正是由于思想政治教育强调政治性和思想性，所以教育主题和内容会比较严肃，教育形式也会相对呆板，更谈不上娱乐性，学生在受教育过程中往往处于被动接受状态，从而难以接受、认同马克思主义理论和共产主义远大理想，对中国特色社会主义共同理想形成了内在的消解，不能有效地激活教育过程的主体意识。

而大众流行文化向人们日常生活的回归，迎合了生活在快节奏社会的人们，他们想努力走出政治中心和伦理本位的生活状态，并从自在自发或异化受动的生存方式向自由自觉的创造性方式转变，对大学生的政治理想和道德修养产生冲击，削弱思想政治教育效果。当然，思想政治教育本身也存在着对教育内容和教育方式手段进行反思、进行创新转换的必要。

（2）导致大学生价值观的功利主义与消费主义倾向。价值观是构成人的观念意识体系的重要组成部分。大众流行文化会使部分大学生的价值观出现扭曲，产生负面影响，阻碍大学生健康人格的塑造。

一是价值观上的功利主义倾向。大众流行文化为了迎合社会大众的多样化需求，积极创作和生产迎合人们需要但又脱离实际生活的"肥皂"作品。诱导大学生竭尽全力去追求财富、权力，错误地把拥有物质、金钱、权力作为人生价值的标杆，而把对国家、社会、他人的贡献置之不顾。这种功利主义的价值观导致我们长期倡导的艰苦奋斗、无私奉献的传统美德受到质疑与冷落。二是价值观上的消费主义倾向。在市场经济条件下，大众流行文化会自觉或不自觉地鼓励人们以各种方式追逐利益。在利益的诱惑下，生产商与经销商通过各种媒体对产品和服务

---

① 习近平. 习近平谈治国理政：第 2 卷 ［M］. 北京：外文出版社，2017：377.

做夸大其词的宣传欺骗消费者，引诱其购买产品或服务。大学生会随意购买，盲目消费，甚至不顾家庭经济能力而追求名牌，肆意放纵，产生消费上的非理性追求，走向消费主义的泥坑。

（3）导致大学生审美情趣上的低俗化与感性直观化。大众流行文化存在内容通俗化和生产市场化的特点，容易误导大学生在审美情趣上表现出感性直观化和低俗化的倾向。快节奏的生活方式使大众流行文化产品常常以"快餐式"的特点出现，以简单粗俗的直观形象来代替有理性有深度的内涵解读。这会导致大学生的审美水平停留在较低的档次，过于重视对文化作品感性直接式的体验，而不注重文化作品的内涵。对大众流行文化产品的高消费，有时仅仅是为了获得感性直观上的快乐，既不实用也毫无欣赏价值。大学生的审美情趣在不知不觉中走向了世俗化、低俗化和感性直观化。社会流行的一些通俗言情文学作品、流行音乐、通俗网络歌曲和电视剧、网络游戏等格调不高的精神消费成为其爱好和追求，并且乐不思蜀，不能自拔。

（4）诱发大学生的各种非理性行为。有学者认为："大众文化使大众过分注重生理享乐而忽视精神追求，过分注重形而下而忽视形而上，大众文化以人的奢侈、安逸和麻木取代了人的真正的自由，这种状态并非人的解放，它只是使个体进入到新的异化。"[①] 大众流行文化对大学生审美情趣的冲击，使大学生过分沉迷于对不理性时尚的追求，诱发出各种不符合社会主流价值的行为方式。

此外，大众流行文化对大学生价值观的不良冲击，还会导致各种拜金主义、享乐主义、功利主义在大学生群体中盛行。大众流行文化影响诱发的各种非理性行为方式，会严重影响正确人际关系的构建，影响大学生生活的正常，影响和谐校园、和谐社会的构建，不利于培育和践行

---

① 洪晓. 试论中国大众文化的影响 [J]. 广西社会科学，2007（3）：190-192.

社会主义核心价值观，更不利于高校人才培养目标的实现。

3. 不良文化与优秀传统文化的冲突

在全球化、信息化背景下成长起来的当代大学生，面临着社会意识形态的多元化，他们的个性、世界观、人生观、价值观亦日趋多元化，他们少有内心苦闷、彷徨与挣扎。在主流意识形态与残酷现实的夹缝中开展的思想道德教育，确实无法完全满足青年学生的内心需要，甚至会助长他们的反叛与对抗意识。大学生情感并不完全成熟，很容易受到周围环境的影响，甚至走上违法犯罪的道路，所以社会不良文化对大学生造成的负面影响，我们不能熟视无睹。

当前，"黄色""灰色""黑色"不良文化已经成为毒害青少年的"三色污染"，对青少年的身心健康造成了严重的损害。"黄色"文化指的是文化市场上那些低级、庸俗的产品，这些产品或许能满足青少年一时的感官刺激需求，但对其身心健康造成的危害却会越来越深。"灰色"文化是指不良的社会风气以及社会上流行的所谓"潜规则"，这会在潜移默化中侵害青少年的思想意识，在他们社会化的过程中产生误导，妄想通过走捷径实现人生的成功。"黑色"文化主要是指黑社会的"哥们儿义气"等文化，无视道德和法律，对青年学生危害更深。随着电视、电影、网络媒体等行业的快速发展，经常会出现美化暴力、色情、赌博等不良现象，对于思想价值观正在走向成熟的青年学生来说，他们可能会因为这些不良文化、不良风气的影响，放慢政治化及社会化进程，甚至出现各种偏离社会的越轨行为，成为影响社会和谐稳定的因素。

随着市场经济的发展，我国在教育制度方面的一些缺陷也逐渐显露出来。在教育制度环境还不是很健全的情况下，我国教育事业表现出过于功利化、短期化、一考定终身、按成绩论英雄的局面，这不利于对大学生开展中华优秀传统文化教育。大学生在成长过程中初步形成的道德品质和健康的兴趣爱好，会在社会不良文化的"围猎"下受到侵蚀，价值取向也会出现错位。微博、微信、论坛等新媒体平台的快速发展，为不良文化的传播提供了快捷途径，在我国当前网络监管还不能够完全到位的前提下，大学生在网络平台经常会接收到与主流意识形态不符、违反社会道德良俗、宣扬自由主义、宣传金钱至上的不健康文化信息，对其精神生活造成了不良影响。这种虚拟的公共空间单纯迎合并满足了青年人自我实现的需要，但不良文化的渗透对于思想道德抵抗力较低的青年学生来说，确实危害极大。

4. 西方文化与优秀传统文化的冲突

随着经济全球化的程度加深，我国与世界各国不断加强经济贸易往来。与国际经济的接轨相比，我国在文化上的交往显得相对薄弱，在文化方面多属于单向的接轨，接受外来文化输入偏多，而输出中华文化偏少，与中国的文化大国形象不相对称。随着全球化进程的推进，人们的思想观念和行为方式发生了变化。在复杂多变的国内外形势下，大学生周边的环境充斥着多元化的思想观念、价值取向和生活方式，必然存在腐朽落后、不积极、不健康的内容，会对大学生的健康成长产生负面影响。20世纪末，西方国家为了在多元世界格局中稳固自身地位，利用他们在经济、文化、军事等方面的力量优势，极力推行文化霸权主义，通过文化输出的方式，在世界范围内渗透资本主义价值观念、生活方式和社会制度，从而获取更多利益。例如，西方资本主义国家利用商品消费作为载体进行文化渗透，潜移默化地影响了人们的思想观念和行为方式。

随着各国之间、各民族之间的文化交流越来越频繁，文化冲突也随之越来越多。在全球文化交流、碰撞的过程中，发达国家和地区的文化通常会成为强势文化，强势经济体必然会利用其自身在经济、科技、军事等方面的优势，在世界范围内强行输出霸权文化，渗透到其他国家和民族，吞噬其他民族和国家的民族文化和地域文化。因此，我们必须加强大学生优秀传统文化教育，通过教育引导保持大学生的文化主体意识，树立文化自觉和文化自信，逐渐摆脱"民族虚无主义"心态，使当代大学生逐渐回归中华优秀传统文化"核心圈"。

优秀传统文化融入大学生思想政治教育，不仅会受到西方文化的干扰，而且在教育过程中也会出现各种问题。例如，对传统文化教育在思想上重视不够；传统文化教育的内容缺乏系统性、整体性；文化载体陈旧落后，教育方法跟不上时代要求，缺乏完整的课程体系和教材体系；教师队伍的综合素质水平整体上需要提高，没有形成全社会共同参与的教育合力等。如果要切实有效解决这些问题，就必须提高思想认识，加强传统文化教育的顶层设计，采取有力措施，形成教育合力。

2013年3月1日，习近平总书记在中央党校建校80周年庆祝大会暨2013年春季学期开学典礼上的讲话中指出："中国传统文化博大精深，学习和掌握其中的各种思想精华，对树立正确的世界观、人生观、价值观很有益处。……学史可以看成败、鉴得失、知兴替；学诗可以情飞扬、志高昂、人灵秀；学伦理可以知廉耻、懂荣辱、辨是非。我们不仅要了解中国的历史文化，还要睁眼看世界，了解世界上不同民族的历史文化，去其糟粕，取其精华，从中获得启发，为我所用。"① 习近平总书记在党的十九大报告中指出："文化是一个国家、一个民族的灵魂。文化兴国运兴，文化强民族强。没有高度的文化自信，没有文化的繁荣兴盛，就没有中华民族伟大复兴。要坚持中国特色社会主义文化发展道路，激发全民族文化创新创造活力，建设社会主义文化强国。"② 中华文化就是在汲取中外文明养分中不断丰富和发展起来的，只要中华民族一代接着一代追求灿烂文明和高尚道德，我们的民族就永远充满希望。

---

① 习近平. 习近平谈治国理政 [M]. 北京：外文出版社，2014：405.
② 习近平. 决胜全面建成小康社会 夺取新时代中国特色社会主义伟大胜利——在中国共产党第十九次全国代表大会上的报告 [M]. 北京：人民出版社，2017：40-41.

（二）加强优秀传统文化融入，克服思政教育不足

1. 思想政治教育缺乏对文化教育的重视

长期以来，我国高校思想政治教育结构并不完善，在教育内容建构方面，政治理论内容占比多，文化内容相对不足，尤其是缺乏传统文化教育内容。只强调政治教育而缺乏文化支撑的思想政治教育，更无法充分发挥文化育人、以文化人的作用，更无法获得持久的教育效果。

近年来，高校开始重视传统文化教育，高校思想政治教育发生了一定变化，但从整体上来看仍然没有走出重政治而轻文化的局限。而随着西方文化思潮的涌入，对高校思想政治教育产生了一定影响。一方面，文化流动可以帮助大学生拓宽学术视野，使他们可以对中西方文化进行直接比较，从而找到我们的优势和劣势，相互汲收对方的营养，提高文化自信；另一方面，西方文化会对大学生的政治态度、价值观念和道德意识等造成负面影响，使大学生在一定程度上对主流思想文化持冷漠态度，甚至会对思想政治教育采取排斥的态度。高校应该理直气壮地开展传统文化教育，围绕立德树人根本任务，全员、全过程、全方位地开展中华优秀传统文化教育，把中华优秀传统文化融入思想道德教育、文化知识教育、艺术体育教育和社会实践教育的全过程，在开设中华优秀传统文化课程的同时，把中华优秀传统文化的内容融入其他课程，帮助学生从博大精深的传统文化中获取养分。

2. 思想政治教育缺乏对人文精神的培养

在激烈的市场竞争条件下，高等教育出现了功利性倾向，在课程设置方面将专业技能培养作为重点，而忽略了大学生人文精神的培养，开设的课程极少涉及传统文化内容。一些高校虽开设了《大学语文》《中国传统文化概论》等选修课，却没有将优秀传统文化作为教学重点。传统文化教育的效果在短时间内并不能显现出来，高校也就不能通过传统

文化教育获得眼前利益，这直接导致了高校对传统文化教育重视不够，从而使与传统文化密切相关的道德观、价值观的教育受到一定的冲击和挑战，高校思想政治教育出现重智不重德、重技能轻思想的态势，导致培养出来的学生缺乏人文思想和人文精神，技术过硬却人文底蕴不足，也就是"有技术没文化"。

3. 大学生对传统文化认知不足

（1）缺乏对传统文化价值的科学把握。对传统文化价值的认识不足或认识不够深刻，是当前的一个普遍现象。在西方文化的冲击下，不少专家学者仍坚守在传统文化研究和传承工作第一线，但也有一些人对传统文化不加理睬，甚至失去信心。新中国成立后，由于主客观原因的限制，一定程度上制约了传统文化的传承与发展，使传统文化在我国一度失去了民众基础。到了 20 世纪 90 年代，外国学者对中国传统文化的兴趣和研究甚至超过了中国自身，中华传统文化被我们漠视，导致许多传统文化典籍几乎无人问津。反而是日本、韩国等亚洲国家和一些西方国家掀起了研究中国传统文化的热潮，在这样的背景下，中国传统文化"出口转内销"，我国的专家学者也逐渐意识到传统文化的重要性，逐渐重视传统文化的研究，积极挖掘和整合传统文化，推动优秀传统文化在中国的传承与发展。

市场经济是追求利益的。部分青少年一味地追求物质利益，在精神文明、道德素质方面出现滑坡，他们的成长和发展与优秀传统文化渐行渐远。相对于传统文化，西方文化对他们的吸引力更强，对他们的影响也更大。实际上他们对西方的认识和了解并不全面，对西方文化的内核也没有真正掌握，而只是通过商业化、炒作等方式看到西方文化的表层或其中一面，并不了解西方文化的内涵与本质。人们一味地追求西方文化及其生活方式，忽略了优秀传统文化的价值，认识不到优秀传统文化对自身成长和发展的意义。

当代部分大学生不重视传统文化的内在价值，在"西化"背景下，他们的价值取向趋向单一化，功利化追求成为青年学生的主流，在精神领域的追求也十分匮乏，他们不愿意把伟大的历史人物作为自己学习的榜样，而是将影视明星、歌星、富豪，甚至网络红人当作自己崇拜的偶像。他们不是将科学家、教师、医生等职业作为自己的人生追求，而是把高收入和有实权的职业作为其理想职业。这些问题并不是社会事实的简单反映，而是体现了中国文化的发展方向被误导的结果，会把我们的教育引向偏离中国特色社会主义方向。传统文化是中华民族的灵魂，是中华民族的象征，是中华儿女在磨难中不屈不挠的精神力量。在中国特色社会主义建设中，必须发挥传统文化的凝聚力和向心力，团结全体中华儿女为建设社会主义现代化强国而奋斗。

（2）缺乏对传统美德的继承和发展。中华民族在历史发展中形成了优秀传统文化，传统美德是传统文化的集中表现，是民族宝贵的历史财富。从我国大学生群体来说，仍然有部分人没有形成正确的思想道德品质，其言行举止与接受过高等教育的身份严重不符。清华大学张岂之教授在接受采访时曾指出，中国的大学毕业生虽然拥有优秀的学业成绩，但缺乏合作精神，待人接物缺少文明礼貌。虽然这只是反映了大学生个人素质的一方面，但是大学生群体的确存在缺乏集体主义精神、公德意识、诚信意识的现象。

有些大学生过于强调自我，以自我为中心，将社会和集体的利益放在个人利益之后。他们不能很好地认识和处理物质与精神的关系，做事只顾眼前利益而不考虑长远利益。部分大学生把人生目标定格在出人头地、拥有金钱和权力方向，为了追求物质功利而轻视精神世界的培养，缺乏社会责任感，缺乏担当精神，甚至陷入极端个人主义的泥潭。他们无法正确看待和处理索取与奉献的关系，只会一味地索取却不愿意奉献，没有形成正确的利益观念。部分大学生的价值观出现扭曲，表现为急功近利、敬业意识薄弱、理想追求功利化等。部分大学生思想消极，不思进取，不愿意为了集体而奉献，缺乏对事业的献身精神。而问题的关键在于，他们并没有意识到这些问题对个人成长的重要性，也没有意识到这些问题已经严重影响了他们的健康成长。

（3）缺乏对传统文化内涵的深刻理解。《中国新闻周刊》曾经针对北京的几所高校开展"当代青年对中国传统文化的认知与态度"调查，结果显示，被调查的多数大学生并没有清晰而深刻地了解过中华传统文化。还有学者对四川大学、电子科技大学、西南交通大学等15所高校开展了"关于大学生传统文化缺失"调查，调查发现，49.01%的大学生通过各类书籍和课本了解传统文化，21.8%的大学生通过家庭教育了解传统文化，25.64%的大学生通过社会教育了解传统文化，所以可以看出家庭、社会在传统文化教育方面还有较大的提升空间。还有专家对"大学生掌握传统文化的现状"进行调查，让大学生选择一个除了春节以外最重要的节日，结果相当多的大学生选择了情人节、圣诞节等西方节日，选择中秋节、端午节等中国传统节日的学生则比较少，我们在传统文化教育方面确实还有较长的路要走。

同时，随着西方文化的大量涌入，"洋文化"深受大学生的追捧，这更加淡化了他们对优秀传统文化及传统节日的关注。当代大学生不仅对圣诞节、情人节等西方节日的热情超过了中国传统节日，而且在餐饮、娱乐等方面也出现了"洋化"倾向，过分崇拜西方文化和西方社会的生活方式。部分大学生甚至对中国历史上的代表人物和重大事件知之甚少，很少有大学生会钻研"四书五经"、"经史子集"等经典书籍。

随着高等教育大众化时代的到来，就业市场竞争加剧，大学生更加注重个人专业能力的培养，注重专业知识和技能的学习，却忽略了自身人文素养的提高。在对一些用人单位进行调查后发现，现在的大学毕业生在工作中表现出很强的专业能力，在计算机和数学应用能力、外语能力等方面都比较出色，但是在社会责任感、工作责任心、团队精神和协作意识等方面却存在诸多不足。因此，在提升大学生专业能力的同时，应该强化人文素质培养。这就要求我们加强和创新思想政治教育，在融入传统文化上下功夫，有效提升大学生的综合素养，实现个人全面成长。

（三）加强优秀传统文化融入，克服短板提高实效

1. 优秀传统文化的融入与学生生活脱节

很多高校已经在思想政治教育的过程中，加强了传统文化的内容建设。优秀传统文化融入思想政治教育，在方法和途径上还不够科学，不能结合学生实际，这导致了优秀传统文化教育与大学生现实生活相分离，一定程度上影响了优秀传统文化的融入效果。具体表现如下。

（1）重视优秀传统文化的课堂教育，忽略课堂以外的教育途径。当前的传统文化教育只局限在课堂上介绍一些理论知识，并没有发挥好课堂以外教育途径的作用，不能把优秀传统文化教育与大学生日常生活衔接起来，形成了"课上"教育与"课下"教育相分离的现象，这种单一教育模式很难对大学生产生持续影响。因此，优秀传统文化教育应该突破课堂，走进大学生的日常生活，能够对他们潜移默化地熏陶，从而有效提升融入教育的实效性。

（2）重视优秀传统文化的理论教育，忽视实践教育的生动方法。部分思想政治教育者只是单纯地依靠理论教育，对生动活泼的实践教育重视不够，没有付诸实践锻炼，导致教育缺乏延伸性、实操性，影响了优秀传统文化融入大学生思想政治教育的效果，无法发挥实践育人的重要作用。这就要求思想政治教育重视道德实践环节，把传统文化的要求内化于心、外化于行，引导大学生在生活实践中解决实际问题，以此实现思想政治教育的目的。

2. 优秀传统文化的融入方式方法吸引力不够

优秀传统文化伴随着我国的社会历史发展而不断丰富，传承和发展优秀传统文化一定要结合实际，并根据学生实际选择有效的教育方式，只有这样才能充分发挥优秀传统文化的教育功能。

在大学生思想政治教育过程中，有些教育工作者依然扮演着"中间人"的角色，注重传统教育方式的灌输与"植入"，将传统文化的内容生搬硬套地"传递"给青年学生。优秀传统文化融入大学生思想政治教育的过程，存在着走形式、摆样子、拼噱头、争荣誉等现象。这种只注重"说教"而忽视"探究、启发"的教育模式，忽视了大学生学习的主体意识，不能引起他们的情感认同和思想共鸣，甚至使部分学生内心出现抗拒和抵触心理。更重要的是，这种"说教式"的教育方法难以让大学生在传统文化宝库中获得熏陶和浸润，无法实现传统文化"以文化人"的效果。因此，有时谈到把传统文化融入大学生思想政治教育的话题容易受到人们的质疑、责难，导致优秀传统文化失去应有的魅力和吸引力。究其原因，正是过于生硬的"灌输式"教育方法让大学生产生了"厌烦"心理。因此，要想真正发挥传统文化在思想政治教育中的作用，就必须创新思想政治教育方式方法，以大学生喜闻乐见的形式和途径，让优秀传统文化焕发出时代的魅力。

第五章

优秀传统文化中蕴含的思想政治教育资源

中华优秀传统文化是中华民族发展壮大、生生不息的精神源泉，其中的许多思想和理念具有永不褪色的恒久价值。五千年的文明发展，形成了中华民族自己独特的价值观念和精神追求。这些价值追求一直引领着我们走到今天，这些价值追求经过中国共产党人的传承和创新，形成了中国共产党特有的初心和使命，引领着中华民族和中国人民从站起来到富起来，并且正在引领我们从富起来到强起来。作为思想政治教育的理论渊源和历史来源，传统文化中蕴含的集体观念与爱国主义精神、民本精神、和谐精神、敬业精神、诚信精神等对于提高思想政治教育的实效性具有重要意义。

一、集体观念与爱国主义精神

纵观中国古代历史的发展脉络，不是单纯以奴隶制社会来取代由氏族血缘纽带联系起来的宗法社会，而是在氏族血缘纽带联系起来的宗法社会的基础上形成国家制度，出现重视家庭团聚、重视国家统一、社会和谐的"家国一体"格局。中华民族家族本位的社会结构与崇礼的文化传统培育了一种整体主义的精神，并在此基础上形成了以国家利益为重、强调"精忠报国"的传统美德。

（一）挖掘家国同构思想，构筑天下一家意识

在原始社会，由于生产力低下，人们要生存就必须依靠集体的力量才能应对各种自然灾害和猛兽袭击情况，才能组织有效的采集或狩猎活动。当时最紧密的集体组织是有一定血缘关系的人们组成起来的，这种集体组织就是氏族。血缘关系是原始社会结成集体的纽带。

进入阶级社会后，奴隶制国家并没有消灭氏族组织，反而以血缘纽带维系着奴隶制度国家的统治，形成了"家国一体"格局。氏族社会的解体在我国奴隶社会不够充分，宗法制度的残余大量积淀下来，社会组织主要以父子、君臣、夫妇之间的宗法原则为架构建立起来。宗族成为当时以家族为本位的社会网络中的基本单元，在这种社会结构中，家族的整体利益牵引着每一位家族成员的利益，维护家族的整体利益就成为至高无上的原则，社会个体不能违背这个原则。

1. 家庭观念

家庭是家族中最基本的单元。在宗法制结构的社会形态下，家庭在中国老百姓心目中的地位是很高的，人们的一切活动都要围绕家庭利益来开展，家庭是人们第一个要维护和服从的对象。

孟子说过，天下之本在国，国之本在家。这其实是对中国传统社会实质的一种高度概括，从家庭开始到家族，再从家族延伸到宗族，接下来组合成一个社会，最终构成一个国家。这种家国同构、父是家君、君是国父、家国一体的观念已经逐渐地渗透到了中国古代社会生活的最深层，也嵌入了中华儿女的内心深处，形成中国传统文化重伦理、倡道德最关键的因素，就是家国同构的宗法制度。

于是，在家国同构的宗法观念下，"天下如一家，中国如一人"，个人被重重包围在群体之中，对于家庭成员之间的人伦关系也必须给予特别的关照。人伦关系的实质是对家庭各个成员应尽的责任和义务进一步

明确下来，包括父母对子女的抚养责任以及子女对父母的赡养义务，这是儒家极力倡导的一种"人道亲亲"。

从"人道亲亲"的思想出发，能够进一步上升为对君臣、夫妻、长幼、朋友等社会关系的一整套处世原则。"孝道"成为最基本的原则，即"百善孝为先"。梁漱溟先生称中国文化为"孝的文化"。"孝"的基本内容是"父为子纲"，强调子女对父母权威的绝对服从，父母的权威地位不能动摇。作为一家之主的"父亲"地位尊崇，对于自己必须履行的职责不能推脱。"父亲"既然接受了儒家文化赋予的绝对权威，那么就要承担儒家文化对其赋予的责任要求。没有对职责的担当，就不可能把自身的权威树立起来。正因为"父亲"有能力担当起家庭的职责，所以从某种意义上来说，服从父亲也就是服从家庭的整体利益。

2. 宗族观念

在家庭的基础上形成的宗族也是社会关系的基本单元。最基本的宗族是由父亲、自己、儿子所形成的三代。由三代分别向上、向下纵向延伸，还可以形成分别以自己的父辈、自己的子辈为核心的另外两个基本宗族，实际上形成三个同心圆。如果仍以自己为核心来考虑成员关系的话，那么这三个同心圆一共包括了五代。如果将以自己为核心的这两层同心圆分别再往上、往下延伸，上至高祖，下至玄孙，这样一共就包括了九代，形成四层同心圆。"亲亲，以三为五，以五为九"就是此意。因此，在宗法观念的社会体系下，个人被重重包围在群体之中，每个人都要把自己的责任和义务放在首位，个人的权利就显得不那么重要。这就是所谓的"人道亲亲""亲亲故尊祖，尊祖故敬宗，敬宗故收族"①。由尊祖到敬宗再到收族，整个社会就团结了起来、统一了起来。可见，传统文化要求把维护家庭整体利益作为首要的价值取向，其根本特征就

① 马小红. 中国法律思想发展简史［M］. 北京：中国政法大学出版社，1995：3.

是重家族轻个人、重群体轻个体，强调个人在群体中的责任和义务，而不是关注个人在社会中的权利和利益。

"礼"实质上是要突出整体秩序对个体的意义，要求个体服从并服务于整体。朱熹提出："凡事便有两端，是底即天理之公，非底即人欲之私。"① 任何事物按性质都可分为是非两端，即值得肯定的是天理之公，予以否定的是人欲之私。公的真正意义在于去私，因此，奉公必须克己，克尽己私便是公，亦即天理。克己即克制一己私利超越自我，服从整体。可见，克己奉公的基本精神实际上就是要求先公后私，个人私利服从整体公利。《礼记》提出："大道之行也，天下为公，选贤与能，讲信修睦。故人不独亲其亲，不独子其子，使老有所终，壮有所用，幼有所长，鳏寡孤独废疾者皆有所养，……是谓大同。"② 大同的理想社会是"天下为公"。"公"所强调的是社会个体对集体、对社会、对民族承担的义务感与历史责任感。"公"要求去其"私"，做到"不独亲其亲，不独子其子"③。它强调的是为了国家、为了民族、为了社会舍小家顾大家的奉献精神。当然，强调集体利益并不是要求完全放弃个人利益，但个人利益的获得必须以符合公共利益的道德作为标准。孟子认为："非其道，则一箪食不可受于人；如其道，则舜受尧之天下，不以为泰。"④ 他提醒我们：要是不合理的，哪怕是一筐饭也不能随便接受别人的赠送；要是合理的，就是舜接受尧让给他的天下，其实也不算过分。

3. 国家观念

在强调重家庭、重宗族利益的基础上，中国传统文化形成了比较深厚的国家意识。从提出个人对家庭、宗族的服从发展到强调个人、家庭、

① 周利生，林天池，廖小平. 大学语文教程 [M]. 昆明：云南大学出版社，2011：340.
② 戴圣. 礼记 [M]. 刘小沙，译. 北京：北京联合出版公司，2015：47.
③ 戴圣. 礼记 [M]. 刘小沙，译. 北京：北京联合出版公司，2015：47.
④ 孟子. 孟子 [M]. 段雪莲，陈玉潇，译. 北京：北京联合出版公司，2015：65.

宗族对整个国家利益的服从，从提出家庭宗族内整体性和团结和谐发展到强调国家、社会的整体性和团结和谐。《诗经》说："溥天之下，莫非王土；率土之滨，莫非王臣。"① 天下所有的土地资源没有不属于君王所有的，整个土地上的臣民没有不属于君王管辖统治的。天下土地与人民都属君王统一管辖，从而构成了一个社会整体，"整体"就是"国家"。《清史稿》提道："普天率土，欢欣鼓舞。"整个天下所有土地范围内的人民，都欢欣鼓舞。"普天率土"说的就是"国家"。可见国家是作为整体而存在的。这个整体是社会个体的靠山与精神寄托，所谓"国破则家亡"，即家庭与宗族的存亡是以国家的存亡为前提的，个人只有服从于维护家庭与宗族的利益，进而才能说服从于维护国家的利益。

国家观念要求所有的社会组织必须团结起来形成一个统一整体，所有的社会成员必须在一个国家、一个民族内生存发展。离开了国家，人就无依无靠，无法存在。所以荀子提出人类"力不若牛，走不若马"②的观点，为什么还要靠我们人类自身呢？因为"人能群，彼不能群也"③。人能够组成有严密组织系统的群体，而牛马做不到。人何以能群？因为有"分工"。分工又凭什么能够运行呢？因为人讲究大义。所以，有分工就能协调和谐，和谐就能够统一成整体，能够统一大家的意志成为一个整体就能凝聚所有成员的力量，能凝聚所有成员的力量就能强大，能强大就能战胜其他事物。荀子又提出"故人之生，不能无群"的思想，他认为人要谋求生存与发展，就必须结成集体。要结成集体就应该有不同的分工，没有分工就会相互争夺，相互争夺就会造成混乱，一旦混乱就必然会导致贫穷。所以，只有结成"群"，个人才能生存，而"分"则是为了维持社会的正常秩序，"群"和"分"又是必须由君

---

① 诗经［M］. 李青，译. 北京：北京联合出版公司，2015：116.
② 张文治. 国学治要·集部子部［M］. 北京：北京理工大学出版社，2014：708.
③ 张文治. 国学治要·集部子部［M］. 北京：北京理工大学出版社，2014：708.

王来把控的。荀子又说:"分均则不偏,势齐则不壹,众齐则不使,有天有地而上下有差,明王始立而处国有制。夫两贵不能相事,两贱不能相使,是天数也。势位齐而欲恶同,物不能澹则必争,争则必乱,乱则穷矣。先王恶其乱也,故制礼义以分之,使贫富贵贱之等,足以相兼临者,是养天下之本也。……君者何也?曰:能群也;能群者,何也?曰:善班治人者也,善显设人者也,善藩饰人者也。"① 如果大家分工一样就突出不了重点,势力相当就容易形成对抗,很难统一,民众地位一样就不能相互使唤。世界本来就存在分工,例如:上有天,下有地,天地职责各不一样。所以明智的君王被确立下来,上下尊卑的礼仪制度被制定出来。两个身份一样尊贵的人不能相互侍奉,两个身份一样低贱的人不能相互使唤,这就是自然的法则。势力与社会地位一样,那么好恶就会相同,而社会财富是有限的,不能同时满足他们的需求,于是就相互争夺,相互争夺就必然会造成混乱,社会混乱就必然会导致贫穷。先代君王不愿意看到混乱,所以组织制定礼仪制度,让每个人的身份不一样,让人有贫富贵贱之差,这样就足以使他们兼容在一起,进行层层管理,形成一个集体。这就是统辖一个国家的根本。那么,君王是干什么的呢?君王就是能统辖集体的人。君王为什么能统辖集体呢?因为君王最擅长分层次治理人,擅长把有能力的人提拔上来,擅长让人扮演不同的角色。可见,国家、君主的存在正是由人的社会性所决定的,人的生存必须以国家的存在为前提。

国家观念要求人们像对待兄弟一样对待天下的同胞。这样,天下老百姓才能团结为一体,人们才能在共同的国家利益中获得个人生存权利与个人利益。所以《论语》提出"四海之内,皆兄弟也"②。在"四海"范围内的人们,如果都能像兄弟一样抱成团,中华民族就会有强大的凝

---

① 荀子 [M]. 安小兰,译. 北京:中华书局,2007:75-76.
② 论语 [M]. 王超,译. 北京:北京联合出版公司,2015:90.

聚力。这样，中国人无论在什么情况下，都能团结一致，克服困难，共同生存，共同发展。

（二）挖掘爱国教育资源，铸造中华民族灵魂

1. 爱国主义精神的内涵

爱国主义精神主要表现为：对自己祖国的领土与主权无比热爱，维护领土主权完整统一的强大责任感；对自己祖国的道路、制度、理论与文化的高度认同与自信心；对自己祖国的山山水水的深深眷恋与热爱，以及由此培养起来的强烈的民族自尊心、自信心和高度的民族自豪感；愿意为自己祖国的独立、发展、富强而英勇奋斗，甚至流血牺牲的奉献精神。

中华民族的历史源远流长，传统文化博大精深，它完全可以让所有中国人引以为荣和自豪，它是中华民族的向心力、凝聚力。中华文化之所以具有无比强大的生命力，是因为它深厚的底蕴和巨大的凝聚力。中国文化的凝聚力，主要表现在文化心理的自我认同感和超地域、超国界的文化群体归属感。正所谓："中华之名词，不仅非一地域之国名，亦且非一血统之种名，乃为一文化之族名。故《春秋》之义，无论同姓之鲁卫，异姓之齐宋，非种之楚越，中国可以退为夷狄，夷狄可以进为中国，专以礼教为标准，而无有亲疏之别。其后经数千年，混杂数千百人种，而其称中华如故。以此推之，华之所以为华，以文化言可决之也。"① 所以，爱国主义精神既是一种文化精神，也是一种民族精神，它是几千年来维系一个民族、一个国家的灵魂之所在。

2. 爱国主义精神是中华民族的优良传统

中华民族能历经数千年沧海变化而依然屹立在世界民族之林，成为世界上唯一一个生生不息的文明古国，正是以爱国主义为核心的民族精

---

① 任冠文. 中国历史文化［M］. 大连：东北财经大学出版社，2003：3.

神一直激励着我们。像"维护公利""天下为公"的以集体利益为重的尚公精神;"苟利国家生死以,岂因祸福避趋之""安得广厦千万间,大庇天下寒士俱欢颜"的为国家而不惜艰难困苦的高尚情操;"三军可夺帅也,匹夫不可以夺志也""富贵不能淫,贫贱不能移,威武不能屈"的崇高民族气节;"为中华之崛起而读书"的以振兴国家为己任的自强不息精神;"崇尚仁义,厚德载物"的重德尚义精神;"穷则变,变则通,通则久"的改革创新精神;"路漫漫其修远兮,吾将上下而求索"的坚忍不拔精神等,共同铸造了中国深厚的爱国主义传统。

在五千年的历史长河中逐渐形成的爱国主义精神,不仅孕育、塑造了世世代代的中华民族,而且一直维持着中国社会的和谐发展,成为中华民族的"根"与"魂",被视为民族大节。它成为团结和引领各族人民团结奋斗的伟大旗帜,是我国各族人民共同的精神支柱,是推动我国社会发展的强大力量。爱国主义精神具有强大的感召力和凝聚力,是蕴含于整个民族中的一种深厚的、巨大的精神力量。虽然它与封建社会对君王忠诚的思想联系在一起,有自身的历史局限性,但君王是国家的代表,对君王忠诚实际上是对国家的忠诚和热爱。特别是当国家民族遭到外来侵略或出现自然灾害、处于危难存亡之际,爱国主义精神就会鼓舞我们为捍卫祖国而进行不屈不挠的斗争,甚至献出自己宝贵的生命也在所不惜。

屈原是战国时期伟大的爱国主义者,于他而言,中华民族无论从疆域上、历史上、文化上来说,都是一个统一的不可分割的整体。他知道要想实现国富民强,就必须对内政进行改革,即通过实行法治来改变旧贵族"背法度而心治"的局面,推举道德品质好能力强的人来打破腐朽的封建世袭制度。但社会改革必然会触及统治集团既得的利益,受到掌握政权的旧贵族势力的打压,屈原倡导的社会改革以失败而告终。他怀着爱国的情怀和统一祖国的理想留下了《怀沙》《惜往日》两篇遗作。

他深切地怀念夏、商、周大一统时的中华盛世和治世明君，并表达了对祖国的无限热爱之情及以身殉国的决心。最终，屈原选定五月初五殉国，用自己的生命表达对祖先的敬意、对华夏龙精神的纪念与传承。屈原是伟大的爱国主义者，他的爱国主义和统一国家理想，与世世代代中国人的理想高度一致。

新中国成立后，许多爱国的科学家宁愿抛弃国外优越的工作、生活，都要义无反顾地回到祖国的怀抱，投身于祖国社会主义建设的伟大事业中。"祖国再穷，我也要为她奋斗，为她服务"①，这是许许多多爱国人士的心声。钱学森面对美国方面的关押、软禁、监视，依然毫不妥协；华罗庚放弃在美国优厚的工资待遇；李四光谢绝英国老师让他攻下博士学位再回国的好意；钱三强更是冒着生命危险转辗回到了祖国。从他们的身上，我们能看到爱国主义精神的闪耀光芒。爱国主义精神激励着一代代的中国人，为保卫祖国领土与主权的完整、为祖国的统一大业、为祖国的民主富强而努力奋斗。

二、民本精神

从古代社会开始就存在"以民为本"的思想。民本主义思潮历时一千多年，是中国历史上一座特殊的思想宝库。民本思想强调老百姓是一个国家的根本，是一个国家的主体，是一切政治活动的落脚点，确立君王的目的是为老百姓服务。从内容上看，它包含两方面：一方面是以君为本的治理人民的思想，表现在统治阶级的统治策略和治国经验等，包括利民、惠民、富民、养民、教民等具体措施；另一方面是以民为本的重视老百姓的思想，表现为古代思想家所提倡的爱民、安民、亲民、济

---

① 中国现代教育家传编委会. 中国现代教育家传：第一册［M］. 昆明：云南民族出版社，1985：348.

民、恤民等。

(一) 把握传统民本精神，牢记为民谋利初心

中国古代统治者在很早之前就有"爱民""重民""尊民""亲民"的意识。殷代有远见的统治者已经懂得要"重我民""罔不唯民之承"①"王司敬民，罔非天胤"②。一定要重视我们的老百姓；没有不遵从老百姓的意见来办事的，或者说没有不唯老百姓的意愿是从的；"王者主民，当敬民事。民事无失，天所嗣常也"。可见，殷商时期虽然有信鬼神的社会风气，但对普通老百姓也非常重视。统治者不仅重视"我民"，还尊重民意，顺承民心，一切为民众利益着想。《尚书》有这样的记载，"视民利用迁""用奉畜汝众"③。除此之外，《尚书》还有很多关于民本思想的论述，如"安民则惠，黎民怀之"④"民之所欲，天必从之。天视自我民视，天听自我民听。"⑤"人无于水监，当于民监"⑥"治民祗惧，不敢荒宁"⑦"唯王子子孙孙永保民"⑧。这些闪烁着民本思想的观点告诉我们，只要人民的生活安定下来，人民就会感受到天子的恩惠；人民感受到了恩惠，就会将恩惠铭记于心；如果人民聪明起来了，天下就聪明起来了；如果人民显示出威力，那么一个国家的威力也会显示出来。人民的愿望就是社会发展的要求，也是自然发展变化的规律，上天必然会听从；民众看见的就是上天要显示的，民众听到的就是上天所要说的。

---

① 刘泽华. 先秦政治思想史 [M]. 天津：南开大学出版社，1984：21.
② 吾淳. 中国哲学的起源：前诸子时期观念、概念、思想发生发展与成型的历史 [M]. 上海：上海人民出版社，2010：421.
③ 张分田. 民本思想与中国古代统治思想：上 [M]. 天津：南开大学出版社，2009：80.
④ 商国君. 先秦儒家仁学文化研究 [M]. 西安：陕西师范大学出版社，1998：43.
⑤ 张树平. 从辨物居方到明分使群：中国传统政治知识形态生成研究 [M]. 上海：上海书店出版社，2011：230.
⑥ 屠大华. 教育思想研究 [M]. 武汉：武汉测绘科技大学出版社，1999：57.
⑦ 谢松龄. 阴阳五行与中医学 [M]. 北京：中央编译出版社，2008：12.
⑧ 吕文郁，夏保国，徐阳. 先秦天下 [M]. 长春：长春出版社，2007：30.

治理人民就要把人民的利益放在首位，不能荒废服务百姓的事务，求得自己安宁；国王就要世世代代保护天下民众的利益，不能让人民的利益受到损害。

魏晋时期出现的伪《古文尚书》同样重视民众，将民本思想提炼为"民为邦本，本固邦宁"①。人民是国家的根本，人民稳固了，国家就安宁了。这句话虽然在《尚书》中找不到依据，但总体思想上基本符合《尚书》一以贯之的思想，所以成为后来中国政治史上很有分量的治国理政的名言。

《诗经》也包含着许多民本思想的内容，这些民本思想的内容主要散见于风、雅、颂各部分，《七月》《伐檀》《硕鼠》等名篇已经关注到了人们的社会生活现状，强调要重视民生问题。除《诗》《书》外，这个时期的民本思想在甲骨文和金文中也有所体现。

周初统治者在重视民本思想方面已经形成了较为自觉的意识。周公提出"保民"这一比较有新意的政治概念，并反复强调"用保乂民""用康保民""唯民其康乂"，还有"裕民""民宁"等说法。周公认为国家统治者要把老百姓的疾苦当作自己的疾苦并且高度重视，"恫瘝乃身，敬哉"。即为官者要关心民生疾苦，应感同身受。他反复告诫其子弟臣僚不能够贪图享受、恣意妄为、作怨于民，而应该体察民情，要"知稼穑之艰难，知小人之依"，要了解老百姓从事农业劳动的艰难，要知道平民百姓生活依赖什么，还要"怀保小民，惠鲜鳏寡"②。周公统治思想中的民本思想元素在这个时期已经非常清晰了。

春秋时期的民本思想主要见于《左传》《论语》《墨子》等典籍。春秋时期是一个以"力"竞争、以"势"取胜的时代。"强凌弱，众暴寡"的社会现实使人们意识到，民众才是提供赋役兵源的力量源泉，战争的

---

① 董志新．毛泽东品《孟子》［M］．沈阳：万卷出版公司，2015：292.
② 韩天东．中国传统道德撷英［M］．宁波：宁波出版社，2016：83.

胜负取决于实力与智慧。随着铁器的使用和牛耕的普及与社会生产力的提高，人民群众的作用也越来越突出，注重民力、保障民众生存权益、顺应民心已成为社会发展的要求。《左传》首先注意到民利及民间疾苦问题，强调"天生民而树之君，以利之也"① "亲其民，视民如子，辛苦同之"②。第一句话告诉我们，在民众与君王之间，民众显得更为重要。上天为了人民的生存才树立起国君，树起国君的目的就是通过他来为老百姓谋福祉；第二句告诉我们，国君要亲近、爱护自己的臣民百姓，把他们看作自己的子女一样，并与他们患难与共、同甘共苦。

《左传》在继续阐述"民"与"天"关系的基础上，还进一步揭示了"民"与"神"的关系，在理论上更有深度，表现出比较明显的突破性。《左传》认为，"天道远，人道迩"③ "夫民，神之主也" "国将兴，听于民；将亡，听于神"④。它告诉我们：天道离社会现实很遥远，人道就离社会很近，贴近我们的生活实际。所以，人道比天道更为重要；人民才是神灵的主人，人民比神灵更为重要；因为人民是神灵的主人，所以先代圣王总是先实现人民的利益，然后再去侍奉神灵；国家要想兴旺发达，就必须聆听人民群众的要求，以民众的利益为重；如果一个国家只是听命于鬼神，那么这个国家必然会走向衰亡。因而，统治者要"敬德保民"，即尊敬道德，保护人民。

孔子传承了《左传》提出的民本思维，对国家的暴政治理进行了深入思考，进而提出"仁者爱人"原则，主张重德性教化而轻刑罚，强调"为政以德" "视民如子"。即治理国家要依靠德治手段，要把老百姓当作自己的子女一样去关心、去爱护。他的"博施于民"圣王观，实际是

---

① 叶世昌. 古代中国经济思想史 [M]. 上海：复旦大学出版社，2003：28.
② 冯天瑜. 中华元典精神 [M]. 武汉：武汉大学出版社，2006：275.
③ 刘玉建. 两汉象数易学研究 [M]. 南宁：广西教育出版社，1996：760.
④ 尹砥廷. 承传与超越：现代视野中的孔子思想研究 [M]. 兰州：甘肃人民出版社，2005：28.

站在人道主义的高度，对殷周和春秋以来的重民、得民、保民、有民、爱民、成民、养民、利民、亲民、富民、裕民、便民等治国方略和执政经验进行总结和提升。他认为，民足则国富，民逆则政亡，进而形成系统的"仁政""王道"理论，如"取民有制""使民以时""使民如承大祭"。即从老百姓手中收取赋税要制定规章制度，要有所节制，不能收取得太多，使人民的生活没有着落；从人民那里抽调劳动力要选择恰当的时间，不要使民众耽误了农时，影响农业生产；使用劳动力如同组织大型的祭祀活动一样，要慎重，要有固定的时间。

《吕氏春秋》把农业生产看作建立霸业的基础，认为"霸王有不先耕而成霸王者，古今无有，此贤者不肖之所以殊也"[①]。要想建立一番霸业就必须先重视农业生产，不重视农业生产而想建立霸业，从古至今都没有出现过，这就是贤者与不肖者之间的差别，即贤者重视农业生产，而不肖者轻视农业生产。

把民本思潮发展到最高峰状态的是"以道德为本位、以教化为己任"的儒学体系中的两位主力军：孟子和荀子。

孟子的作用尤为明显。孟子在政治上的民本思想基于其哲学观点——人性本善论，人可以通过自己的努力在德性上逐渐完善。孟子虽然承认生物本能与环境因素在人的德性成长过程中的作用，但他一直认为：只要愿意，我们就能够成为品德高尚的人。根据孟子的思想，我们可以解读为：天下本来就没有"君子"与"小人"之分，只要你付出努力，都有可能成为道德高尚的人，即"君子"。民众是天下的主体，只有民众都讲道德了，天下才会安定，社会才能发展。孟子呼吁把老百姓从"倒悬"及"水深火热"中解救出来，强调从产权制度入手建立和谐社会。因此，他系统地提出了"民本"思想。孟子说："诸侯之宝三：

---

① 廉永杰.中国传统文化概论［M］.西安：陕西人民出版社，1999：356.

土地、人民、政事。"① 即保住诸侯的位置最重要的三件事就是占有广大的土地、得到老百姓的支持、尽心尽力管理好自己的国家。在他看来，没有广大的土地则无以立国，没有老百姓的支持则无以存国，管理不好朝政则无以治国。这三者中人民最为重要，所以"得其民，斯得天下矣"②。即得到老百姓的广泛支持，就可以得到天下。土地可以扩张，管理方式可以改进，只有老百姓是一刻也不能失去的，只有得到老百姓的拥护，土地才有人耕种不会荒芜，国家才能安宁，国家管理才会进展得顺利，否则一切都将无从谈起。

所以孟子提出："乐民之乐者，民亦乐其乐；忧民之忧者，民亦忧其忧。"③ 以人民的快乐为快乐的人，人民也会以他的快乐为快乐；以人民的忧愁为忧愁的人，人民也会以他的忧愁为忧愁。这样的统治者就会与人民团结在一起，而得到人民的支持和拥护。孟子还进一步提出了所谓"民为贵，社稷次之，君为轻"④ 的思想。只有把人民放在重要位置的君主才是好君主，从而奏响了民本思潮的主旋律。在对儒家正名思想的生动实践中，孟子得出结论：不以人民利益为重的君主应当受到批评、匡正，甚至废黜。既然人民的幸福生活应当得到保障是上天的旨意，且国家统治者有责任承担这一义务，那么在极端的情况下，"革命"不仅"合理"，而且体现了"民意"。因此他充分肯定"汤放桀""武王伐纣"的事实，认为这不是"弑君"，而是"诛一夫"。

荀子也发出许多见解。比如"庶人安政，然后君子安位"⑤。老百姓

---

① 郭丹. 先秦两汉史传文学史论 [M]. 上海：上海古籍出版社，2014：179.
② 叶燕芬. 蕺山新书院国学读本 [M]. 宁波：宁波出版社，2015：35.
③ 吴迎春.《孟子》名句 [M]. 成都：四川出版集团天地出版社，2009（2010 重印）：22.
④ 吴迎春.《孟子》名句 [M]. 成都：四川出版集团天地出版社，2009（2010 重印）：130.
⑤ 中央财政金融学院汉语教研室. 财经古文选 [M]. 北京：中国财政经济出版社，1983：51.

对当时的社会管理感到满意，然后当君王的才会感到他的职位是安全的。又比如"君者，舟也；庶人者，水也。水则载舟，水则覆舟"①。国君就好比是舟，老百姓就好比是水，水可以安全载起小舟，水也可以使小舟倾覆。"故君人者，欲安，则莫若平政爱民矣"②"天之生民，非为君也；天之立君，以为民也"③。所以，国君要想巩固自己的政权，没有比公平施政和热爱百姓更好的办法了。上天是让人民生存下来，而不是让人民去为国君服务；上天赋予国君职位的主要目的是让国君为人民服务。

（二）抓住民本精神内核，突破传统民本局限

关于儒家的民本思想内容，在很多古代论著中都有所体现。其基本含义包括以下六方面：第一，人民是政治的主体，失去人民就无所谓政治；第二，人君之居位，必须得到人民之同意，没有人民拥护，君主的位子也保留不住；第三，保民、养民是人君的最大职责，在其位就得谋其政；第四，"义利之辨"旨在抑制统治者的特殊利益，以保障人民的一般权利，当官的目的不是谋求特殊利益；第五，"王霸之辨"要求王者的一切作为均是为人民，而非以人民为手段、以遂行一己之目的；第六，君臣之间不是片面的领导与服从关系，而是双边的相互约定关系。

以上基本总结提炼出了儒家民本思想的主要内容。然而，传统文化中的民本主义思想与现代意义的民主思想是有区别的，前者仅包含"民有"与"民享"，而没有提及"民治"。所以，在民本思想中，老百姓还没有具备公民的身份而享有各种政治权利。

所以，虽然在中国传统文化中非常注重人的地位与作用，但传统文化中的人本主义更注重人的社会作用，相对来说，人的个性和自由发展

---

① 姜以读，李容生．中国古代政府管理思想精粹［M］．北京：国家行政学院出版社，2004：98.
② 荀子［M］．安小兰，译．北京：中华书局，2007：77.
③ 陈筱芳．春秋婚姻礼俗与社会伦理［M］．成都：巴蜀书社，2000：202.

受到了严重的束缚。所以有的学者认为："中国古代的人文思想从总体上不是把人引向个性解放，而是引向个性泯灭，使大多人不成其为人。"① 但我们要站在历史的角度去看待问题，不能苛求古人，更不能用今天的理念去要求传统思维。

（三）借鉴传统民本思想，推动社会关注民生

受民本思想的影响，中国历代君王都表现出不同程度的重民思想。汉文帝刘恒曾经颁布诏令，提出农业是天下的根本的观点，即"民所恃以生"，强调农业是老百姓赖以生存的依据，如果"民或不务本而事末，故生不遂"。即老百姓不积极从事农业生产活动而把注意力放在其他社会活动上，生活就会出现困难而不能延续下去。明太祖也高度肯定了儒家的"民本"思想，认为孔子所说的"节用而爱人""使民以时"等思想体现了"真治国之良规"。他强调"民之贫富，国家休戚系焉"②，即人民生活的贫穷、富裕与国家的贫富密切相关，人民贫则国家必然贫，人民富则国家必然富。他要求朝廷各级官吏"厚民生，重民命"，要求使人民的生活得到富足，使人民的生命得到重视、尊重。

虽然，在封建社会的大框架下，民本思想还不具备完全实现的条件，但它对中国社会的发展还是起到了积极的推动作用，特别是在中国传统思想文化中占据着非常特殊的地位。它不仅培养了一大批忧国忧民、关注民生的思想家、文学家和政治家，而且在中国社会从传统走向现代的过程中起到了积极的推动作用。在此基础上，近代中国社会的仁人志士又注入了新鲜血液，并且与西方"民主"相嫁接，成了推动中国社会进步的重要思想武器。

今天，我们在中国共产党的领导下，既吸收传统"民本思想"的合

---

① 穆乃堂. 老庄与阿道诺文艺美学观之比较 [J]. 焦作师范高等专科学校学报，2007，23（4）：3.

② 张分田. 民本思想与中国古代统治思想 [M]. 天津：南开大学出版社，2008：442.

理内核，又赋予中国特色社会主义新时代的内涵，"以民为本"的思想在中国特色社会主义道路上将焕发出新的生机与活力。

三、和谐精神

和谐是"人与自然、人与社会、人与人、人与自身之间关系"达到的完美状态，是中国特色社会主义追求的价值理想。建设社会主义和谐社会是我国现阶段的一项重要任务，和谐社会是促进社会全面发展的必要条件，也是促进人全面自由发展的前提。

中国传统文化的重要特征是究天人之际，明修身之道，述治国方略，求天下为公，最终达到"天人和谐"的局面。即站在哲学的高度观察宇宙，以伦理准则塑造人生，落实到治国平天下，最终实现人与自然和谐共生的完美境界。崇尚和谐，是安居一处、以稳定平和为主旨的农耕经济时代和宗法社会培养的心态。这种追求和谐的思想体现到国家治理上，成了裁抑豪强，均平田产、权利，从而扩大农业宗法的社会基础；体现到文化发展上，特别是在多种文化相交融碰撞时，便会异中求同，万流共包；体现在风俗习惯上，便会出现不偏颇、不怨尤，内外兼顾；体现在塑造人的理想人格时，便会出现执两用中、温良谦和的君子风范。崇尚调和、主张平衡既是儒家中庸之道的主体思想，也是道家的基本思想，体现了一种顺应自然规律的精神，它肯定变易，也认同"圜道"，这是农耕民族在开展农业生产过程中，由播种、生长到收获这一不断循环的自然现象中获得的启示，是农耕文化体现出来的一个显著特征。

和平与发展是当今世界的两大主题，实质就是要建立和谐社会。没有和平就没有社会和谐，没有和谐社会就不会长久，和平与发展必须统一于和谐社会之中。与时代发展要求相呼应，党中央及时提出了"建立和谐社会"的战略思想。

（一）理清和谐思想脉络，发挥贵和尚中作用

中国传统的和谐思想包括"和"与"中"两方面。这种思想早在西周末年就已经提出，并逐渐发展起来，在中华传统文化中占有重要的地位。

1. "和"思想的提出

早在西周末年，著名的思想家史伯就提出了"和"的思想，他认为"和实生物，同则不继。以他平他谓之和，故能丰长而物归之；若以同裨同，尽乃弃矣"①。他告诉我们，几种性质不同的事物混合在一起，便会产生一种新的事物；如果把性质相同的事物混在一起，就不可能产生新的事物，事物的发展总链条就会中断。用一种性质的事物与另外一种性质的事物混合中和，使它成为一个新的整体，称为"和"。这样，事物就能长得非常茂盛而且有比较大的吸引力。如果将性质相同的事物混合在一起，两者便会互相排斥。"以他平他"即把不同事物联系在一起，使之相互配合从而达到平衡，这就是"和"。

春秋末年，齐国的政治家晏婴又提出了"相济""相成"的观点，进一步丰富了"和"的思想。在处理君臣关系的问题上，晏婴强调了"否可相济"的重要性。他认为："君所谓可，而有否焉，臣献其否，以成其可；君所谓否，而有可焉，臣献其可，以去其否。"② 即君主所肯定的东西，必定会有不合理的因素，如果臣子把不合理的因素提出来，就能弥补肯定的不足，从而使君主的肯定更加完美；君主所否定的东西，必定会有合理的因素，如果臣子把合理的因素提出来，就可以去掉君主不合理的否定，从而实现否定该否定的东西，而保留合理东西的和谐状态。"否可相济"便"和"，通过"济其不及，以泄其过"的综合平衡，

---

① 中共浙江省委宣传部. 开卷有益：和谐 [M]. 杭州：浙江人民出版社，2014：10.
② 晏婴. 晏子春秋：白话版 [M]. 杨有庆，译. 兰州：敦煌文艺出版社，2011：128.

使君臣之间达到"政平而不干"的和谐统一状态。

孔子把"重和去同"的思想继承了下来。他认为"礼之用，和为贵"①"君子和而不同，小人同而不和"②。孔子把"和"与"同"的不同取舍作为判断是"君子"还是"小人"的标准，表现了"重和去同"的价值取向。

《易传》也高度认可并积极倡导和谐思想，提出"天下百虑而一致，同归而殊途"③的观点，并认为天下的思想是一个统一的整体，尽管各种流派思考分析问题的立场、角度、方法等不一样，但最终这些思考将逐渐一致；各学派所走的路径虽不相同，但最终目的地是一样的。除此之外还提出了"乾道变化，各正性命，保合太和，乃利贞"④的观点，即天道的变化规律是使各种事物变化运动都回到自己的本性上去，从而在本性上与天道相符合，以保证实现"太和"，这才是真正的获利。"太和"是最高境界的和谐，是最完美的和谐状态。道是中国传统哲学的最高范畴，太和是道，也就是说，太和是最高的理想追求，是最佳的整体和谐状态。

《中庸》对"和"进行了解释，认为"万物并育而不相害，道并行而不悖"⑤。天地间万物同时生长却不会相互影响，天地之道相互并行却并不互相违背。这种和谐状态是从总体上、长时间内、外表上来说的，在"和"的同时仍然孕育着事物的运动发展。

宋代张载说："太和所谓道，中涵浮沉、升降、动静相感之性，是

---

① 论语［M］.王超，译.北京：北京联合出版公司，2015：5.
② 论语［M］.王超，译.北京：北京联合出版公司，2015：104.
③ 徐长安.中国传统文化与现代化［M］.北京：海潮出版社，1997：37.
④ 朱清国.周易本义［M］.长沙：湖南大学出版社，2015：262.
⑤ 张践.中庸［M］.济南：济南出版社，2015：192.

生氤氲、相荡、胜负、屈伸之始。"① 他告诉我们最大的和谐称为道，和谐之中包含着浮沉、升降、动静等相互促进又彼此寻求平衡的属性，这是气体相互激荡、上下浮沉、左右运动的开始，是事物产生的开始。可见"和"是事物对立统一体外部的相对静止，而事物对立统一体内部则在不断地运动发展。正是这种运动发展造就了事物的产生、发展、变化。而在各种和谐的事物中，人类社会的和谐显得极为重要，所以孟子提出"天时不如地利，地利不如人和"②。即得天时不如得地利好，得地利不及得人和好。人和指人民之间的团结一致，以及统治者与人民之间的协调关系。古代称颂贤明君主的德行时说："克明俊德，以亲九族；九族既睦，平章百姓；百姓昭明，协和万邦。"③ 克制自己的私心彰显崇尚的品德，用自己崇尚的品德去影响、教育自己的族人，使自己的家庭和睦融洽；自己的家族和睦之后，进而去影响教育全社会百姓，使全社会百姓和睦相处；全社会的老百姓和睦了之后，进而协调国与国之间的关系，使世界各国都能和平共处、共同发展。即儒家修身、齐家、治国、平天下的思维模式。

2. "中"的思想及"和中"关系

在传统文化中，"贵和"又与"尚中"相联系。中庸之道是调节社会矛盾使之达到中和的高级哲理，正所谓："君子尊德性而道问学，致广大而致精微，极高明而道中庸。"④ 君子一定要恭敬崇尚天生的德性，广泛学习，推究事理，使自己的学问和天赋德性达到博大精深的境界，不偏不倚，遵循中庸之道。"舜好问而好察迩言，隐恶而扬善，执其两

---

① 刘同辉．传承·诠释与开新——中国传统人格心理学及当下独立路径研究［M］．济南：山东教育出版社，2010：93.
② 杭州大学中文系《古文类选》编注组．古文类选［M］．杭州：浙江人民出版社，1981：191.
③ 张仁德，霍洪喜．企业文化概论［M］．天津：南开大学出版社，2001：355.
④ 张践．中庸［M］．济南：济南出版社，2015：178.

端，而其中于民。"① 即舜纠正人们认识上的"过"与"不及"两个极端的偏向，用中庸之道去引导他们。

总之，中国传统对贵和尚中观念的认同，使中国人十分注重和谐状态的实现和保持。这既是中华文化之所以具有强大生命力和保持延续发展的主要原因，也是中华民族屡经苦难而保持旺盛活力的法宝。做事稳重不走极端，着力维护整体利益，求大同存小异，确保人际关系和谐，是中国人坚守的基本信念与基本准则。因此，贵和尚中是中华传统文化基本精神的重要组成部分，对于推动中华文明的发展具有积极的作用。

（二）把握和谐思想要求，促进人们和谐共处

1. 儒家的和谐文化思想

（1）以"礼"为制度的社会和谐文化。春秋战国时期形成了很多经典的思想，对我国社会发展产生了重大的影响，在这些思想中最具代表性的是以孔子为代表的儒家思想。

"礼"在孔子的思想中具有举足轻重的地位。孔子推崇大同社会，倡导尊卑有别、长幼有序、各安其分、彬彬有礼，要求人与人之间和睦相处。而春秋战国时期却战争频繁，乱世"不和"，孔子认为主要原因是礼崩乐坏，如果再深层分析就是人心存私欲，特别是统治者的暴政不仁。所以孔子提出"克己复礼"的愿望，希望仿效周朝建立一个礼让有序的和谐社会。

孔子提出了"损益"概念，对传统礼仪制度的"继承"和"革新"造成的损益，需要在一定程度上进行把握才能达到最佳的效果。"周监于二代，郁郁乎文哉！吾从周。"② 孔子认为夏商周的礼仪制度都有所损益，但是周朝的礼仪制度是建立在夏朝和商朝的基础上的，相比较来说

---

① 张践. 中庸［M］. 济南：济南出版社，2015：50.
② 侯会. 分类·译注四书语录［M］. 北京：团结出版社，2014：249.

是最完备的。孔子一直追求的理想境界就是"大道之行，天下为公，选贤与能，讲信修睦。故人不独亲其亲，不独子其子，使老有所终，壮有所用，幼有所长，矜寡孤独废疾者皆有所养，男有分，女有归"①。

中国传统的礼仪制度是建立在社会等级制度的基础上的，提出的"礼"其实就是为了规范等级秩序。其意义在于一切事物有序发展，通过"礼"把不同的社会群体和不同的人区别开来，如什么样的人、怎样的社会角色和身份，只要通过观察穿什么衣服、戴什么帽子、具有什么言行举止就可以体现出来。这种等级秩序通过外在的仪式和制度来实现。古代社会推崇的礼仪制度强调的是"分""别""异"，而通过"礼"可以达到"和"，目的在"和"，即"礼之用，和为贵"②。即讲究"礼"的最终目的就是实现社会的和谐有序发展。虽然中国古代的礼仪制度是带有明显封建等级色彩的一种社会制度，但它总体上追求社会和谐稳定。所以在某种意义上，社会不能靠取消差别来实现和谐，"礼"蕴含着"和"的意味，是为了达到和谐状态而采取的一种手段。

（2）以"仁"为核心的道德和谐文化。儒家学说提出，人与人之间是不平等的，存在着高低贵贱、尊卑贫富之间的等级区别。孔子提出了"仁"的思想，"仁"强调爱人之心、爱人之举，"仁者爱人"。当然，这种"仁爱"同样是有差别的，跟西方基督教教义所宣扬的"平等博爱"不同，主要强调"爱有差等"。这种有差别的爱在社会上表现为君明臣忠、父慈子孝、兄友弟恭、夫敬妻贤等。其基本价值理念表现为：处于上的君、长者、尊者对处于下的臣民、少者、卑者应该多关心多体贴，要为他们提供最基本的生活保障，不能一味地从臣民、少者、卑者手中获取利益。如果只是一味地夺取，底层老百姓的生活将不可能安稳，社

---

① 郭淑新. 敬畏伦理研究 [M]. 合肥：安徽人民出版社，2007：230.
② 唐凯麟，张怀承. 成人与成圣——儒家伦理道德精粹 [M]. 长沙：湖南大学出版社，1999：190.

会也不会安定，和谐的理念也就无法实现。孟子提出的"使民以时""节用而爱人"的"民本"或"人本"思想，即使民、用民要有一个"度"，以人为本，保证社会的安定和谐。

2. 墨家的和谐文化思想

墨家主张"兼爱""非攻"，力求在平等的基础上建造一个理想的和谐社会。墨子认为，国与国之间发生的战争、人与人之间出现的争夺是影响社会和谐稳定的重要因素。之所以会出现战争和争夺的主要原因是源于人与人之间的"不相爱"。因此，墨子提出国与国之间、人与人之间，应该做到"兼相爱，交相利"。墨子还呼吁人与人之间要互相关心、互相帮助，不能停留在口头上，要把"兼爱"的理想体现在具体的行动中、事物上。"有力者疾以助人，有财者勉以分人，有道者劝以教人。"①如果人与人之间能做到互相关心、互相帮助，就能实现"老而无妻子者，有所侍养，以终其寿；幼弱孤童之无父母者，有所放依，以长其身"②。与儒家的尊卑有序学说相比，墨子的思想关注底层老百姓的切身利益更多一些，他所希望建立的和谐社会是一个没有森严等级的、完全平等的社会。

另外，法家思想兴盛于儒家之后，在促进秦国大一统和建立国家法律制度方面发挥过重要作用。与儒家、墨家相比，法家更希望通过强硬的立法和严厉的法律制度来维持社会的秩序，最终达到确保社会稳定的目的。

魏晋时期，佛教传入中国后，与儒学、道家思想相互激荡、相互交融，奏响了中国和谐文化的主旋律。但佛教更多关注心灵的和谐以及来世的和谐、彼岸世界的和谐，希望通过今世的艰苦修行、积善行德来帮助人们摆脱苦难，实现西方世界的大和谐。

---

① 河南大学. 中国古代文学作品讲析 [M]. 郑州：河南人民出版社，1986：57.
② 辛志凤，蒋玉斌，等. 墨子译注 [M]. 哈尔滨：黑龙江人民出版社，2003：95.

客观来说，在中国传统的和谐思想文化中包含着一些消极的东西，但也不乏积极上进、对今天有启发的思想，这值得我们在构建和谐文化时借鉴和吸收。

四、敬业精神

在中国古代典籍中，"敬业"一词作为整个词语出现的场合多见，通过"拆字"的方式能够更加具体地理解其基本含义，即结合"敬"和"业"在字义上的分析，粗略地勾勒出传统文化中"敬业"的整体内涵。

（一）把握传统"敬业"含义，培养爱岗敬业精神

1. 中国传统文化中的"敬"

在古代汉语中，"敬"字的使用频率很高，它几乎与中国古典文献同时进入中国文化大花园，中国早期古典文献中如《尚书》《诗经》《周易》《左传》《论语》《孟子》《荀子》《礼记》等均有"敬"的普遍记载，而且"敬"字往往单独使用。

孔子在《论语》中论及"敬"出现 20 多处。在《论语》看来，"敬"是修身的基本法则，只有"敬"才能处理好"事上""事亲""谋事"等日常事务。孟子对于"敬"的论述则更多，《孟子》一书涉及"敬"的地方有多处，大部分强调对人的尊重和礼貌，如"父子主恩，君臣主敬。丑见王之敬子也，未见所以敬王也"① "用下敬上，谓之贵贵，用上敬下，谓之尊贤"② "爱人者，人恒爱之，敬人者，人恒敬之"③ 等。作为儒家思想的集大成者，荀子更为广泛地阐释了"敬"，荀子对于"敬"的论述，其含义主要集中在尊重、恭敬、礼遇等，如"体

---

① 侯会. 分类·译注四书语录 [M]. 北京：团结出版社，2014：157.
② 李贽. 四书译 [M]. 上海：上海人民出版社，1975：248.
③ 吴迎君.《孟子》名句 [M]. 成都：天地出版社，2009：96.

恭敬而心忠信"① "恭敬谨慎而容""主尊贵之，则恭敬而傅"② "欲荣、则莫若隆礼敬士矣"③ 等。

值得注意的是，早期文献关于"敬"的记载有一个突出的特点，即经常将"敬"与"礼"放在一起进行分析，并认为"敬"是"礼"的根本精神。《左传·僖公十一年》"敬，礼之舆也，不敬则礼不行。"④ 孔子提出："居上不宽，为礼不敬，临丧不哀，吾何以观之哉?"⑤ 荀子则进一步阐明："礼者，谨于治生死者也。生，人之始也；死，人之终也。终始俱善，人道毕矣。故君子敬始而慎终。终始如一，是君子之道，礼义之文也。夫厚其生而薄其死，是敬其有知而慢其无知也，是奸人之道而倍叛之心也。"⑥ 作为专门辑录礼仪的儒家经典著作《礼记》开篇就提出"毋不敬"的要求，《礼记》论述礼的重要性时经常用恭敬来解读"礼"，认为只有懂得恭敬逊让才能够真正了解礼仪之道，"是以君子恭敬撙节退让以明礼"⑦，《大戴礼记·劝学》也提出："不敬无礼，无礼不立。"⑧ 除此之外，中国古代社会还在具体的言行中体现"礼敬"，如拱、揖、跪、拜、鞠躬、请安、跪叩、唱喏等，这些"礼敬"可以视为"礼""敬"关系的名词称谓，进一步规范一些场合的礼仪行为并坚持下来。

因此，"敬"是"礼"的根本精神，是基于"礼"之本质而总结出来的必然结论，"礼"的精神要义只有通过"敬"才能真实体现出来。

---

① 蔡世华，孙宜君．大学生背诵诗文精选［M］．徐州：中国矿业大学出版社，1997：299.

② 张觉．荀子译注［M］．上海：上海古籍出版社，2012：67.

③ 卿小平．大学语文：上［M］．北京：中国广播电视出版社，2007：273.

④ 张自慧．礼文化与致和之道［M］．上海：上海人民出版社，2012：65.

⑤ 张茂泽，郑熊．孔孟学述［M］．西安：三秦出版社，2003：131.

⑥ 张文治．国学治要·集部子部［M］．北京：北京理工大学出版社，2014：715.

⑦ 冯慧娟．五经［M］．长春：吉林出版集团有限责任公司，2015：87.

⑧ 吴明贤．文学文献研究［M］．北京：商务印书馆，2005：56.

如果"礼"只是停留在行为的表面，不仅对规范人的行为不能产生作用，而且更无法深入到行为主体的内在情感世界，那就会变成仅仅是表面形式而已。众所周知，"礼"在中国古代社会具有重要的地位，甚至被视为社会秩序和人伦道德的本源，而"敬"又是"礼"的根本精神，因此也可以看出"敬"在古代社会的重要性。

中国传统社会对"敬"的重视很早之前就开始了，"敬"的思想内涵也在不断地变化。根据《尚书》《诗经》等早期文献的观点，"敬"在很大程度上来源于先民对当时社会生活的忧虑，对难以解释的自然现象和恶劣的生存状况的担忧，"敬"更多承载了人们对神灵祭祀和冥冥世界的一种敬畏之情，旨在通过虔诚的"敬"来换取神灵的庇护和福荫。春秋时期，随着人文精神的觉醒，"敬"的内涵得到丰富，尤其随着儒家思想的创立，"敬"逐渐成为一种道德价值层面的东西，成为处理社会伦理关系的价值准则和修为方式。

在几千年的社会发展过程中，"敬"已经成了中国传统社会一种比较独特的文化现象，并与"诚""仁""礼"等重要伦理范畴在精神旨趣上极为相通，并在社会功能上相互补充，共同构成传统伦理社会的道德主体部分。因此，"敬"也就成为人们处理人和事的基本准则，传统"敬业"就是指在敬文化的浸染下所积淀的职业价值理念、职业行为准则和职业道德规范等意蕴。

2. 中国传统文化的"业"

在古代汉语中，"业"同样是一个高频词，常见于中国古典文献。《说文解字》对"业"的解释是"大版也。所以饰悬钟鼓。捷业如锯齿，以白画之。象其鉏铻相承也。从丵从巾。巾象版"。"业"是用来装饰横木、悬挂钟鼓的东西，参差排比像锯齿，用白颜料涂画，像两层版参差不齐而又相互承接。在《辞海》《中国汉语大词典》《中国汉语大字典》中，"业"一般用作名词或动词。作为名词，"业"主要有大版、学业、基业、家业、事业等意思；作为动词，"业"主要有"以……为业"、继承、依次等意思。从字词意来看，"业"最初与"职业""敬业"之"业"的意思不一样，而是描述一些具体的形象，如草木生长、装饰之物等。因此，从现代意义上看，"业"有一个从传统文化到现代文化的历史生成过程。

《尚书》是我国汉民族第一部古典散文集，是最早的历史文献，该书出现了"业"的记载。《尚书·商书·盘庚上》谈道："若颠木之有由蘖，天其永我命于兹新邑，绍复先王之大业，厎绥四方。"① 这是盘庚在劝说民众迁都，他认为只有迁都才能复兴"大业"，就像被伐倒的树木发出新芽一样，种族生命将会在新的都邑里得到延续发展。另外关于"业"的记载还出现在《尚书·周官》中："功崇惟志，业广惟勤。"周成王勉励群臣百官要恪尽职守，勤于政务，树立远大志向，勤勉于事业。可见，《尚书》中出现的"业"在很多场合指的都是政治层面的事业、功业。

《诗经》中关于"业"的记载经常是成双成对出现，即两个"业"字连用，如"戎车既驾，四牡业业。岂敢定居？一月三捷"②"仲山甫出祖，四牡业业。征夫捷捷，每怀靡及"③"赫赫业业，有严天子"④"兢兢业业，孔填不宁，我位孔贬"⑤ 等。

我们可以看出，《诗经》中"业业"包含的意思与《尚书》比较相似，"四牡业业"描写的是战马奔腾的战争景象，"赫赫业业"描述的是天子高大的威仪姿态，"兢兢业业"刻画了君子勤勉认真的工作态度，

---

① 谌中和. 夏商时代的社会与文化 [M]. 兰州：甘肃人民出版社，2006：91.
② 孔子，等. 四书五经精华本 [M]. 夏华，等译. 沈阳：万卷出版社，2016：257.
③ 余东海. 儒家文化实践史（先秦部分）[M]. 北京：中国政法大学出版社，2013：174.
④ 李立成，校注. 国学经典诵读，诗经 [M]. 杭州：浙江教育出版社，2011：281.
⑤ 李立成，校注. 国学经典诵读，诗经 [M]. 杭州：浙江教育出版社，2011：286.

这些都跟政治事业上的功业有着密切的联系。

在古代典籍中，重业色彩比较浓厚的是《周易》，"自强不息"和"厚德载物"的精神直到今天还一直激励着我们不畏艰苦，勇往直前，成为人们成就一番事业的指导思想。《周易》对"事业"进行了界定，《周易·系辞上》提出："化而裁之谓之变，推而行之谓之通，举而措之天下之民，谓之事业。"① 这里讲的"事业"必须具备两个条件：第一，实现变通，所谓"通则变，变则久""功业者，成务定业也，因变而见，即变而通之以尽利也"，"通"即流通、沟通、变通、感通之意，"通变之谓事"就是此意；第二，做到"措之天下之民"，即兴天下之利。在《周易》看来，只有长久地对天下老百姓有利才算是真正的事业，也只有胸怀博大、包容万物、仁爱同胞的贤人才能够取得事业的成功。因此，《周易》提出"崇德广业"的人生价值追求，即"君子进德修业，忠信所以进德也"②"圣人以通天下之志，以定天下之业"③"圣人所以崇德而广业也"④。《周易》实际上打通了道德修养与事业成功之间的逻辑对应关系，人们只有夯实自身的人文德性根基，才能开创出辉煌灿烂的外在事功，即通过社会主体自身努力，追求一种德性化的生活方式开拓事业，以人们自身的德性浸染事业之道德色彩。这一套鲜明的道德文化价值系统，直接成为后世儒家"内圣外王"理念的价值依据。

但是，《周易》追求德性化的事业并不意味着直接否定事功层面，《周易·系辞上》提出"富有之谓大业。日新之谓盛德"⑤ 的观点，富裕的生活是成就社会大业的必备条件，只有以崇德的方式获取社会财富、

① 朱清国.周易本义［M］.长沙：湖南大学出版社，2015：258.
② 王问靖.论语箴言书法赏析［M］.太原：山西教育出版社，1999：35.
③ 周远程.大成管理哲学与《〈老子〉今说》——文史哲管会通实践［M］.北京：中国言实出版社，2010：148.
④ 孔子，等.四书五经精华本［M］.夏华，等译.沈阳：万卷出版社，2016：194.
⑤ 兰甲云.周易古礼研究［M］.长沙：湖南大学出版社，2008：15.

拓展事业，才能"无咎"。

《周易》的"德业"观对后世产生的影响非常深刻，儒家学派更将它作为职业追求的价值依据。儒家创始人孔子虽然没有过多谈论"业"的问题，但他从道德的高度对从业人员提出了规范和要求，如"为政以德""君子喻于义""仁者爱人"等。《孟子》对"业"的问题讨论也并不多，只在《孟子·梁惠王下》提出："君子创业垂统，为可继也。若夫成功，则天也。"① 荀子则对"业"进行了比较多的思考，出现频率最多的一个词是"事业"，如"孝弟原悫，軥录疾力，以敦比其事业，而不敢怠傲"②"事业所恶也，功利所好也，职业无分"③"与百姓均事业，齐功劳"④"百亩一守，事业穷，无所移之也"⑤ 等。

在中国传统文化中，"业"最特殊的地方在于其作为宗教术语出现于佛教典籍。"业"的梵文为"Karma"，音为"羯磨"，是印度文化中一个基本的哲学、道德和宗教概念，后作为佛教用语在中国文化中被广泛使用，并成为对中国文化影响深远的宗教用语。关于"业"的实际内涵，在佛教理论中围绕"业"建构起了一套包括"业力""业因""业果"的业报轮回理论。一般来说，人的一切思想行为都可称为"业"，"业"作为与人密切的东西如影相随，并时刻对人自身产生作用力，善的业产生善报，恶的业产生恶报。因此，业累、业云、业道、业债、业障、业种、业尘、业影等用语在佛教典籍中经常出现，成为一种兼具警醒和忏悔意义的宗教用语。具有宗教意义的"业"与所探讨的"敬业"

---

① 余东海. 儒家文化实践史（先秦部分）［M］. 北京：中国政法大学出版社，2013：104.

② 张岱年. 中国哲学大辞典［M］. 上海：上海辞书出版社，2014：113.

③ 张文治. 国学治要·集部子部［M］. 北京：北京理工大学出版社，2014：709.

④ 吴钊，伊鸿书，赵宽仁，古宗智，吉联抗编. 中国古代乐论选辑［M］. 北京：人民音乐出版社，2011：29.

⑤ 章诗同. 荀子简注［M］. 上海：上海人民出版社，1974：113.

并没有多大联系，这里只是想强调它在中国传统文化中的地位和影响。"业"作为宗教用语一般只局限在宗教活动领域内，如"敬业"。

在古代社会，"业"开始较多使用于政治上的"功业""大业"，后来也经常使用于臣下的事业以及老百姓的普通事业，现代意义上的"事业""职业"等词汇也频繁出现在古典文献中。因此，"业"在中国古代社会是一个广泛使用的汉字，就词义解释而言，古代的用法与今天的用法没有根本区别，反而很多地方是相通的。在中国传统文化中，"业"的一个重要特点是强调"德业"，即肯定道德修养是事业成功、长久的前提条件。古代社会在对"业""事业""职业"进行阐述的时候已经内在地包含了其存在的道德内涵，敬业、德业、爱业也就自然成为传统文化中"业"的应有之义。

3. 中国传统文化中的"敬业"

通过拆字的方法将"敬"和"业"分别放到中国传统文化的格局中进行解读，为我们更深刻理解"敬业"打开了一个更为广阔的认知窗口。与此同时，我们更应该考察中国典籍到底有没有"敬业"这个词，或者有没有与之相近的词汇，并检验这些词汇与上面所说的"敬""业"是否意思相同或存在一定的关联，这是我们研究传统文化应该做的工作。除了"敬业"这一提法之外，"敬位""敬事""敬职"等词汇都有一定的关联，我们也要进行一定的追踪。

（1）敬位。《尚书·皋陶谟》提醒我们要"敬哉有土"。"有土"一般指古代帝王册封的土地，即"有位"，表示要以恭敬之心去履行好自己的职务。在儒家伦理思想中对敬位意识非常强调，敬位意识通过德位之辩而得以体现。"敬位意识"要求不管你处于任何职位或从事任何职业，都应该敬重、遵守这个职位或职业所应该具备的道德行为规范。

（2）敬事。《逸周书·谥法解》最早提出"敬事"，要求人们"敬事供上曰恭"。孔子在《论语》中强调，"道千乘之国，敬事而信，节用而爱人，使民以时"①"事君。敬其事而后其食"②。朱熹认为"敬事而信者，敬其事而信于民也"③。可见，"敬事"主要是对臣子提出的道德要求，不管是"上奉君主"，还是"下事百姓"，都要勤勤恳恳、兢兢业业，不能三心二意、得过且过。

（3）敬职。忠于职守，认真履职，见于马融《忠经·观风》："夫如是则天下敬职，万邦以宁。"④"敬职"要求所有担任领导职务的人，都要恭恭敬敬地履行职责，不能荒废职守，只有如此，国家才会得到安宁。

总之，中华传统文化中关于"敬业"一词的记载虽然不多，但通过拆字析义、寻找关联等方式进行研究分析，就会发现"敬""业"二字的使用内在地包含了"敬业"的要求，通过字词意义可以简单勾勒出中国古代"敬业"的整体群像。在中国古代社会，"敬"是一种待人接物的文化价值，也是在社会上立足的重要道德要求，它要求行为主体以恭敬之心对待自身以及周围的一切事物；"业"在古代社会更多是作为一种道德事业（德业），人们始终相信不管是国家大业、人生功业，还是具体事业，只有坚持德性，才能够持久。

在中国传统文化中，一旦谈论"敬""业"的问题，就会涉及诚心待业（敬业）的内涵，而且这种内涵与古代"敬业"一词，以及与之有关联的敬位、敬事、敬职等词语，内涵融会贯通、相互补充，共同构成了中国传统社会"敬业"的价值体系。

研究中国传统"敬业"不能仅仅局限于文字上的对应关系，而应该放在更加丰富的文化意义上来进行解读，即分析思考古代社会生活中形

---

① 韩军，郑欣欣．大学语文［M］．武汉：武汉大学出版社，2013：50.
② 周金声，注译．论语对译与新解［M］．北京：华文出版社．2014：162.
③ 卿小平．大学语文：上［M］．北京：中国广播电视出版社，2007：157.
④ 雷学华．忠——忠君思想的历史考察［M］．南宁：广西人民出版社，1996：123.

成的关于从业人员的道德原则和行为规范。

（二）把握传统"敬业"要求，追求精益求精境界

中国传统"敬业"范围宽广、内容丰富，涉及从政、经商、教书、从医等各个道德领域，从具体思想内涵来说，可以表现为尽心尽责、诚信无欺、精益求精三方面：

1. 尽职尽责

尽职尽责就是竭尽全力完成自己的职责，做好本职工作，从业者除了要具有良好的专业素质、业务能力以外，更需要忠于职守、尽职尽责。在中国传统社会中，尽职尽责在职业生涯中尤为重要，并形成了严格而丰富的思想文化要义，包括勤于本职、尽心竭力两方面的要求。

（1）勤于本职。从传统文化中得知，职业活动最基本的要求就是立足本职，勤勤恳恳做好工作，不能偷懒，不能懈怠。这主要表现在以下两方面：

第一，辛勤劳动是事业发展的根本保障。《尚书·周书》提出："功崇惟志，业广惟勤。"《左传·宣公十二年》也提道："民生在勤，勤则不匮。"[①]《墨子·非乐上》也强调："赖其力者生，不赖其力者不生。"[②]只有努力工作、辛勤劳动，才能不断开拓事业、建功立业。古代社会还流传着许多反映勤劳美德的故事，如车胤"囊萤照书"、王育"折蒲学书"、匡衡"凿壁偷光"等，这些都是我国古代人积极上进、刻苦用功、励志精神的经典事例。

第二，懒惰是事业发展的绊脚石。在古代圣贤看来，懒惰既是消磨人意志的敌人，也是阻碍人生事业发展的绊脚石。《国语·鲁语》从人之意念角度说明了勤劳的作用："夫民劳则思，思则善心生。逸则淫，

---

① 张彦. 陶诗今说 [M]. 天津：天津人民出版社，2011：24.
② 胡星斗. 中国古典式管理 [M]. 杭州：浙江人民出版社，2008：118.

淫则忘善，忘善则恶心生。"① 老百姓亲身参加了劳动就会因劳累而考虑节俭律己，如果经常去想想这些问题，心地就会更加善良；无所事事就会行为放肆，一旦放肆，就会忘掉善良的品德，善良的品性失去后就会滋生作恶之心。历代贤人志士经常以勤劳勉励自己，以懒惰警醒自己。"历览前贤国与家，成由勤俭破由奢"② "业精于勤荒于嬉，行成于思毁于随"③，这些脍炙人口的名言警句包含着深刻的道理，引人深思。

（2）尽心竭力。尽心竭力指费尽心思、不留余力、全身心地投入工作中，这是一种高尚的职业境界。在古代思想家看来，虽然职业有不同分工，工作有不同岗位，但不管在哪个岗位都应该遵循尽心竭力的道德原则。虽然"尽心"在不同领域有不同的表现形式，但在态度要求上是一致的。

"尽心"在政治领域表现则更加突出，传统"敬业"要求以"忠"的态度去对待职业。"忠"即忠诚，是对待职业的一种真诚而认真的态度。在中国几千年的传统道德中，"忠"的敬业精神一以贯之，"忠于职守"就是这个道理。在传统社会，"忠"首先是一个政治伦理概念，即作为政府官吏要忠诚于立足生存的国家，忠诚于食之俸禄的皇帝。《论语》讲"忠"更多是针对政治来讲的，如"居之无倦，行之以忠"④ "居处恭，执事敬，与人忠。虽是夷狄，不可弃也"⑤ 以及曾子"吾日三省吾身"，其中摆在第一条的就是"为人谋而不忠乎"。但是，"忠"后来也演变成为具有更加广泛意义的范畴。就职业道德内涵而言，"忠"要求从业者以真实无欺的态度对待自己从事的职业。除此之外，士、农、

① 蒋伯潜. 蒋伯潜四书读本 [M]. 长春：吉林人民出版社，2012：628.
② 杨政民. 中国古代廉洁励志诗歌选 [M]. 郑州：河南人民出版社，2013：67.
③ 张占良. 古代散文精品阅读（初中卷）[M]. 沈阳：辽宁教育出版社，2002：123.
④ 上海辞书出版社专科辞典编纂出版中心. 孔孟名篇鉴赏辞典 [M]. 上海：上海辞书出版社，2016：56.
⑤ 林定川. 孔子语录 [M]. 杭州：浙江工商大学出版社，2015：18.

工、商、官、兵都要尽心竭力，各尽其职，各守其责。

2. 诚信无欺

从字面上理解，"诚"就是真实、不欺骗，既不自欺，也不欺人；"信"就是讲信誉，遵守约定，言必信，行必果，一言九鼎，一诺千金。诚信既是传统文化中极为重要的做人应该坚守的原则和底线，也是职业活动中重要的道德品质和道德规范，在各行各业都有体现，特别是在商业活动中尤为突出，诚信的职业内涵就是货真价实、诚实不欺，遵守契约、有诺必承。

（1）货真价实、诚实不欺。自古以来，"货真价实""诚实不欺"就是商家用来招揽生意的商业用语，意为价钱实实在在，代表着一种诚实守信的职业道德和职业态度。孔子曾经说过："富而可求也，虽执鞭之士，吾亦为之。如不可求，从吾所好。"① 在古代社会，诚信经营的商人被称为"诚贾""良贾"。管子说："非诚贾不得食于贾。"② 荀子也提出："商贾敦悫无诈，则商旅安，货财通，而国求给矣。"③ 诚信是经商的重要法则。不讲诚信就不能从事商业活动，诚信可促使商业兴旺。具体来说，就是要货真价实，言不二价，童叟无欺。中国古代有一些流传很广的谚语，如"诚招天下客，信聚八方商""忠诚不蚀本，刻薄不赚钱"等，这些谚语不仅体现了古代商业活动的基本道德要求，而且还是他们取得事业成功的宝贵经验，又是人们对他们的赞颂，历来被从事经商活动的人们所学习效仿。

（2）遵守契约、有诺必承。诚实守信还表现为：在商品交换过程中要遵守协议、有诺必承。中华传统商业一直把"守信"看作"商业生

---

① 张伯谈. 孔子的梦与中国历史［M］. 上海：同济大学出版社，2014：57.
② （春秋）管仲著，杨靖，李昆仑编. 管子［M］. 兰州：敦煌文艺出版社，2015：57.
③ 于景文，周文翠，李隆峰. 大学生信用教育读本［M］. 哈尔滨：东北林业大学出版社，2006：161.

命""商业之魂",一直笃信"一诺千金""言出必行""可终身而守约,不可斯须而失信"① "有所许诺,纤毫必偿,有所期约,时刻不易"②。这包括对服务对象的信守承诺、对合作伙伴的信守承诺和遵守契约关系三方面的要求。

第一,对服务对象要信守承诺。孔子说过"人而无信,不知其可也""民无信不立""道千乘之国,敬事而信"③。站在孔子的高度上理解,如果要治理好一个国家,就必须恪守政治信用。子夏也强调"君子信而后劳其民,未信则以为厉己也;信而后谏,未信则以为谤己也"④。信也是选贤、进谏等政治活动应该遵守的原则。古代有讲信誉的故事,如商鞅担任秦孝公的大臣后,极力主张变法。为了在百姓心目中树立形象,便在国都南门树一根三丈高的木头,并承诺有老百姓把此木头搬到北门,便给予十金。一开始没有人敢搬这根木头,之后商鞅又承诺能搬者给予五十金。有个大胆的人把木头搬走了,商鞅随即给了他五十金,表明诚信不欺。这种做法终于使老百姓确信新法是可以相信的,从而也使新法顺利地推行实施了。在商业领域,诚信美德作为商业准则,要求从业者遵守质量信用、价格信用以及度量衡信用。

第二,对合作伙伴要信守承诺。诚信不仅体现在对服务对象的承诺,而且体现在对合作伙伴的相互信任,即相信合作伙伴能够"以心换心,将心比心",你以诚信待人,他人以诚信回报,形成一种相互信任的和谐关系。明代中期的商业活动非常流行"伙计"制度,"伙计"制度可以说是对合作伙伴高度信任的体现,即出资者聘任一些声誉好、值得信

---

① 唐凯麟,张怀承.成人与成圣——儒家伦理道德精粹 [M].长沙:湖南大学出版社,1999:302.
② 朱明勋.中国家训史论稿 [M].成都:四川出版集团巴蜀书社,2008:261.
③ 龙昭雄.论语与现代生活:下 [M].南宁:广西人民出版社,2009:59.
④ 张松辉,周晓露.《论语》《孟子》疑义研究 [M].长沙:湖南大学出版社,2006:168.

赖、懂得经营业务的人来管理企业，负责企业运营，这些人不需要出资却可以参与红利分配。事实证明，这些"伙计"往往非常卖力，值得信任，并在当时影响很大。

第三，要遵守契约关系。诚信既体现在对服务对象、合作伙伴上，也体现在对契约关系的遵守、维护上，主要指信用借贷方面的诚实守信，即"赊须诚实，约议还期，切莫食言"①。为了信守承诺，有的经销商甚至不惜亏损也要保全信誉，这足以说明信誉在合作过程中至高无上。

3. 精益求精

精益求精指一件事情本来已经做得不错了，却还要更加追求完美，还要求更好。精益求精是尽职尽责的应有之义，只有不断学习知识，掌握高超的工作技能，才能出色地做好本职工作，表现出了对工作、对事业追求的理想状态。

（1）技艺精湛、广搜博取。在中国古代社会，人们不仅对职业道德修养予以重视，而且也高度重视职业技能的提高。儒家提倡既要"志于道，据于德，依于仁"，也要"游于艺"。关于职业技能，无论在哪个行业、哪个岗位，都要强调一个"精"字，只有具备精湛的技术手段，才能更好地完成本职工作。

对待职业精益求精的另一个表现就是要打开眼界，既要掌握精湛的技艺，也要善于向别人学习，获取广博知识，拓宽能力视野。

（2）刻苦钻研、孜孜不倦。自强不息是中华民族的精神特质，精益求精是自强不息的进取精神在职业活动的体现，具体表现为刻苦钻研、孜孜不倦，是敬业思想的集中体现。孔子的观点体现了敬业精神，如"工欲善其事，必先利其器"②"学而不厌，诲人不倦""发愤忘食，乐

① 王长金. 传统家训思想通论 [M]. 长春：吉林人民出版社，2005：243.
② 山东师范学院中文系《现代汉语成语词典》编写组. 书报引用古诗文浅释 [M]. 西安：陕西人民出版社，1975：33.

以忘忧，不知老之将至"①"朝闻道，夕死可矣"，这些都是孜孜不倦探索精神的真实体现。荀子也比较重视不断学习、精益求精的精神，如"学不可以已。青，取之于蓝，而青于蓝；冰，水为之，而寒于水"②。

只有具备不断学习、终身学习的精神品质，才能不断更新知识、创新进取。只有把自己的理想和追求都放在事业上，具备高度的敬业精神，才能在职业活动中完善自身，取得事业上的成就。这种高尚的敬业精神将技艺提到了"道"的高度，所谓"技可进乎道，艺可通乎神"，技艺达到炉火纯青的程度，就能与道合一，从而达到妙不可测的完美境界。敬业精神需要循序渐进，持之以恒，欲速则不达，需要有"绣花"的功夫和积土成山、水滴石穿的毅力，最终才能到达成功的彼岸。

（三）把握传统"敬业"特征，培养职业责任担当

通过对中国传统"敬业"精神内涵的分析，对其思想价值的梳理，基本上勾勒出了中国传统"敬业"的轮廓。在此基础之上，我们将进一步分析"敬业"精神内涵表现出来的德业双修的人本关怀、业以载道的重义追求、业以济世的社会理想等特征。

1. 德业双修的人本关怀

德业双修的人本关怀是中国传统"敬业"表现出来的第一个重要特征。"德业双修"是指职业与道德、职业生活与个人修养之间举头并进和有机统一。以儒家为代表的中华传统文化历来讲究德性修行，在崇德文化的氛围下形成了中华民族在职业观方面表现出来的崇尚道德的特色，传统敬业观就充分体现了这一点。

德业双修要求职业与道德、职业生活与个人道德修养的高度统一。

---

① 李毓芙，武殿勋. 成语典故文选：上［M］. 济南：山东人民出版社，1980：101.

② 梁文娟，史言喜，张香竹. 中华经典名篇选编［M］. 郑州：河南社会科学出版社，2013：211.

通对"敬业"内涵的解读，我们知道传统社会"敬业"是由"敬"和"业"的意义组合而成的，即在传统文化中具有重要地位的敬文化熏染下形成的词汇意义。其实，"敬"是一个道德修养意义内涵丰富的字眼，"业"则是一般职业、事业的统称，"敬业"内在地包含了职业生活与个人道德修养协调发展的要求。对中国传统"敬业"思想内涵的总结分析，印证了"敬业"是传统道德修养的重要内容，一个人只有道德高尚，才有可能取得事业的成功和长久；相反，道德品质低下则是自毁事业，或者说"有事无业"。传统"敬业"是以人的理念、行动为中心建构起来的一套完整的职业规范和职业操守，它充分肯定了职业活动在个人生存发展中的重要性，要求从业人员将职业教育与人格培养结合起来，使自己真正融入职业生涯中，从中获取生活乐趣，总结生活真谛，体现生命价值，这就是人们讲的"成业"。

因此，"德业双修"的思想观点中包含着职业生活中"以人为本"的道德关怀。当然，这里讲的"以人为本"与现代意义上的"以人为本"不同，这是中国传统社会"爱人""仁爱"等思想在职业领域的集中表现。传统文化中"爱人""仁爱"思想在职业道德修养过程中得到了落实，传统"敬业"将"爱人"作为立业的初心，要求在职业活动中贯穿"仁爱"精神，体现了"德业双修"的精神。

在政治生活中，中国古代统治者和思想家对"民"的作用很早就予以了关注，"民惟邦本，本固邦宁"就表达了"民"的重要性。孔子提出了"仁者，爱人""节用而爱人，使民以时""泛爱众而亲人"的观点；孟子也主张"民为贵，社稷次之，君为轻"①；荀子积极倡导减赋税、不误农时、开源节流等做法；南宋思想家、理学家朱熹认为要"养民为本""爱养民力"。

---

① 吴迎君.《孟子》名句［M］.成都：四川出版集团天地出版社，2009：130.

在教育活动中对"敬业"方面要求则更高，教师要做到以身作则，为人师表，学而不厌，诲人不倦，因材施教，循序渐进，为学生传道、授业、解惑。

在医学领域中，医生应牢记"人命至重，有贵千金"，始终心存仁爱，济世救人，严肃认真，一丝不苟，医术高明，"上以疗君亲之疾，下以救贫贱之厄"，以济世救人为尚。

在商业活动中，商人应公平交易，合法经营，货真价实，诚实无欺，讲求信誉。

总之，不管从事哪个行业，"敬业"都要求我们从服务对象的角度多考虑，从服务对象的具体实际和生活需要出发，这既是对从业者道德修养的要求，也是人本思想在职业领域的具体体现。

2. 业以载道的重义追求

中国传统要求从业人员重仁义，去私利，通过符合道德规范的手段去获取自身利益，不能通过不正当的手段获取不义之财，要以义致利，不能以利害义。

（1）不能以利害义。孔子提出"富而可求也，虽执鞭之士，吾亦为之；如不可求，从吾所好"① "不义而富且贵，于我如浮云"② 的观点。长期以来，中国社会积极提倡"重仁义""去贪欲"的道德要求，职业活动更是如此。中国传统"敬业"要求诚实无欺，通过合法合规手段经营获利，通过勤劳致富、智慧致富、信誉致富，不能以利害义，并要求从业者做到"君子爱财，取之有道""取财有义，用财有礼"，不得通过歪门邪道牟取暴利，对道德规范要有敬畏之心。

（2）注重以义致利。中国传统"敬业"强调的"重义"，既要求"不能以利害义"，也强调"以义致利"。所谓"义者，宜也"，"敬业"

---

① 薛振东. 人生百题：论语今读 [M]. 上海：上海人民出版社，2015：136.
② 叶燕芬. 蕺山书院国学读本·高段 [M]. 宁波：宁波出版社，2015：26.

要求从业人员要兢兢业业、恪守道义。这不是说要完全放弃自身的利益，而是提倡用合理的、适宜的方式获得自身的利益，养成良好的职业习惯和职业风气。中国古代社会的儒商在长期的商业活动中梳理出"义"和"利"是一对和谐共生的关系，二者相互融合、相互促进。因此，许多古代商人将"义利之道"视为商业成功的一大法宝，"用儒意以通积贮之理"。这既构成了中国传统商业文化中的鲜明特色，也成了中国传统"敬业"的一大特点。

3. 业以济世的社会理想

中国传统"敬业"并不是简单地强调职业道德和职业修养问题，而是将"敬业"放到群己关系的大范畴内统筹考量，所以"敬业"与"乐群"往往联合起来使用。"敬业乐群"是中国传统社会群己之辩在职业领域的缩影。群己关系的核心精神是"能群者存、爱群利群"，《荀子·富国》提出"力不若牛，走不若马，而牛马为用，何也？曰：人能群，彼不能群也"① 的观点。社会群体是个体生存的基本前提，离开社会群体个体就无法生存，更谈不上发展。因此，生存于社会群体之中的个体要"爱群""利群""乐群"，自觉承担起维护群体利益的社会责任。在此基础上，中国传统文化还特别强调要"爱人""济众""济世"，所谓"己欲立而立人，己欲达而达人"，进一步引申出了"心系天下"的情怀，就像宋朝理学家张载的"为天地立志，为生民立道，为往圣继绝学，为万世开太平"② 的那份自觉与担当，就像宋儒范仲淹在《岳阳楼记》中让人为之震撼的"先天下之忧而忧，后天下之乐而乐"的爱国奉献精神。具体来讲，业以济世的社会理想表现为"乐善好施""为富而

---

① 陈光连. 知识与德性：荀子"知性"道德哲学研究 [M]. 南京：东南大学出版社，2014：270.

② 吴超. 20部必读的修身处世经典 [M]. 北京：北京工业大学出版社，2006：48.

仁"的价值取向。《礼记·大学》提出："仁者以财发身，不仁者以身发财。"① 即仁德的人以促进自身发展、社会的发展为目的，以生财为手段，从而达到"立德、立功、立言"的道德境界。不仁德的人则以自己的生命、人格、尊严为手段，以赚钱享受为目的，挥霍金钱，小富即安。其实，"以财发身"就是"乐善好施""为富而仁"的精准表达，中国古代的很多商人富裕发达后能够效睦亲邻，疏财济世，回馈社会。

总而言之，中国传统"敬业"以"业"为载体，彰显人本关怀、重义追求、业以济世等道德内涵，或者说彰显了这些道德价值在职业领域的特殊意义。德业双修的人本关怀，既突出了人在"敬业"中的主体价值，又表达了对人之生存与生活的仁爱关怀。业以载道的重义追求，重点强化了职业活动与重义追求二者不可分离的逻辑关系，倡导职业生活中的道义精神。业以济世的社会理想，主要是把职业生活放到群己关系的范畴内进行解读，强调个人职业活动的社会责任、担当精神以及社会价值。

五、诚信精神

诚信是中华民族的传统美德，国人身体力行、代代相传。诚信是做人的基本要求，是衡量一个人道德修养水平高低的重要标准。中国传统诚信经过古代思想家的思维辨析，逐渐从一种行为方式上升为一种道德要求，然后去规范人们的社会行为，从而放射出润泽后世的理论光芒。

（一）寻找诚信文化源头，把握诚信思想本意

在中国，"诚"与"信"作为重要的伦理规范和道德标准，在很早的时候也是分开使用的。一切事物都有其发展源头，"诚"与"信"两

---

① 裴治国，刘恩化，王恒才，等. 中国古籍二百种提要［M］. 长春：吉林人民出版社，1991：4.

者之间有着深厚的文化渊源。

从先秦典籍中可知，尧舜时代还没有使用"诚"字，《尚书·商书·太甲下》中伊尹再三告诫太甲，才使用"诚"字。据《尚书·商书·太甲下》记载："鬼神无常享，享于克诚。"① 即鬼神没有经常享食，只享受那些拥有虔诚之心人的祭祀，"诚"主要是指对鬼神的笃信、虔诚。当时其他经书对"诚"字没有过多的讨论。

"信"的基本含义是诚实，不欺不诈。在孔子之前"信"就已经使用并广泛传播了，本意与语言和心有关。最初是指人们祭祀时对上天和先祖的诚实、不欺骗，后来逐渐摆脱了宗教的色彩，经儒家的推广成为待人真诚、恪守诺言的社会道德规范和要求。

（二）理清诚信思想脉络，丰富诚信思想内涵

诚信是社会最基本的道德准则和道德要求。在数千年的社会发展中，我国社会形成了在道德层面上的一些共识：人无信不立、国无信不稳、社会无信不和。诚信最早起源于对鬼神的崇拜和畏惧，后来先秦诸子时期、唐宋明清时期的思想家都对"诚信"观赋予了时代特色，在内涵和要求上进行了丰富和发展。

1. 诚信的原初形态

诚信的最初形态是盟誓。"盟誓"二字可以拆分解读。"盟"在甲骨文和金文中可见，据此能够推断，盟起源于原始部落时期。《释名·释言语》记载："盟，杀牲歃血，朱盘玉敦，以立牛耳。"② 当时部落之间为了确保能够履行约定，歃血为凭，请神灵来见证，不得反悔。"誓"多见于西周铭文。据《礼记·曲礼》记载："约信曰誓。"《说文解字》提出："誓，约束也。"可见，誓的本意是以语言的力量对人形成约束，

① 李民，王健. 尚书译注 [M]. 上海：上海古籍出版社，2012：105.
② 田兆元. 盟誓史 [M]. 天津：天津古籍出版社，上海：上海文艺出版社，2000：1.

164

掷地有声，确保誓言的实施。盟誓，即依靠神灵的力量保证誓言的实现，一旦背弃誓言，必定会受到神灵的诅咒和惩罚，可谓"立地三尺有神灵"。

随着人类对自然界及自身认知能力的不断提高，人的自我意识开始觉醒，逐渐将神灵从至高无上的神坛上拉下来，不再像从前那样盲目相信天命。这种变化也在人们对社会关系的处理上得到新的体现，人们将关注的重点从依靠神的保护和庇佑转移到关注人的人性和人格上，"盟誓"开始向"诚信"过渡。

其实，中国古代还有另外一种达成约定的方式，即"胥命"。《春秋左传集解》中记载："申约，言以相命而不歃血也。"① 双方不一定要通过歃血才可以形成一种约定，这种约定是建立在信义之上的口头承诺。胥命使人们之间的交往不再完全依靠鬼神这种超自然的力量，而是将重心放在了自身可以把控的人的信义和人格上。《荀子》《春秋》《诗经》等都赞同"胥命"的形式，认为不能积极提倡借助鬼神之力的盟誓。这既是人格对神权的反抗，也是人类历史上的一次大进步，中国传统的诚信观念突破了神性对人的束缚，让人更加关注自身的发展。

2. 先秦诸子时期的诚信观

对于诚信，人们一开始并没有形成固定的思想观念，而是以原始宗教式诚信的质朴形态存在。随着时间的推移、文化的积淀和人们自我意识的觉醒，诚信逐渐被先秦诸子百家改造成了一套具有说服力和教化价值的理论体系。对儒家、法家和道家的诚信观进行剖析，可以窥见先秦时期诚信思想的全貌。

（1）儒家的诚信观。儒学在中国封建社会一直占据着主流和统治地位，其源远流长，影响深远，直到今天仍然对我们的价值观念和行为方

---

① 田兆元. 盟誓史［M］. 天津：天津古籍出版社，上海：上海文艺出版社，2000：8.

式有着深刻的影响。儒家思想的核心是伦理，而作为伦理道德的重要组成部分的诚信必然会受到古代思想家们的重视。孔子提出"民无信不立"的思想，孟子提出了"诚者，天之道也；思诚者，人之道也"①的观点，荀子也有"信信，信也；疑疑，亦信也"②的思想。作为儒家的代表人物，孔子、孟子、荀子分别从其各自的时代背景和价值预设出发，对诚信的概念进行了梳理、研究和阐发。

作为儒家学派的创始人，孔子对"信"高度重视。《论语》中涉及"信"的阐释多达36处，关于"信"的论述大大丰富和深化了"信"的内涵。《论语》中诚信的含义大致有两方面：一是诚实不欺，二是守信践诺。关于第一方面，孔子认为君王应该"多信而寡貌，其礼可守，言可覆，其迹可履。其于信也，如四时春秋冬夏"③。即君王应该诚实守信而不能做表面文章，只有这样才能，取得民众如四季流转和万物枯荣般自然而然的信任。关于第二方面，孔子认为君子应该"言之必可行也。君子于其言，无所苟而已矣"④。这对诚信提出了两个层面上的要求：第一，许诺过的事情必须是能做的，不能逞口舌之快而不考虑实际情况；第二，一旦许诺，无论出现怎样的情况都应该信守承诺，力求承诺的兑现。

孔子提出"仁、义、礼"的观点，孟子将其进一步丰富，延伸为"仁、义、礼、智"，此时"信"虽然还没有位列儒家五常之一，但已经出现了新的发展。第一，孟子将"信"纳入了"五伦"之中。"五伦"即五种人伦关系准则，具体包括"父子有亲，君臣有义，夫妇有别，长

---

① 王其俊.中国孟学史［M］.济南：山东教育出版社，2012：103.
② 张觉.荀子译注［M］.上海：上海古籍出版社，2012：58.
③ 临沂市政协文史与学习委员会，平邑县政协文史资料委员会.宗圣曾子［M］.济南：齐鲁书社，2000：371.
④ 郭丹.先秦两汉文论全编［M］.上海：上海远东出版社，2012：120.

幼有序，朋友有信"①。第二，孟子明确了"惟义所在"的诚信思想原则。在孟子以前，诚信作为一种道德规范还没有明确的评价标准，而孟子提出的"言不必信，行不必果，惟义所在"思想，把"义"作为评价是否诚信的标准。第三，孟子强调了"信"的政治功能。他提出如果国家的社会成员都能形成"孝悌忠信"的思想观念，那么国家就会无比强大；反之，如果社会成员都缺乏诚信观念，不讲诚信，那么国家就会前景堪忧。正如孟子说的："朝不信道，工不信度，君子犯义，小人犯刑，国之所存者，幸也。"②

荀子将对诚信的探讨放到"群"的话语体系内，即主要研究社会共同体和人际关系中的诚信观念。第一，荀子与孔子、孟子所坚持的"性善论"是有区别的。荀子提出"性恶论"，这就要求他必须处理好"嫉妒"与"诚信"的关系，并提出了"世之灾，妒贤能"的观点，认为嫉妒就是不诚信的表现。不论是贵为天子的君主，还是朝堂之上的官员，在追逐名利的官场中，如果为了战胜对手不择手段，"不恤是非，然不然之情，以期胜人为意"③，那么他也只是一个嫉贤妒能的小人。拿国君来说，荀子将"妒贤能"的国君称为"暗主"，甚至把夏朝和周朝灭亡的主要原因归结于暗主的嫉妒。"闇（同'暗'）主妒贤畏能而灭其功，罚其忠，赏其贼，夫是之谓至暗，桀纣所以灭也。"④ 他认为正是国君的嫉妒导致了决策出问题、人才流失、佞臣当道，最终导致国运衰微、亡国亡家。为了不重蹈覆辙，荀子提出君主应该虚怀若谷，如此一来臣子才能淡泊名利。第一，荀子将"智"与"诚信"密切联系，他认为"信

---

① 郭丹. 先秦两汉文论全编 [M]. 上海：上海远东出版社，2012：120.
② 孔子，等. 四书五经精华本 [M]. 夏华，等译. 沈阳：万卷出版公司，2016：61.
③ 丁玉柱，牛玉芬.《世说新语》的国学密码解析 [M]. 青岛：中国海洋大学出版社，2012：335.
④ 刘学斌. 应为何臣，臣应何为——春秋战国时期的臣道思想 [M]. 天津：天津人民出版社，2014：176.

信，信也；疑疑，亦信也"①，君子应该信任可信之人，怀疑可疑之人，他将诚信与基于智慧的判别能力联系在一起。第三，荀子以前人的理论为依据，深入探讨了"礼"与"诚信"的关系认为礼是客观世界和人类情感的真实反映，因而"信"是"礼"的一部分，将诚信内化为君子的道德品质便成为"礼"的一个重要目标。

（2）法家的诚信观。在百家争鸣的战国时期，法家作为一个重要的思想流派傲立其中，其主要思想是"不别亲疏，不殊贵贱，一断于法"。在诚信思想发展方面，法家做出了三方面的贡献：一是在深刻分析人性好利的基础上对诚信观念的价值和意义进行了新的阐述；二是将诚信成功打造为一套具有约束效力的管理工具；三是强调了诚信的政治意义，即"法治国"。

法家的代表人物是商鞅和韩非子。以韩非子为例，他的全部思想都是以"人性好利"为基础，其诚信观也是如此。韩非子认为人"以肠胃为根本，不食则不能活，是以不免于欲利之心"②，因此，父子、君臣以及其他种种社会关系都是以利为起点，追求个人的利益。接着，韩非子又提出了"人不可信"的观点，认为唯一值得相信的就是法律。"矫上之失，诘下之邪，治乱决缪，绌羡齐非，一民之轨，莫如法。厉官威民，退淫殆，止诈伪，莫如刑。"③ 韩非子所强调的"信"是以严明的法律为基础的，在他看来，"信"就是君主统治的一个工具。

韩非子提出诚信理念的目的主要是为了巩固君主的封建统治服务，还没有上升到伦理思想的高度，但是他推崇的法律信用对后世影响深远，具有重要的启迪和借鉴作用。

（3）道家的诚信观。人们常将老子和庄子合称为"老庄"，作为道

---

① 张觉. 荀子译注 ［M］. 上海：上海古籍出版社，2012：58.
② 詹瑜. 周秦伦理文化及其现代启示 ［M］. 西安：陕西人民出版社，2007：238.
③ 王宏斌. 慧通韩非子 ［M］. 北京：九州出版社，2007：167.

家的代表人物，"老庄"对于诚信观念是持批判和否定态度的。道家的创始人老子生活在春秋末期，此时礼崩乐坏，各国之间战争不断，他认为正是"仁义礼智信"等人为强加的道德规范对人的自由、天性的压抑和束缚，导致了物极必反，从而造成了人心不稳、社会混沌不堪的局面。老子提出："大道废，有仁义；智慧出，有大伪；六亲不和，有孝慈；国家昏乱，有忠臣。"①中国文化从上古走来形成了一个道，道衰微了，人们才会提倡仁义道德，结果越强调反而越糟糕。知识也是这样，教育越发展，学问越普及，人类社会就会越阴险，作奸犯科的事也就越多、越难管理。在家庭中，父母、兄弟、夫妇所谓"六亲"，相互之间出现了矛盾、冲突，才会看得出哪个孝，哪个不孝。历史上出现的忠臣义士也是如此。那些流传的忠臣事迹，无不发生在历史混乱、生灵涂炭的悲惨时代，忠臣义士出现并非好事，因为这往往反映了老百姓正生活在水深火热之中。在老子那里，诚信价值的强调则意味着社会的道德生态遭受了破坏。

　　作为道家学派的集大成者，庄子发展了老子"返璞归真"的道德理论，认为"礼者，世俗之所为也；真者，所以受于天也，自然不可易也。故圣人法天贵真，不拘于俗。愚者反此"②。庄子甚至把枪口指向了三皇五帝等历代贤君，认为道德沦丧的主要原因就在于他们对伦理道德的提倡，"昔者黄帝始以仁义撄人之心，尧舜于是乎股无胈，胫无毛，以养天下之形，愁其五藏以为仁义，矜其血气以规法度"③。人们因为有了分别之心，形成了仁与不仁的概念差别，才会出现阳奉阴违、口是心非等不诚信行为。这其中包含着"天人合一"的哲学思想，并不仅限于

---

①　王文明．老子心声［M］．北京：九州出版社，2012：84.

②　庄子．庄子［M］．长春：吉林出版集团有限责任公司，2015：154.

③　上海辞书出版社专科辞典编纂出版中心．老庄名篇鉴赏辞典［M］．上海：上海辞书出版社，2016：258.

政治或伦理层面。

从政治层面分析，道家思想与法家思想浑然不同，道家提出"无为而治"，反对将"信"作为压抑人的天性和巩固统治的手段。老庄强调要控制和减少当权者的统治欲和其他私心杂念，提出"我无为，而民自化；我好静，而民自正；我无事，而民自富；我无欲，而民自朴"① 的观，并且从德治的角度将统治者分为四等："太上，下知有之；其次，亲而誉之；其次，畏之；其次，侮之"②。即第一等的统治者，以道治国，民众就好像感觉不到他的存在；第二等的统治者，民众愿意亲近他并且称赞他；第三等的统治者，威服万民，民众对其心存畏惧，不敢靠近他；第四等的统治者，民众既亲近赞誉，也不畏惧，甚至瞧不起他。最好的统治者根本就不需要发号施令，社会秩序依然良好。诚信应该在一种自然状态下得到肯定、培育和发扬，而不应该在整体性的虚伪中强调诚信，否则便会成为一种欺世盗名的行径，这样的诚信不要反而更好。

3. 唐宋明清时期的诚信观

到了汉代，儒学发展到了一个新的高度，代表人物董仲舒基本完成了儒学理论的整理和改造，对先秦诸子的诚信观念进行了继承和发展。他把诚信纳入"五常"范畴，成了"仁义礼智信"不可或缺的组成部分，成了儒家思想的重要载体。

汉代的其他著名思想家如刘向、扬雄、司马迁、班固等，对诚信思想也有过进一步的研究和丰富。到了魏晋南北朝时期，社会动荡，政局不稳，攻伐和背叛的游戏每天都在上演，此时更加需要诚信等价值观念去教化人、团结人。这一时期道教和佛教也对诚信思想做出了贡献，直接推动了隋唐以后诚信观念的发展。所以，唐宋明清时期的诚信观念更为系统，理论性更强，更具实践性和可操作性。

---

① 杨倩描．王安石《易》学研究［M］．保定：河北大学出版社，2006：206.
② 王海珺．老子道德精神透视［M］．西安：三秦出版社，2013：206.

（1）唐宋时期的诚信观。唐代政治家、思想家魏徵、褚遂良等提出了"信为国本""君之所保，惟在于诚信"① 等思想，这是对先秦诸子思想的传承；思想家韩愈、李翱等将儒家的"诚"学说推向了天人合一的境界，为宋代理学家将诚信提升到本体论的高度夯实了基础。自唐朝以来，从庙堂上的帝王将相到社会中的文人墨客，都十分注重诚信思想，出现了大量的文献和论述。

唐太宗将"诚信"作为治国理政的纲领和方针，积极引领全社会的诚信风气往好的方面发展。毫不夸张地说，唐太宗是对诚信观念理解最透彻、运用最深入的帝王。他提出，历代帝王当中以仁义治国的，国家就能长治久安，而以酷刑厉法治国的，政局虽然能够得到一时的稳定，却最终难以逃脱衰亡的命运，以史为鉴，诚信与仁义才是治国的根本。在治国理政的实践中，他始终积极践行诚信之道，也告诫臣子以诚信治事。他偏爱直臣，与直言敢谏的魏徵、张玄素等诚信之臣肝胆相照、精诚合作，开创了贞观之治的盛世局面。后来如唐高宗、武则天、唐玄宗等历代帝王，都能够将诚信之理念贯彻于国家治理实践中，在君臣相处、政治统治和处理民族关系方面都起到了积极的作用。

魏徵是唐朝名相，是唐太宗最为信赖的重臣，他提出"德礼诚信，国之大纲"的指导思想，将诚信作为治国之本。他以直言敢谏著称，曾多次劝谏唐太宗不诚信、不合时宜的行为。其他朝廷重臣如房玄龄、杜如晦、张玄素等，也都将诚信为政作为自己极力追崇的政治目标。正是他们的施政和直谏使得唐朝的施政环境更为理性和清朗。

韩愈是唐朝著名的政治家、思想家和文学家，他从孟子"仁义礼智根于心"的思想出发，得出了"信"内在于人的本性的结论，提出诚信是人类不可丢弃的德性。韩愈讲话直率、品行端正，虽多次因直率敢言

---

① 姜以读，李容生. 中国古代政府管理思想精粹［M］. 北京：国家行政学院出版社，2000：111.

获罪遭贬，却不放弃自已为人处世的原则，始终坚持诚信、坚持操守。他的弟子李翱更是秉承了韩愈对诚信的推崇，进一步将诚信推向了天人合一的境界。

可见，唐代的诚信思想非常丰富，正是在这一时期，诚信作为一种美德得到了发扬光大。这其中既有对以前诚信思想的继承和发扬，又有对当时经济发展与社会生活状态的启发与指导，更有对后世的深远影响。

宋代商品经济发展较快，因而契约原则在民间已经得到了认可、建立和完善，通过法律制度严格规定产品的质量信用、价格信用、度量衡信用以及中间人信用。宋代的诚信观念主要体现在理学的成就上。宋儒追根溯源，对宇宙、人性等进行了理性的、本体的探讨，如周敦颐对"诚"从概念上进一步确定，二程提出了"人道只在忠信"，朱熹对"诚"与"信"、"忠"与"信"、"信"与"义"的概念进行了研究和比较。理学家从哲学角度对诚信做出了阐述，从伦理角度进行了新的提升，不仅使诚信最终成为中国伦理道德规范的重要部分，也折射出了中国传统文化的光芒。

周敦颐将"诚"视为"圣人之本"。他提出要从"诚"开始探讨人性的充盈和完善，"仁义礼智信"的起点是"诚"。如果有了"诚"，五常便可以得到坚守，人性境界的提升才有可能；如果没有"诚"，一切都将归于暗昧。

程颐、程颢兄弟并称"二程"，在诚信观念方面，他们提倡"人道只在忠信"。二程将人性分为"天命之性"与"气质之性"，其中，"天命之性"人人具有，不论是圣贤还是普通老百姓，圣贤区别于普通老百姓主要在于"气质之性"。所以，老百姓如果想要追求超越、追求圣贤的境界，就必须努力培养自身的气质，纠正气质之性中不合时宜的东西，使气质之性与天命之性达到高度的和谐统一，这也是一种对于人性的忠信之道。

朱熹更是光明正大、理直气壮地讲"忠信是根"，认为只有在忠信的基础上，人性的其他元素方可开枝散叶、枝繁叶茂。在朱熹那里，诚信的地位得到了极大的提升。诚信不仅是提升道德修养的起点，而且是待人接物的准则，还是人性的本质。

（2）明清时期的诚信观。明代以来，社会矛盾日益尖锐、封建主义走向没落以及社会雇佣关系的出现，导致了新型资本主义生产方式的萌芽。商品经济迅速发展与市民阶层不断壮大发展，推动了人们的思想观念发生深刻变化。诚信思想也在一定程度上受到拜金主义的冲击。然而正是在这种情况下，诚信观念才真正受到社会的重视，也更多地彰显了人格的力量，并且越来越多地体现在以"三言二拍"为代表的明清通俗小说中。

明朝的开国名臣刘基（字伯温）所著的《郁离子》一书，对治国之道进行了专门研究，其中涉及的个人诚信与政治诚信思想更是值得我们参考借鉴。在个人修养方面，刘基对心理阴暗的多疑者表达出厌恶之情，认为心理阴暗者不可信也不自信，在人格上是有缺陷的。他提倡人与人之间应该开诚布公、真诚相处、平等交流，这样才能形成良性互动。在政治诚信方面，刘基认为统治者一旦运用欺骗的手段对付老百姓，老百姓也会以同样的方式对付统治者，并且从此对统治者失去信任。这样一来，虽然统治者表面上得到了老百姓的支持与服从，但在背地里却早已暗流涌动，不能取得长治久安。

明末清初的大学者王夫之对诚信也有过非常精辟的论述。他认为"信者，礼之干也；礼者，信之资也"①，他将诚信看作礼的基础，将礼看作诚信的辅助和凭借。由此可见，在王夫之那里，信的地位更为重要，这几乎是对孔子和孟子诚信观的颠覆。王夫之还特别强调个人的道德操

---

① 　彭大成. 湖湘文化与毛泽东［M］. 长沙：湖南人民出版社，2003：696.

守，尤其瞧不起"无恒"之人，认为反复无常的人完全不值得信任，甚至说"人至于无恒而止矣"，即人到了朝秦暮楚、出尔反尔这一步就是最糟糕的了，属于"必诛"之流，人人都可以打击。

明清是中国小说发展十分繁荣的时期，这与商品经济发展与包括文学艺术在内的意识形态需要密切相关，而以"三言二拍"为代表的小说往往集中体现了当时的诚信观念。这些小说的主人公往往会为自己的诚信行为付出一定的代价，但还能恪守诚信之道，彰显人格魅力。《喻世明言》中讲述了吴保安弃家赎友的故事：吴保安与郭仲翔是未曾谋面的朋友，为了赎回这位被蛮夷掳去的朋友，吴保安弃家经商十年，历经艰难困苦凑足一千匹绢，终于赎回了这位朋友。在这十年的日子里，吴保安"朝驰暮走，东趋百奔，身穿破衣，口吃粗粝"，而他的妻儿只能靠行乞过日子。后来老百姓得知此事，为吴保安和郭仲翔立了双义祠，凡有誓约，都在庙中祷告，香火不绝。除了对诚信之人的良好行为进行褒奖和宣扬外，明清小说也对背信弃义之徒大加鞭挞。大家所熟知的《杜十娘怒沉百宝箱》，是《警世通言》中的一则故事。名妓杜十娘将自己一生的幸福寄托在官宦子弟李甲的身上，原以为李甲情深义重，却不料他竟是个薄情寡义之人。在带杜十娘回乡的船上，李甲竟将她转卖给一位富商。杜十娘知悉后，在极端绝望之下取出百宝箱，将金银珠宝全部倒入江中，随后投江自尽。最后李甲"终日愧悔，郁成狂疾，终身不痊"，为自己肆意践踏诚信的行为付出了惨重的代价。

从古至今，无论社会如何发展变化，诚信的要求、内容、功能都在不断地丰富与完善，特别是近现代中国社会发生了翻天覆地的变化，中国正在以坚定自信的脚步走向现代化。依托中国社会发展的大背景，人们从不同的学科视角对诚信加以诠释，对其内涵不断进行创新。诚信，正从传统走向现代化，成为促进人自身发展与处理人与社会、人与人关系的重要行为准则。

第六章

优秀传统文化融入思想政治教育的原则与
方法指导

要想实现传统文化的思想政治教育价值，就必须科学地对待传统文化，促进其与中国特色社会主义相互适应，与时代发展要求相一致，与社会主义现代化进程相结合。弘扬传统文化需要坚持一定的原则，也需要树立科学的态度和方法。习近平总书记强调："传统文化在其形成和发展过程中，不可避免会受到当时人们的认识水平、时代条件、社会制度的局限性的制约和影响，因此不能否定的一点是传统文化中也有陈旧过时或已成为糟粕性的东西。这就要求人们在学习、研究、应用传统文化时坚持古为今用、推陈出新，结合新的实践和时代要求进行正确取舍，而不能一股脑儿都拿到今天来照套照用。要坚持古为今用、以古鉴今，坚持有鉴别地对待、有扬弃地继承，而不能搞厚古薄今、以古非今，努力实现传统文化的创造性转化、创新性发展，使之与现实文化相融相通，共同服务以文化人的时代任务。"① 这为我们把传统文化融入思想政治教育指明了方向。

---

① 习近平. 在纪念孔子诞辰 2565 周年国际学术研讨会暨国际儒学联合会第五届会员大会开幕会上的讲话［N］. 人民日报，2014-09-25（01）.

一、优秀传统文化融入思想政治教育的原则

在传统文化大家庭中，既有可以直接拿来用的思想政治教育资源，也有与当代思想政治教育要求完全不适应的根本性错误性的东西，还有要经过教育工作者改造、转化才能发挥作用的教育资源。因此，思想政治教育应当基于现代转化的视角，坚持"取其精华、去其糟粕，古为今用、推陈出新"的原则，理性分析传统文化对于当代思想政治教育的价值。具体来说，在实现优秀传统文化与思想政治教育相结合的过程中，要坚持古为今用、中西互补、推陈出新、去伪存真几个原则。

（一）坚持古为今用原则，焕发传统文化光彩

继承和发扬中国传统文化，可以使人们心灵宁静，更好地生存与发展。纵观人类发展历史，可以发现只有选择性地继承和发扬传统文化中先进、积极的部分，才能真正彰显传统文化的价值和作用。在促进优秀传统文化与思想政治教育相结合的过程中，要重点借鉴优秀传统文化中对推动社会发展有积极作用的因素，要紧紧围绕当今时代的社会问题，充分发挥马克思主义对当代中国的指导作用，把握时代发展要求，聚焦解决社会现实问题。关注时代命题和要求，以当前社会问题为切入点去发挥传统文化的作用，才有可能在传统文化与思想政治教育相结合的过程中把握好方向和目标，寻找到传统文化的合理内核。

着眼于马克思主义的指导和运用，就是要利用传统文化提高马克思主义的中国化程度，从而使马克思主义与中国实际的结合更加紧密，更好地指导中国特色社会主义建设，实现中华民族伟大复兴的中国梦。同时，马克思主义的指导也会为传统文化增添时代特征与世界元素，使两者相互支持、相互促进。传统文化蕴含着古代先人的思想智慧，牵引着几千年的中华民族从衰亡走向辉煌。在社会转型与发展的今天，优秀传

统文化对解决当下社会问题仍然具有借鉴作用。所以必须剔除、抛弃传统文化中顽固腐朽的内容，弘扬其生生不息、与时俱进、不断创新的合理内核。

贯彻古为今用原则。第一，要力戒形式主义。对一些借弘扬传统文化之名、对传统文化不加选择生搬硬套、盲目夸大和吹捧传统文化地位的现象，理直气壮地进行抵制。第二，要反对历史虚无主义。不能将传统文化全盘否定、一脚踢开，不承认传统文化应有的思想价值。我们要看到中国对世界发展做出的贡献，要正确认识传统文化的现代价值，要在历史和现实的坐标中重新审视传统文化。第三，要反对娱乐至死。美国学者尼尔·波兹曼（Neil Postman）提出，有两种方法可以让一种文化失去它的生命力，一种是把它完全封闭起来，与外界完全隔绝；另一种是将它变成娱乐至死的舞台。在如潮水般涌来的西方文化思潮面前，部分大学生出现了娱乐至死的趋势，用戏谑的眼光看待传统文化的精华，消解人们对崇高精神的追求。这种趋势在一定程度上丑化了传统文化，否定了对传统文化传承的严肃性，把弘扬传统文化变成了一种娱乐活动，对传统文化的低级改造和低俗表现，实际上是对传统文化的亵渎、抛弃，是割断了中华民族发展的精神命脉。

在大学生群体中，每个人的道德水平和文化素质不尽相同，与成长环境和性格特征等因素密切相关。我们面对的是一个开放多元的社会，世界各国文化相互激荡、相互碰撞和相互融合，社会组织多元化，生活方式多样化，价值取向复杂化，意识形态领域斗争日益尖锐。随着社会经济体制的转型发展，大学生的思想意识出现了新问题，他们可以自由选择和接受各种思想观念和价值主张，高校思想政治教育必须及时丰富教育内容，把传统文化、时代精神和国际理念融入思想政治教育，体现社会发展要求，对接大学生的生活实际和个人发展需要。另外，创新教育形式和丰富教育手段，有利于增强传统文化与思想政治教育相互融合的教育效果，提高教育的感染力和针对性。

（二）坚持中西互补原则，提升传统文化魅力

对于中国传统文化的优势，有学者提出："传统文化之不同于、抵触于现代文明之处，或者才正是它有价值的所在。"① 发源于西方社会的现代化，越来越显示出其弊端：二元对立的思维模式导致人与自然关系逐渐恶化，生态环境惨遭破坏；工具理性的扩张导致人文价值失落，人类自身也变成了一种手段；物质主义对人的诱惑与束缚，导致崇高的消解，人变成赤裸裸的物质工具，伦理道德逐渐丧失。总之，"现代社会是有缺陷的居所，现代文明是要批判超越的。批判并超越之，其资源就在中华传统文化中"②。中西文化比较中表现出来的思维方式、价值结构、心理模式具有互补性，中国传统文化在一定程度上可以弥补西方文化的不足。在社会主义现代化建设的过程中，要避免现代化出现的问题就必须弘扬优秀传统文化。这就是中西互补原则。

中西文化的差异性为其互补提供了可能性和有利条件。"东方文化的病症常常要靠西方文化的某种机制来医治；西方文化的许多病症亦往往只有靠东方文化的某些药方才能真正解除。"③ 马克思主义起源于西方，但是它能够用来解决中国传统文化在发展道路选择上解决不了的大问题，这就是中国的民族独立、改革发展、走向复兴等关键问题。中国共产党人把马克思主义与中国具体实践相结合，解决了中华民族前途命运的头等大事，谱写了中国历史的新篇章。同时，源于西方文化的马克思主义在指导中国的具体实践过程中，也遇到了一些不能在短时间内解决的问题。

我们今天弘扬优秀传统文化，实现传统文化应有的价值，就是要用

---

① 龚鹏程. 中国传统文化十五讲［M］. 北京：北京大学出版社，2006：4.
② 龚鹏程. 中国传统文化十五讲［M］. 北京：北京大学出版社，2006：5.
③ 辜正坤. 中西文化比较导论［M］. 北京：北京大学出版社，2007：53.

传统文化来弥补外来文化的不足，借鉴传统文化来帮助解决马克思主义理论对接中国发展实际遇到的困惑。在实际生活中，要将传统文化天人合一的观点与西方文化思想中人类战胜自然的观点结合起来，逐步达到人和自然和谐共生、可持续发展的局面。将传统文化中的集体意识与西方社会追求个性发展的思想结合起来，最终构建人与人和谐共处的关系。用传统文化中协和万邦的思想去抑制、纠正西方思想中的霸权主义，以实现各国之间互相尊重、互不干涉、和平共处的状态。只有以文化互补为前提客观地看待中国传统文化，才能领悟其中的精神内涵与价值之所在。如果只是一味地以西方思想作为参照物来看待中国传统文化，便会指责或嘲讽其中民主、科学的成分不足，片面夸大中国传统文化落后的一面。我们在学习借鉴西方思想时没有采取科学理性的态度，没有真正吸收西方思想中积极、合理的内核部分，反而是歪曲了其中的很多积极思想。

因此，当代青年学生要增强文化自信，对中国传统文化充满自信，认识传统文化的时代价值，在此基础上实现文化之间融会贯通、创新转换的目标。在处理中外文化的关系上，毛泽东同志给我们树立了很好的表率作用。毛泽东同志运用马克思主义理论弥补中国传统文化的缺陷，同时用中国传统文化丰富和发展马克思主义，创造了马克思主义与传统文化相得益彰的思想成果——毛泽东思想。毛泽东思想既属于中国，又属于世界，它是中国传统文化与世界先进文化共同孕育的科学理论。

开展思想政治教育最终要帮助人们整理、挖掘、传承传统文化蕴含的积极内核，并融入社会思潮的主流思想，从一定程度上降低西方落后思潮对人们思想观念的腐蚀与影响。但是由于世界文化与思想大融合的趋势越来越明显，国家与国家之间、民族与民族之间的联系越来越紧密，这种联系已经覆盖了政治、经济、文化等社会生活中的方方面面。西方国家出于对本国利益的保护，不惜采取一切恶劣手段对其他国家进行思想文化的入侵与渗透，迫使其他国家服从于他们的意志，强行控制其他国家的发展进程。与此同时，各个国家内部存在着传统的文化思想与价值观念，外来思想的入侵必然会与本土文化产生激烈的碰撞。另一方面，外来思想也为本国传统思想注入了新的营养与活力，为传统思想打开了更为广阔的视野。面对纷繁复杂的社会形势和形形色色的外来诱惑，势必会对高校大学生的思想政治教育带来诸多困难。在全面深化改革和全方位开放的大潮中，人们的思想观念接受外来文化的冲击难以避免，高校在坚持马克思主义意识形态和社会主义核心价值观导向的同时，也要顺应当前社会价值多元化的局面与发展趋势，勇敢地面对外来文化。所以，我们继承与发扬中华优秀传统文化，一定要处理好开放与利用等多个环节的政治导向，不能把传统文化的传承带入死胡同。

贯彻中西互补原则，即要正确处理好中华文化与外来文化的关系。在中华民族的发展历史上，中国传统文化以开放、包容的态度不断吸收、借鉴与融合其他民族的文化特性，使自身文化得以不断丰富和发展，实现文化的繁荣发展。正如习近平总书记所说："中华民族是一个兼容并蓄、海纳百川的民族，在漫长历史进程中不断学习他人的好东西，把他人的好东西化成我们自己的东西，这才形成我们的民族特色。"[①] 当前，世界各国文化融合趋势越来越明显，以开放的胸怀对待其他民族文化，合理吸收各民族文化中精华的部分，并将其融入自身的传统文化，是当前中国传统文化传承中的一项重要任务。习近平总书记进一步要求，我们要在了解中国历史文化的基础上，还要睁眼看世界，了解世界上不同国家、不同民族的历史文化，从中获得启发，为己所用。习近平总书记强调，对于人类社会创造的各种文明，我们应该积极学习借鉴，吸纳其中有益、积极的成分，使人类优秀传统文化基因与当代文化形态相适应、

---

① 习近平. 习近平谈治国理政 [M]. 北京：外文出版社，2014：105-106.

相协调。

综上所述，我们既要全面认识传统文化的价值和意义，又要用开放的胸怀、包容的心态去学习借鉴其他民族文化中的精华部分；既要克服民族自卑心理，又要消除因循守旧的态度。立足当代，继承传统，面向世界，充分认识和保持中国传统文化的特色，以理性态度对待外来文化，防止出现盲目崇拜的心理，这既是传统文化长期以来的经验总结，也是传统文化当代价值的提炼概括。

（三）坚持推陈出新原则，实现传统文化创新

文化并不是一成不变的，它随着时代的变化而不断发展。传统文化在发展过程中，吸收和融入了各个时代的文化精髓，自身也在不断地丰富和完善。中国传统文化融入思想政治教育，必须在推陈出新原则的指导下，使传统文化不断适应新时代的教育环境和社会要求，增强传统文化与思想政治教育相融合的教育效果。对传统文化样态和内容的生搬硬套，不对其改造升级以适应社会的需要，必然会导致传统文化的魅力被掩盖，价值被忽略。

坚持推陈出新原则，必须将传统文化在新时代的大环境下进行创新性发展，使其符合当代的社会环境。传统文化的创造性转化就是"把一些中国文化传统中的符号与价值系统加以改造，经过创造地转化的符号与价值系统，变成有利于变迁的种子，同时在变迁过程中，继续保持文化的认同"。[①] 传统文化的创新性发展就是冯友兰先生说的"接着讲"，接着前人的思路讲还没有讲的新话。我们应该对传统文化进行审视和判断，吸收其中具有指导意义的理念和内容，不断丰富和发展中国传统文化体系。推陈出新原则能帮助传统文化注入新活力，不断符合当下的社会环境和大众需求。创新赋予一个民族发展进步的动力，只有不断创新，

---

① 林毓生．中国传统的创造性转化［M］．北京：生活·读书·新知三联书店，1988：291.

一个民族、一种文化才能实现持续不断的进步。

　　坚持推陈出新原则，首先要做好继承工作。只有把好的东西继承下来，才有条件在继承的基础上谈发展。任何想抛弃传统文化、摒弃自身的民族属性而创立一种没有源头的、没有文化底蕴的全新文化都是不切实际的。"离开文化传统的基础而求新求变，其结果必然是招致悲剧。"①历史对这一结果已经验证过许多次。《魏玛宪法》不顾德国文化传统的后果造成了法西斯横行，最终把全世界人民推向战争的深渊，无数人的生命和财产消失在无情的战争中，这一点我们有着深刻体会。这样的历史教训一直在警示着人们，绝不能让此类悲剧重演。人们对传统文化的创新不能脱离传统文化之外，而必须以传统文化为基础来开展创新转换。创新意识要求人们打破陈规，在创新思维的逻辑框架内探索传统文化更多的发展可能与出路。说起中国文化，我们一定会提到孔子、孟子、朱熹等古代思想家，然而说到现当代文化代表人物，能拿得出手的名家数量实在太少，在世界上的影响也不大。而西方当代思想家如罗尔斯、福柯、哈贝马斯等人却在我国学术界影响很大。建设中国特色社会主义的哲学社会科学话语体系任务，已经非常迫切地摆在了我们面前。离开传统文化的继承，想要完成这一艰巨使命几乎是不可想象的。

　　同时，我们要看到问题的艰巨性。"维系我们这么大的一个数千年的文化传统的基本结构崩溃之后，从历史的观点来看，不可能在几代的时间之内就能够解决了这个空前的危机。我们的问题，绝不是某人写了几首诗，某人写了几篇文章，或某人写了几本书就能解决的。"② 所以，越是艰巨的任务越需要理清思路，冷静地对待，眉毛胡子一把抓只会越来越乱，病急乱投医的态度也不能解决根本问题。"从康梁时代到现在，

---

① 余英时. 文史传统与文化重建 [M]. 北京：生活·读书·新知三联书店，2004：429.
② 林毓生. 中国传统的创造性转化 [M]. 北京：生活·读书·新知三联书店，1988：20.

我们已经着急了近一百年，然而这种迫不及待的心情却没有给我们带来许多重大问题的深远有效的答案。"① 正如孟子说："七年之病求三年之艾也。苟为不蓄，终身不得。"② 中国传统文化的创新与复兴不是一件简单的事，需要有扎硬寨、打死仗的精神，需要有"比慢精神"。

习近平总书记指出："做好高校思想政治工作，要因事而化、因时而进、因势而新。"③ 在大学生思想政治教育中融入优秀传统文化是新时代的新话题，我们要在继承党的思想政治教育优秀传统的基础上，积极探索新时代大学生思想政治教育的新途径、新办法，努力体现时代性，把握规律性，富有创造性，增强时效性。创新不仅是一个民族进步的灵魂，而且也是思想政治教育应对国内外形势变化的要求，是增强实效性、提高针对性的前提和重要保证。对大学生进行传统文化教育，要利用好课内课外、线上线下的各种资源，不断创新和丰富传统文化的形式和内涵，增强传统文化的时代感，增强传统文化对大学生的吸引力和感染力，使思想政治教育保持旺盛的生机和活力。

坚持推陈出新原则，其次要处理好继承和创新发展之间的关系。唯物辩证法认为，事物的发展是永恒的，而发展的本质是实践基础上的继承与创新的对立统一。继承和创新是一个问题的两个方面，继承是创新的前提，创新是对继承的发展。对于历史悠久、源远流长的中华传统文化而言，更是如此。离开对博大精深的历史文化的坚守和传承，搞标新立异、去传统化，中华文化的发展就会失去其根基和血脉。同时，不对传统文化进行创新，故步自封，死守老祖宗留下的文化"故纸堆"，传统文化必将失去生命力，最终被中国特色社会主义新时代所抛弃。由此

---

① 林毓生. 中国传统的创造性转化［M］. 北京：生活·读书·新知三联书店，1988：20.

② 孟子. 孟子［M］. 段雪莲，陈玉潇，译. 北京：北京联合出版公司，2015：74.

③ 习近平. 习近平谈治国理政：第2卷［M］. 北京：外文出版社，2017：378.

可见，坚持批判性继承与创造性转化相结合，是发挥中华传统文化当代价值的重要前提。

一方面，要用批判的眼光把传统文化的思想精华和道德精髓传承下来。习近平总书记指出："不忘本来才能开辟未来，善于继承才能更好创新。对历史文化特别是先人传承下来的价值理念和道德规范，要坚持古为今用、推陈出新，有鉴别地加以对待，有扬弃地予以继承，努力用中华民族创造的一切精神财富来以文化人、以文育人。"①

另一方面，要对接时代发展和人民需求的变化在实践中加快传统文化的创造性转化与创新性发展。对此，习近平总书记进一步强调："要使中华民族最基本的文化基因与当代文化相适应、与现代社会相协调，以人们喜闻乐见、具有广泛参与性的方式推广开来，把跨越时空、超越国度、富有永恒魅力、具有当代价值的文化精神弘扬起来。"② "要坚持古为今用、以古鉴今，坚持有鉴别地对待、有扬弃地继承，而不能搞厚古薄今、以古非今，努力实现传统文化的创造性转化、创新性发展，使之与现实文化相融相通。"③ 如何做到传统继承与现代转换相结合，是坚持和创新传统文化必须面对的问题，我们必须有着清醒的态度和坚定的立场。

（四）坚持去伪存真原则，把握传统文化精髓

求真务实是我国优秀传统文化及我党倡导和发扬的优良传统。要增强中国传统文化融入思想政治教育的教学效果，必须对传统文化有一个全面、科学的认识，把握传统文化的真正要义。要真正掌握传统文化的科学内涵，这不是一蹴而就的事，而是需要经过长期的学习和浸润。由

① 习近平. 习近平谈治国理政［M］. 北京：外文出版社，2014：164.
② 习近平. 习近平谈治国理政［M］. 北京：外文出版社，2014：161.
③ 习近平：在纪念孔子诞辰 2565 周年国际学术研讨会暨国际儒学联合会第五届会员大会开幕会上的讲话［N］. 人民日报，2014-09-25（01）.

于近代以来出现了一些反对传统文化的活动，所以人们盲目地抵触传统文化，没有用理性的眼光和思维去对待、分析传统文化。随着时代的进步和文化的发展，这一现象得到了一定程度的纠正，不过对于传统文化的认识仍存在偏颇之处。因此，要继续纠正人们对传统文化的偏见，持之以恒地坚持下去。

另外，近代以来出现的一些政治运动、文化运动，推动了中国文化的不断变革和发展，导致人们与传统文化之间出现了隔膜和断层，要从真正意义上把握传统文化的思维方式已经很难了。在内心深处，人们依然坚信自己是中华民族的传人。然而因为教育体系构建过程中传统文化部分的缺失，大学生更多接受的是现代化和西方文明的教育，大学生的内心世界或多或少掺杂着西方教育思想。相对于传统文化，大学生对西方文化与社会思潮更加熟悉，接受度也更高。"在理解上甚至精神旨趣上，当代中国人，尤其是知识分子，其心灵的故乡，却大有可能不在中国而在欧洲、在美国。除了技术器用层次、制度层次之外，在精神、信仰、知识层面，也早已离开了中国。"① 西方文化在很大程度上影响了我们的思维和行动方式。

因此，面对当前的思想政治教育形势和环境，要让人们全面把握传统文化的理念和内核，绝非一件容易的事，需要付出巨大的努力。按照去伪存真的原则，要求我们做好"由表及里，由此及彼，去伪存真"的工作，真正地将中国传统文化融入思想政治教育。

1. 转变观念，摒弃教条观点，重新审视传统文化的价值和意义

中国传统文化在几千年的发展过程中，始终维系着中华民族生生不息的意志和精神，始终维持着各民族多元一体的稳定格局，引领着我们一步步走向繁荣富强，对多民族共同体的中国起着平衡调节作用。我们

---

① 龚鹏程．中国传统文化十五讲［M］．北京：北京大学出版社，2006：5.

要转变对传统文化的定式思维和看法，重新审视传统文化对调节社会和平衡心态的意义和价值，这能够帮助我们更清晰地认识世界矛盾，构建社会主义和谐社会。传统文化中天人合一的思想，倡导我们尊重自然，善待自然，实现人与自然的和谐发展，这一思想指导着人们不断提高科技能力，引导人们为实现人类与自然的可持续发展而努力。充分认识传统文化的价值，进一步挖掘其本质和意义，成为思想政治教育的重要资源。

2. 回归传统，摆脱崇洋媚外、盲目崇拜西方文化的态度

对待传统文化，"必须视之为主体，然后再通过它的种种内在线索，进行深入的研究"①。即从其本质出发去认识和把握中国传统文化，遵循传统文化的特点规律去深入学习，避免用学习西方文化的套路来认识传统文化。以西方文化做简单的对比盲目批判传统文化，只会对传统文化造成越来越多的误解和伤害，无法帮助大学生全面了解传统文化。要看到中国文化精神之真、中国历史之真，就必须深入中国文化的内部去分析研究，用西方理论生搬硬套到中国的文化现象显然行不通。"中国传统文化既有鲜明的民族形式，又有许多独特的内容。如果用西方的模式剪裁材料，也会出现扭曲变形乃至附加的问题，特别是容易遗漏掉那些为我们民族所特有的内容。"② 中国传统文化是在这块古老的土地上孕育成长起来的文化现象，从一开始就打上了中华民族的烙印。传统文化与西方文化的区别就在于它身上释放出来的中国特色、中国气派和中国精神，以西方的逻辑思维去解读中华传统文化的内涵，以西方的标准去衡量中华民族文化，从世界观和方法论来说都是不科学的。如果盲目地以西方的文化态度对待传统文化，必然会影响对传统文化核心要义的把握，正如张岱年先生所说："中国传统文化中许多精华的东西还没有被挑选

① 余英时. 试论中国人文研究的再出发［J］. 粤海风，2006（3）：6.
② 张岱年，程宜山. 中国文化论争［M］. 北京：中国人民大学出版社，2005：338.

出来，有些在中国传统文化中占重要地位的领域（如价值观）的分析整理工作还没有得到应有的重视。因此运用一般与特殊统一的辩证方法，贯彻实事求是的思想路线，对中国传统文化做进一步的分析、清理，仍然是一项繁重的任务。这个任务，在一定意义上也可以称为重新认识中国传统文化。"①

　　传统文化不是什么都好，只有经过去粗取精、去伪存真的加工处理，才能把优秀的元素保留下来，才能找到真正具有生命力的东西，才能理解与把握它的实质。实现去粗取精、去伪存真，必须有坐冷板凳的精神，沉下心来，从了解历史、了解文化的基本问题做起，分析传统文化产生的时代背景、根源，对于不符合实际的就要予以修正。余英时先生在海外从事的中国文化史研究，充分体现了中国文化的主体性原则，克服了西方人的"刺激—反应说"的偏见，最后引起了海内外文化界的关注，为正确认识中国文化提供了有力的解释。这对我们把握传统文化的精髓也提供了很好的借鉴。

二、传统文化融入思想政治教育的方法

　　中华民族优秀文化博大精深，为加强思想政治教育提供优质资源。利用好传统文化加强思想政治教育与社会主义核心价值观教育，实现物质文明与精神文明的共同发展，这既是实现中华文化伟大复兴的必然要求，也是建设中国特色社会主义的应有之义。科学有效的方法能帮助我们正确认识和揭示思想政治教育的规律，提高思想政治教育的有效性，推动思想政治教育的守正创新。思想政治教育要引导人们形成正确的世界观、人生观和价值观，思想政治教育是一门育人的科学，有自身的发展规律，我们要认真学习研究，总结提炼，全面把握其规律性。

---

① 张岱年，程宜山. 中国文化论争 ［M］. 北京：中国人民大学出版社，2005：338.

思想政治教育的具体方法在不同对象、不同条件下会有不同的选择，这里重点探讨一般领域中思想政治教育的实施方法。如果以受教育者的"老师"为标准，我们就会发现"教育"可分为"以己为师"的自我教育法和"以他为师"的教育者施教方法，这两种教育方式又分别有不同的具体教育方法。此外，我们还将探讨运用环境陶冶法将传统文化融入思想政治教育的实施过程。

（一）重视正面施教方法，优化文化融入路径

教育者施教方法，即教育者对受教育者实施思想政治教育的方法。中国传统教育对思想政治教育非常重视，不仅把它作为道德修养的首要途径，而且作为维护社会稳定与维系人际和谐的重要手段，甚至上升为治理国家的重要方略。思想政治教育方法在一定程度上反映了思想道德认识形成、发展、转化规律和人才成长规律，以及人类精神文明成果，具有超越历史的恒久价值。即使在今天，很多有益的方法对于高校开展思想政治教育仍然适用。教育者施教方法主要有因材施教法、身教示范法、平等育人法、循序渐进法、启示引导法等。

1. 因材施教法

因材施教法是针对受教育者的思想基础、接受能力、性格特点、兴趣特长等情况的异同，予以尊重和承认，并以这些差异为依据，对受教育者有针对性地实施教育，采取能够让受教育者接受的教育方法。"各因其材"是南宋理学家朱熹对孔子教育方法的总结。朱熹认为，孔子在教育的过程中往往会根据受教育者的个性特点，选择合适的方法，有的从言语入手进行教授，有的从思想德行上进行引导。因此，孔子的这一教育思想就被后人称为"因材施教"，孔子也被公认为历史上第一个实施因材施教法的教育家。因材施教思想可以归结为两点。

（1）因材施教的前提是教育者应该了解受教育者不同的思想基础、

接受能力、性格特点、兴趣特长等。想要提高教育的针对性，教育者就必须对受教育者的言行举止进行全面观察，在此基础上对他们行为背后的动机进行全面、深入的考察分析，从而精准地把握他们的内在需求和个性特点。

（2）针对不同的受教育者，教育者应该采取相互区别的教育手段和方法。针对同样的问题，不同的学生应该给予不同的回答。针对受教育者的接受能力和智力特点，实施的教育方式应该有所不同。在孔子看来，智力能力在中等以下的学生，教育者不应该给他们灌输过于高深的学问；对于智力能力在中等以上的学生，教育者可以引导他们接触更高深的学问。

后来，宋代、明朝的理学家、思想家对孔子的因材施教方法做了进一步的发展。北宋理学家张载的"时可雨而雨"观点、明代思想家王夫之提出的"君子之教因人而进之"思想等，都是对孔子因材施教理论的继承和发扬。

当代大学生视野开阔、个性鲜明、思想活跃、思维敏捷，只有因材施教，思想政治教育才能取到良好的效果。作为教育者，高校思想政治工作者必须对学生有一个全面的了解，知道他们在想什么、谈什么、要什么、做什么，把握他们的思维特点、行为特征，分析研究其现实困惑，采取符合学生特点的教育方法，引导他们树立正确的政治观和文化价值观，实现思想政治教育的目的。大学生思想政治教育要充分借鉴并确立通识教育一以贯之的"以人为本"原则，以尊重人生命的尊严和价值为前提，培养他们独立、自主、自强、自立的现代公民人格，使大学生能够正确处理好物质利益与精神追求、生活意义与生存价值、个人发展与社会需要的关系，实现人自由而全面的发展。

2. 身教示范法

身教示范法，即要求教育者以身作则、率先垂范、身体力行，通过言行举止来体现教育要求，以自己的实际行动给受教育者以良好的示范引领作用。孔子认为，身教比言教更为重要。他经常告诫统治者："其身正，不令而行；其身不正，虽令不从。"① 孔子的"其身正，不令而行"等论述，目的是强调要正人，必先正己；不能正己，焉能正人？他认为统治者要治理好一个国家及其公民，必须自己带头树立良好的道德品性，给老百姓以良好的示范作用。在此基础上，孔子还从上行下效的角度进一步论述了身教示范的重要性，他提出："上好礼，则民莫敢不敬；上好义，则民莫敢不服；上好信，则民莫敢不用情。夫如是，则四方之民襁负其子而至焉。"② 这是以上行下效为依据，论证了"上"的身教对"民"的示范影响。孟子、荀子也进一步提出了"教者必以正""师以身为正仪"等命题，极力强调教书育人、为人师表、身教示范的极端必要性。

美国实用主义教育家杜威认为，教师不仅是一名向导和指导者，而且还是一名领导者。他提出："实际上，教师是一个社会团体的明智的领导者……认为自由的原则使学生具有特权，而教师被划在圈外，必须放弃他所有的领导权力，这不过是两种愚蠢的念头。"③ 为了更好地发挥教师的角色作用，杜威提倡教师要全面提高自身素质。杜威的思想对于当代思想政治教育具有重要启示。思想政治教育的效果在很大程度上取决于受教育者对教育者的信任，一些受教育者甚至会自觉或不自觉地模仿教师的言行举止。这就是要求思想政治教育者注重身教示范的目的。"身教胜于言教""喊破嗓子，不如做出样子"，教师的身教示范是最有说服力、最具感召力的思想政治教育方法。

---

① 龙昭雄. 论语与现代生活：下 [M]. 南宁：广西人民出版社，2009：172.
② 论语 [M]. 王超，译. 北京：北京联合出版公司，2015：98.
③ 约翰·杜威. 我们怎样思维·经验与教育 [M]. 姜文闵，译. 北京：人民教育出版社，1991：227-228.

3. 平等育人法

平等育人法，即主张所有的人都享有平等的受教育权利，教育者应对所有的受教育者平等看待、一视同仁。孔子提倡"有教无类"。"类"，指种类、类别；"无类"，指不分类、没有类的差别；"有教无类"主张教育者应该不分富贵贫贱、天资智愚、地位尊卑、地域远近、民族差别、善恶不同等的区别与限制，以公平、公正的态度对待一切受教育者。

"有教无类"思想的精神实质即主张平等育人。因此，孔子主张对一切可以施教的人都不能拒绝其接受教育的要求，他公开提出："自行束脩以上，吾未尝无诲焉。"① 孟子提出"夫子之设科也，往者不追，来者不拒"② 的观点。孔子的"有教无类"思想扩大了教育对象，反映了教育发展的进步潮流。孟子的"人皆可以为尧舜"、荀子的"涂之人可以为禹"思想与孔子的"有教无类"思想的精神实质是基本一致的，都旨在倡导平等育人、人人都可以成才的理念。

平等育人法认为，每个人都有通过接受教育而成为社会有用之才的资质和条件，每个人都可以通过后天的努力而完善自身。因此，对一切可以施教的人都不能拒绝施以教育引导，每个人都应该享受接受教育的平等机会。这一方法包含着可贵的唯物主义思想因素，对于当时的教育普及和文化交流起到了积极的推动作用，充分表现了人民性和民主性的要求，推动了文化下移和普及教育的实践发展，在中国教育史上具有极其重要的意义，对于现代社会的教育发展和社会进步也具有重要的现实意义。

4. 循序渐进法

古代思想家提出的循序渐进法符合辩证法的合理要求，体现了人的

---

① 论语［M］．王超，译．北京：北京联合出版公司，2015：48.

② 上海辞书出版社专科辞典编纂出版中心．孔孟名篇鉴赏辞典［M］．上海：上海辞书出版社，2016：248.

思想道德形成、发展、转化规律和教育规律，对我们开展思想政治教育意义重大。

循序渐进法主张思想政治教育应以受教育者的思想认知、道德水平和接受能力为依据，由浅入深、由简单到复杂地逐步推进教育。当代思想政治教育必须坚持循序渐进法，这是由人的思想认识发展规律和思想政治教育规律所决定的，也是由我国现阶段的社会状况所决定的。

（1）循序渐进由人的思想认识发展规律决定。毛泽东同志说："一个正确的认识，往往需要经过由物质到精神，由精神到物质，即由实践到认识，由认识到实践这样多次的反复，才能够完成。"① 毛泽东关于认识形成过程的论述，对于思想政治教育同样具有指导意义。思想政治教育的主要任务是帮助受教育者形成正确的政治观点、思想道德和行为规范，而受教育者正确的政治观、道德观和行为方式的形成，往往需要经过由实践到认识、由认识到实践的多次反复，才能够完成。因此，教育者只有通过长期的、循序渐进的教育引导，才能帮助受教育者形成正确的思想观念和行为方式。

（2）循序渐进法是由思想政治教育规律所决定的。思想政治教育不仅是一个教育者认识受教育者的个性特点，转化受教育者的思想认识、道德品行的行为过程，更是一个教育者、受教育者双方互动的过程，教育者的施教要通过受教育者的内因才能够起作用，而受教育者也有一个反应、接受、"内化"、"外化"的过程。思想政治教育不仅是一个纵向由浅入深发生连续作用的过程，而且还是一个横向主体、客体、介体、环体各要素相互发生作用的过程。可见，主体性、互动性、阶段性、连续性是思想政治教育的显著特征，循序渐进法是思想政治教育的内在要求。

---

① 沙健孙. 毛泽东思想基本著作选读［M］. 北京：人民出版社，2001：501.

（3）循序渐进法是由我国现阶段的社会状况所决定的。随着社会主义市场经济的发展与社会结构的变化，我国社会阶层不断发生分化，农民阶级、工人阶级内部分化出不同的社会阶层，新的社会阶层陆续出现并且在经济社会生活中发挥了积极的作用。这些不同的社会阶层"所处的社会处境、经济状况、政治地位、文化知识水平、思想价值观念、世界观、人生观、道德观、民主法制观、生死观、文化品位与文化追求、政治态度和政治信仰、思想道德境界与精神追求等方面的差异是相当大的"①，要求不同社会层次的人群都达到同样的政治水平和道德境界，显然是不切合社会实际的。对不同的社会阶层、社会群体展开思想政治教育，无论是教育标准、教育要求，还是教育内容和教育方式、方法、载体，都应该区别对待，千人一面显然行不通。这就要求新时代思想政治教育要从层次性、差异性出发，既要遵循统一性的要求，又要照顾各层次特殊性的需要，根据层次不同确定不断递进的思想政治教育目标，循序渐进地引导不同层次的群体，使他们逐渐提高政治水平和道德层次，进一步规范行为方式。

令人遗憾的是，我国现阶段的思想政治教育并没有正确运用循序渐进法，而往往是在讲大道理的同时，忽略了人们日常生活中待人接物的小道理；在讲远大理想的同时，忽略了行为规范的培养；在阐述理论道理的同时，忽略了具体的现实生活；在强调统一性要求的同时，忽略了层次性的要求，甚至出现了"小学讲共产主义，中学讲社会主义，大学讲集体主义"等教育内容倒置的现象。这种教育现状必然会导致教育基础不牢固，教育内容远离生活，教育过程单调无趣，最终导致思想政治教育因远离受教育者的生活，而失去了应有的感召力和劝导力，不能入脑入心，甚至会引起受教育者的反感。所以，当代思想政治教育可以借

---

① 段治文，谭建刚，朱欢乔. 我国社会结构变化对思想政治教育工作的影响［J］. 中国青年研究，2005（7）：5.

鉴先秦诸子所提倡的循序渐进法，既要反对不遵循规律、急于求成、立竿见影的"急性病"，又要克服不积极创新、急功近利、形式主义等弊端，还要纠正"一刀切""齐步走"等过于简单的做法，通过长期、耐心、细致的工作，循序渐进地引导受教育者，慢慢纠正他们在思想上、言行上的不良习惯，逐步培养其对社会的正确看法和良好品行。

5. 启示引导法

启示引导法，主张教育者在开展教育过程中要根据受教育者的需求、兴趣、爱好和思想道德形成规律等，对他们实施有针对性的启发，引导他们形成正确的政治观、道德观和行为习惯。孔子在长期的思想政治教育实践中认识到，思想政治教育要取得成效，单靠教育者的努力远远不够，必须调动受教育者自身的积极性，发挥他们的主体作用，引导他们主动思考问题。孔子提出："不曰'如之何，如之何'者，吾末如之何也已矣。"[①] 他认为对于那些不肯自觉主动思考的学生，自己也是无可奈何、无能为力的。所以孔子提出了"愤启悱发"的著名论断。他认为："不愤不启，不悱不发，举一隅不以三隅反，则不复也。"[②] 如果一个人不发愤求知，孔子是不会开导他的；如果一个人不是到了自己努力钻研而百思不得其解、深感困惑的时候，孔子是不会启发他的。"愤启悱发"论断的实质是提倡启发引导。今天"启发"一词和"举一反三"就是从这个论断引申而来的。孔子倡导"愤启悱发"式的启示引导，目的是要启发引导学生开动脑筋、主动思考问题，教育者在施教时要充分调动学生的积极性，对他们进行启示引导。

传统的单向性、强制性、灌输式的教育方式，不关注受教育者的需要、兴趣、爱好，时常会采取规劝、强制、训诫、处罚等一切方法和措施，使受教育者接受并最终形成社会需要的政治观点和道德习惯。但事

---

① 论语 [M]. 王超，译. 北京：北京联合出版公司，2015：122.
② 论语 [M]. 王超，译. 北京：北京联合出版公司，2015：48.

实上，这种单向性、带有强制性和灌输式的教育方式，在很大程度上限制了受教育者的思维空间，窒息了受教育者的主体精神和创造性，"不仅不能促进反而限制了儿童的智慧和道德发展"①。思想政治教育是帮助人形成正确的价值观、健康的情感、和谐的人际关系和社会适应能力的活动，应该注重对人性情和心智的启蒙、启发和引导。

思想政治教育的主要任务是启发受教育者知善知恶、扬善抑恶、明辨是非、站稳立场，要完成这一任务，就必须从受教育者的思想实际出发，了解受教育者的需求，尊重受教育者的兴趣爱好，针对受教育者的个性特点，加强启示引导，激活受教育者的内在积极性和潜能，而不能简单地运用灌输式的教育方式，更不能采取强制、高压的手段。因此，中国古代思想家所倡导的启发引导法和西方进步思想家所倡导的现代教育方式有着异曲同工之妙，有其合理性的因素，值得当代思想政治教育参考借鉴。

（二）加强自我教育反省，激活个体内在动力

自我教育是指教育者在实施教育的过程中要尊重教育对象的内在本性，重视其内在需求，激发其内在积极性，调动其内在潜能，通过"内化"实现其内在的自律。外在的社会思想要求、道德规范只有通过自我教育内化为自身的需要，才能真正发挥作用。思想政治教育只有挖掘受教育者自我教育的潜力，才能达到预期的教育效果。在自我教育中，思想政治教育对象的地位由传统教育模式中的客体地位向主体地位转变，教育的方式由外在教育向内在教育转变，教育的目标由社会规定向自我设定转变。

在我国历史传统中，儒家所倡导的加强自身修养本身就包含着自我教育的要求。在思想政治教育中，我们能够实施自我教育方法的依据在于：第一，人们的主体意识。思想政治教育的客体特殊性在于思想政治教育对象的主体性。主体意识是人所特有的、自己决定命运和控制行动

---

① 赵祥麟，王承绪．杜威教育论著选［M］．上海：华东师范大学出版社，1981：346．

的一种心理机制。这种意识能激发起主体的能动性，唤醒教育主体的欲望、兴趣和需求，激励主体确定适合自己的奋斗目标，鼓励主体主动去实践，实现人生各阶段的目标。第二，人是实践基础上"主我"与"客我"的统一体。在人类的实践活动中，人可以通过一定的手段去改造世界及其他客体，人在实践活动中既是主体，也是自己实践活动的客体，即我们的实践活动在改造外部世界的同时，也会改造自己的主观世界，作为被实践对象的"我"便是"客我"。

中国传统的自我教育方法对于中华民族的民族精神和文化心理结构的形成、发展曾起过重要作用。直到今天，我们仍然可以从中汲取丰富的营养，提高人们的政治素质和道德修养水平，促进人们思想道德的进一步完善。知耻改过法、自我反省法、"慎独"法、益志养气法等自我教育方法，都值得思想政治教育工作者学习借鉴。

1. 知耻改过法

中国古代思想家所倡导的知耻改过法经过历代教育工作者的努力提炼和发展，已成为中华民族的重要传统美德。这一方法主要是唤醒受教育者的主体意识，符合思想政治教育要求。

知耻，即对自己不符合政治规则、不履行社会义务、不遵守社会规范和违背社会公德的各种思想和行为所产生的羞耻心理。改过，即通过其他人的指导或自我觉醒，了解自身的错误，有错就改，知错必改。知耻与改过相互联系，不可分割。知耻是人们内在的心理活动，是一种自我意识、一种良心、一种觉醒，是改过的前提。人们有了知耻之心，才会对自己的错误思想、行为感到羞愧、羞耻，才能改过自新。改过是外在的行为表现，是知耻的目的，是知耻合乎逻辑发展的结果。一个人如果犯了错误却不改过，就说明他还没有真正知耻。当今社会中种种缺乏社会道德、败坏社会风尚的现象，都与自身没有知耻之心有关。因此，思想政治教育仍然有必要加强知耻教育，引导人们将社会主义荣辱观作为基本行为准则，切实把"八荣八耻"转化为自己的自觉行动，努力做社会主义核心价值观的模范实践者和积极推动者。

2. 自我反省法

自我反省，即"内自省"。中国古代思想家、教育家所提倡的自我反省法的核心要义就是人们要严格自律，遇事多反躬自问。这充分体现了中华民族严于律己的道德要求，对于今天加强自我教育仍具有重要的现实意义。在社会主义市场经济条件下，权力、名利、金钱、物质等方面的诱惑无处不在。在复杂的社会环境下，人们的抵抗力、免疫力会下降，难免会沾染各种不良社会风气，难免会出现这样或那样的缺点和错误，甚至会违法犯罪。所以，在开展思想政治教育和道德修养的过程中，"吾日三省吾身"，加强自我反省就显得尤其重要。总之，自我反省就是要求人们对自己的思想和行为进行自我检查、剖析和反思，肯定和发扬长处，发现并克服不足，提高思想政治素养。

（三）坚持环境陶冶教育，突出环境育人功能

所谓环境陶冶，即通过营造良好的社会环境，对人的思想品德形成潜移默化的正能量。孔子从"性相近也，习相远也"① 的思想出发，进一步强调环境对人的思想品德形成有着直接影响，要求我们重视环境陶冶在思想政治教育过程中的作用。注重择处、择友，就是重视环境熏陶作用的集中体现。关于择处，孔子提出："与善人居，如入芝兰之室，久而不闻其香，即与之化矣；与不善人居，如入鲍鱼之肆，久而不闻其臭，亦与之化矣。丹之所藏者赤，漆之所藏者黑。是以君子必慎其所处者焉。"② 这强调了社会环境具有重要的教育功能。所谓"里仁为美"，即居住在有仁德的邻居乡里才是完美的，肯定了环境对人的思想品德形

---

① 王超，译. 论语［M］. 北京：北京联合出版公司，2015：133.
② 朱岚. 礼法之间：《荀子》［M］. 北京：中国民主法制出版社，2009：22.

成的重要性。所谓"慎其所处"，即要人们慎重地对待社会环境的影响，选择有利于自身成长的居住环境。毫无疑问，孔子关于择处的目的，在于打造良好的社会环境，通过环境育人，促进良好道德品质的形成。

1. 营造和谐家庭环境，发挥家庭教育功能

在充满亲情和关爱的家庭环境中，人们更容易感受到温暖的家庭和积极向上的氛围，得到全面而自由的发展，形成健康的思想和健全的人格。因此，父母与孩子要建立一种平等、友好、和谐的关系，细心地呵护、教育引导孩子，支持孩子读书学习，培养孩子形成各种有益于身心健康的兴趣爱好，参加社会实践活动，多给孩子一些自由的空间，让他们放飞心情，健康快乐地成长发展。

2. 优化健康的学校环境，构建思政教育阵地

学校是人才成长的摇篮，学校要积极建设良好的育人环境，帮助学生健康成长。在育人环境建设方面，学校可以从以下几方面着手：一要加强思想理论建设，以马克思主义理论和正确的世界观、人生观、价值观引导广大青年学生，解决他们的政治思想、理想信念、精神支柱问题。二要加强校园硬件建设，在校园建筑物、校园道路、草地、教室、公寓建设等方面赋予更多的思想文化内涵，使人置身于富有文化气息的校园中，思想得到净化，人格不断健全。三要理顺师生利益关系，加快学校发展，满足师生的合理诉求，建设和谐稳定的人际环境。四要增加学校高层决策的科学性和透明度，发扬民主，广开言路，实行双向沟通，取得广大师生的理解与支持。五要领导干部以身作则、率先垂范，建设风清气正的校园人文环境。

3. 培育公正社会环境，形成健康社会风气

良好的社会风气和正确的舆论环境是提高思想政治教育实效的前提条件，作用不可低估。在新媒体技术高度发展的今天，社会舆论导向会影响政府决策和学校管理，影响人才培养，影响人的政治观、价值观和

人格的完善，还影响行为方式的选择。要把握正确的舆论导向，从现实需要出发，应注意以下几个方面：第一，加强党对舆论宣传工作的领导。在党的领导下，调动思想政治工作者、理论工作者、宣传工作者、教育工作者的积极性，发挥党委、政府职能部门、工青妇等群团组织在舆论导向方面的引领作用。实践证明，网络媒体、报纸杂志、广播电视、电影戏剧等宣传载体，以及各种形式的节庆活动、宣讲会、报告会、沙龙等平台，对于社会舆论的形成和传播不能小觑，对于社会环境的好坏有着直接的影响。第二，坚持舆论宣传在思想上、政治上的正确基调。坚持以习近平新时代中国特色社会主义思想为指导，广泛动员全社会的力量，为实现两个"一百年目标"奋斗目标和中华民族伟大复兴的中国梦而奋斗，保持舆论引导的连续性和稳定性，避免时冷时热，大起大落。第三，奏响时代主旋律。强化马克思主义理论的传播力，加强国家各项重点工作、重大事件、先进典型的宣传力度。利用舆论导向规律，大力弘扬爱国主义、集体主义、社会主义精神。围绕主旋律精心组织有震撼力、说服力的宣传报道，形成强大的舆论宣传声势。努力挖掘、推出具有鲜明时代特色、群众普遍认同的时代先进典型。第四，抓好对社会热点、难点问题的积极引导，创造一个生动活泼、和谐向上的环境氛围。对于人民群众的合理诉求和普遍关心的重大热点、难点问题，一方面要及时回应，不回避，不消极对待，另一方面要遵循规律，积极做好引导工作，防止媒体"跟风""炒作"。

第七章

优秀传统文化融入思想政治教育的路径

优秀传统文化是中华民族五千年文明的文化积累，传承和创新传统文化，将对高校思想政治教育发挥重要的作用。实施中华优秀传统文化传承发展工程，将优秀传统文化融入大学生思想政治教育，必须积极探索优秀传统文化与大学生思想政治教育融合的途径，推动中华优秀传统文化创造性转化和创新性发展，从而不断增强思想政治教育的有效性，更好地继承与发展优秀传统文化。

一、优秀传统文化融入大学生思想政治教育的实现路径

将优秀传统文化作为一种文化载体融入大学生思想政治教育，是加强和改进高校思想政治教育的重要措施。思想政治教育要在教育引导上下功夫，引导大学生树立正确的文化观，挖掘中华优秀传统文化的精髓并融入思想政治教育体系，加强对优秀传统文化学习的引导，加强校园文化与传统文化的融合。

（一）端正态度主动融入，推动文化转换创新

2018 年 3 月 20 日，习近平总书记在第十三届全国人民代表大会第一次会议上提出："我们要以更大的力度、更实的措施加快建设社会主义

文化强国，培育和践行社会主义核心价值观，推动中华优秀传统文化创造性转化、创新性发展，让中华文明的影响力、凝聚力、感召力更加充分地展示出来。"① 这既为高校思想政治教育工作指明了方向，也为中华优秀传统文化进入思想政治教育提供了遵循。要培养社会主义现代化建设需要的高素质人才，必须加强大学生的传统文化教育，筑牢人才培养的文化底蕴。

1. 帮助大学生树立正确的文化态度

态度，是一个人对某一特定对象比较固定的一种综合心理反应倾向，态度在一定程度上决定人的行为。文化态度是指人们在社会生活中对某种文化的综合心理反应倾向，包括一个人对自身文化和外来文化的欣赏、厌恶等。在人类发展史上，曾产生过三种较大影响的文化态度。一是民族中心主义。一般来说，持这种文化态度的主体有着强烈的群体或种族优越感，认为自己的群体或种族是最棒的，自己的文化也是最优秀的，这是一种极度自负的文化态度，他们不仅拒绝与其他文化进行正常的交流互动，而且还会表现出对其他文化样态的攻击行为。二是极端保守主义。持这种文化态度的主体虽然承认外来文化具有一定历史价值，但是拒绝在实践中学习和运用外来文化，对外来文化拒之千里，一般表现在开放程度不高的国家。三是文化相对主义。持这种文化态度的主体认为世界上每种文化都具有自身的特点和文化价值，应该受到相应的尊重，主张对具体文化体系的评价要将从这种文化产生的环境和历史作为参照物，不宜与自己的文化进行简单比较。不过，极端的文化相对主义会导致故步自封和排他现象。

高校必须引导学生客观地对待中华优秀传统文化，树立科学的文化价值观，主动挖掘、继承和发扬先进内容，摒弃、改造消极落后的内容。

---

① 习近平. 在第十三届全国人民代表大会第一次会议上的讲话 [EB/OL]. 新华网，2020-05-15.

同时，还应该客观、包容地看待外来文化，不能盲目排斥，要汲取其先进的因素，实现与中华优秀文化的有机融合。同时，要主动实施中国文化"走出去"战略，提高国际传播能力，向世界讲好中国故事、中国共产党故事，传播好中国声音，促进人类文明交流互鉴。

（1）坚持先进文化的前进方向。先进文化符合社会主义文化发展规律，既顺应历史发展潮流，又反映当今时代精神。中国共产党以马克思主义为指导，继承和发扬中华优秀传统文化，吸收外国文化的先进元素，提出了建设中国特色社会主义文化的想法，这具有鲜明的时代特征，回应了人民群众对美好生活的期待，符合历史发展客观规律。对大学生开展文化教育，首先要坚持先进文化的前进方向。讲清楚中国特色社会主义文化，坚持以马列主义、毛泽东思想和中国特色社会主义理论、习近平新时代中国特色社会主义思想为指导，以爱国主义、集体主义、社会主义的思想道德为核心，继承发扬优秀传统文化和革命文化，吸取和借鉴世界优秀文化成果。通过教育，帮助大学生牢牢把握社会主义文化建设先进方向，提高参与文化建设的主动性，使大学生自觉投身到社会主义文化大发展、大繁荣的生动实践中去。

（2）坚持以开放和包容的态度看待外来文化。我们面对的世界是一个开放的世界，外国文明如潮水般涌来。所以要引导大学生以开放包容的态度看待世界，自我封闭的态度会限制其文化视野，只有树立正确的文化态度，才能客观、全面、科学地看待本土文化和外来文化，从而树立正确的文化价值观。习近平总书记指出："应该科学对待民族传统文化，科学对待世界各国文化，用人类创造的一切优秀思想文化成果武装自己。"① 培养大学生开放包容的文化态度，不能简单地用主观、片面的态度看待世界文化，而应该不断吸收和消化一切可以转换为自身精神食

---

① 习近平．在纪念孔子诞辰 2565 周年国际学术研讨会暨国际儒学联合会第五届会员大会开幕会上的讲话［N］．人民日报，2014-09-25（01）．

粮的优秀文化，正确培养对各种文化的吸收能力。

随着全球化进程的加快，不仅大学生要有这样的文化态度，而且全体国民都应该有这样的文化态度，这是建设文化强国的要求，更是实现中华民族伟大复兴的基础。随着中国文化与外来文化相互交流的增多，保持开放、包容的文化态度尤其重要，这实际上彰显了中国的民族文化自信。要引导大学生了解和掌握世界各民族文化的特点，密切关注各国文化的发展趋势，树立开放包容、共赢合作的文化心态，推动世界各国文化实现共同发展、共同繁荣，推进人类文明相互交融、生生不息。

（3）坚持以崇敬和自信的态度对待传统文化。习近平总书记告诉我们，中华优秀传统文化是"中华民族的基因""民族文化血脉"和"中华民族的精神命脉"。因此，高校思想政治教育要引导大学生崇尚中华优秀传统文化，并为之感到自信、感到自豪。中华民族拥有悠久的文化历史，在中华民族发展的历史长河中留下了丰富的文化资源，同时提供了大量的文化典籍、发明创造。在引导大学生对优秀传统文化树立自信心自豪感的同时，还应该将传统文化置于世界多元文化格局中进行考察，既不夜郎自大、自我陶醉，又不妄自菲薄、助他人之威风，在认识、传承的过程中挖掘传统文化的时代价值，推动社会发展。通过多种方式引导大学生将中华优秀传统文化当作精神食粮，以理性的文化态度对传统文化进行创新转换，保持其文化魅力，增强文化自信。

2. 推动优秀传统文化进入思想政治理论课堂

用马克思主义理论武装大学生的头脑，关键是实现马克思主义的中国化、时代化，就是将马克思主义根植于中国优秀文化中。从根本上说，毛泽东思想、邓小平理论、"三个代表"重要思想、"科学发展观"、习近平新时代中国特色社会主义思想都是马克思主义与中国具体实践相结合、与中华优秀传统文化相结合的理论产物。因此，高校必须进一步加强思想政治理论课的学科建设、课程建设、教材建设，推进优秀传统文化"三进"工作。在思政理论课教材编写过程中，既要全面反映马克思主义与中国具体实践相结合过程产生的最新理论成果，又要体现中华优秀传统文化挖掘、研究的成果，形成以马克思主义理论为指导的具有中国特色、中国风格、中国气派的学科体系和教材体系。把优秀传统文化的内容分别融入思政理论课的具体课程中去，结合各门课程的特点讲好中华传统文化故事、讲好中国历史故事。把优秀传统文化渗透到"第二课堂"活动去，通过经典传唱、经典诵读、讲故事、演讲、书法、绘画、小品等文化形式宣传传统文化，让学生参与进来，通过自编自导自演，既让自己在文化活动中受教育，也让其他同学长知识，陶冶心智。把"第一课堂"与"第二课堂"结合起来，推动优秀传统文化融入课堂活动健康发展。

3. 兼顾个体差异性，强调育人目标多样化

随着社会的发展，人的个性得到了应有的尊重，人的主体性得到了前所未有的重视，千人一面的生活模式在这个时代已经无法适应。加强传统文化与思想政治教育的融入，高校要针对不同人的特点，进一步丰富大学生的个性发展，突出具体育人目标的多样化。传统文化倡导以人为本，关注人的需要，加强人文关怀。在开展大学生思想政治教育时，必须针对学生的需要，回归学生生活，尽可能避免那些否定、压抑学生个性需求的教育内容，努力推动教育目标从一元质量观向多元质量观转变。以社会主义核心价值观引领大学生的价值取向，尊重个性，体现时代的包容性，在体察个体思想差异、能力差异的基础上开展具有针对性的思想政治教育。总而言之，要深刻挖掘社会主义价值理念与大学生个体思想的对接点，以此为基础提高思想政治教育的实效性，同时还要建立健全多元化的评估激励机制。

在传统文化融入大学生思想政治教育的过程中，还要贯彻落实"三贴近"原则，强化服务理念，做到贴近大学生群体、贴近大学生的实际

生活、贴近大学生的思想实际，要让教育活动因人而异、因地制宜、因势利导，不断增强思想政治教育的针对性和感染力。

（二）融入校园文化建设，打造特色文化品牌

2016年12月7日至8日，习近平总书记在全国高校思想政治工作会议上提出，高校"要更加注重以文化人以文育人，广泛开展文明校园创建，开展形式多样、健康向上、格调高雅的校园文化活动"①。校园文化建设是高校办学育人的重要内容，校园文化与中华优秀传统文化的有机结合，能够进一步丰富和拓展高校校园文化活动载体和表现形式。

1. 传统文化对推进校园文化建设的现实意义

大学生应该学习了解国家的历史传统，当代大学生还存在传统文化观念淡薄、认识不够、兴趣不高，甚至出现排斥的问题。在组织开展校园文化活动中，我们应该重视对传统文化的学习和继承，引导大学生在校园文化活动中，走近中华民族五千年的灿烂文化，热爱中华优秀的民族传统、民族精神与民族瑰宝。

传统文化与校园文化的结合，是历史与现实的延续。一方面，传统文化能够夯实校园文化的基础、提供养料，丰富校园文化内容结构。另一方面，校园文化在历史与现实相结合的支点上，既承接了厚重的历史文化底蕴，又发展了现实需要的"人的文化"。二者和谐又统一，共同推进有中国特色的校园文化建设。校园文化是教育创新的人文关怀。学校特有的文化环境具有潜移默化的育人功能，对青年学生精神文化品位的提升有着独特的吸引力。要实现教育的创新，必须重视优秀传统文化的传承与发展。

从整体上看，当代大学生思想主流是好的，但也存在一些不和谐的问题。随着社会经济的发展，人们对物质利益的追求不断扩大，追逐物

---

① 习近平. 习近平谈治国理政：第2卷［M］. 北京：外文出版社，2017：378.

质利益、追求享受的不良风气已经对大学校园文化建设产生了冲击，学校积极引导的纯洁、热情、诚恳、信任、团结、友爱等良好风气被侵蚀，部分大学生深受消极的社会风气影响，甚至形成了崇尚自我、自私自利的思想，不能正确处理个人和学校、个人与社会的关系，缺乏大局观念、集体意识和集体荣誉感。在人际交往过程中，少数大学生缺乏社会责任心、爱心和正义感，无法正确处理人际关系。所以我们要对大学生开展传统文化教育，帮助他们培养正确的政治观、价值观和家国情怀，培养良好的道德习惯，强调"仁爱""和而不同""天下为公"；还要教育大学生弘扬爱国主义精神和民本思想，引导他们发扬中华民族的优秀传统，勤俭节约、吃苦耐劳、尊师重教，充分发挥优秀传统文化的育人功能，大力倡导民族精神。

对于高校来说，高等教育深化改革的目标是全面推进素质教育，培养合格的社会主义建设者和接班人。传统文化是中华民族的精神遗产，是优秀意志品质的集中体现。高校应该在学生教育全过程融入优秀传统文化，将优秀传统文化与立德树人理念结合起来。培养高素质人才是大学的根本使命，中国传统的教育思想中有许多积极、合理的因素需要我们进一步发掘、继承并加以创新，将其融入新的大学精神中。很多高校把优秀文化传统作为大学精神的根，培之以现代文明的土壤，正是希望将传统文化中的积极因素融入育人理念，以长出属于自己的精神之树。

对于大学生个体来说，群体利益多元化、生活方式多元化、价值观念多元化是他们必须面对的重要问题，所以只有加强中华优秀传统文化教育，大力提倡民族精神，才能增强他们对外来文化和错误思潮的抵御能力。对大学生开展思想政治教育，必须重视民族精神的培育，在校园文化建设、社会主义核心价值观践行和精神文明建设的过程中渗透民族精神教育。

2. 传统文化融入高校校园文化建设的策略

（1）重视创新，实现传统文化和现代文化的有机整合。中华文化具有极强的包容力和吸收力。在大学校园文化建设的过程中，必须将优秀传统文化有机整合进去，实现传统文化和现代文化相统一，只有这样才能营造健康向上、高雅先进的校园文化环境。将传统文化融入高校校园文化建设，必须在应用范围、空间和形式上进行创新，必须转变教育理念和改变教育模式，实现传统文化教育和校园文化建设的和谐统一，在传统文化融入校园文化建设的过程中加强其现代性。[①] 为了实现传统文化和现代文化的有机整合，高校可以组织开展丰富多彩的文化活动，如举办国学知识系列讲座、举办宣传传统文化的文艺演出、组织与传统文化相关的社团活动等，还可以利用"三月三"等民族传统节日开展传统文化教育和纪念活动，帮助大学生了解传统文化，加强他们对各民族习俗和民族文化的认知，培养民族情感。高校必须丰富课堂教学内容，创新课堂教学方式，改变传统思政理论课教学单向灌输的硬性模式，强化教学过程的互动性，并且将传统文化有机融入思政理论课教学中，实现马克思主义和传统文化的有机结合。

此外，高校还应该加强历史教育，"以史为鉴，可以知兴替"，大学生必须具有历史视野。历史是最好的教科书，人文思想是历史发展的沉淀。高校应该通过开设中国历史选修课程和举办讲座、论坛等，为大学生了解人类历史、掌握文化发展脉络、培养文化自觉提供有效的途径。同时，通过开展广泛的历史教育，还可以潜移默化地将人文意识根植于大学生的内心深处，以实现传统文化的内化，也只有这样才能从根本上实现高校校园文化建设的价值，在提升校园文化建设水平的同时又实现传统文化教育的目标。

[①] 王革，赵修渝. 新时期高校校园文化建设理论研究［M］. 咸阳：西北农林科技大学出版社，2007：224-226.

（2）依托本土文化，构建特色校园文化发展模式。中国地大物博，不同地域在历史发展过程中形成了其独特风格，高校在构建校园文化和培育大学精神时，应该充分体现本地的文化特色。建设校园文化必须充分考虑本土化，即以本土文化作为依据，充分挖掘、运用具有地方特色的文化资源，以本地文化为抓手实现传统文化教育的转换，只有这样才能让传统文化教育具有说服力和感染力，才能让大学生切实从文化氛围中感受到传统文化的魅力，自觉实现传统文化的内化与外化。

高校校园文化建设立足本地，以本土文化为根本，充分发挥本土文化资源优势，选择最适合校园实际情况和发展目标的发展模式，更好地打造学校校园文化的特色和品牌。

（3）引入文化经典，提升校园文化品位。在中华民族发展的历史过程中产生了很多文化经典，这是中华民族精神的原动力，是历史的沉淀。高校应该重视利用《老子》《论语》《大学》《中庸》《孟子》等文化经典开展教育，组织学生开展诵读文化经典活动，感受传统文化的思想力量和艺术魅力。建设大学校园文化，不仅要重视大学生的专业知识，还应该通过正确的引导使大学生对文化经典产生兴趣，并在此基础上认真地学习、解读文化经典，感受经典的魅力。有些学校以班级、党团小组、社团、宿舍为单位开展"读书会"，在相关学科教师的具体指导下品读、朗诵文化经典，取得了实实在在的效果。一方面，通过专业教师的指导确保学生对文化解读的正确性，获取知识，提高涵养。另一方面，定期开展诵读活动可以在时间上得到保障，可以培养学生的自觉性、书卷气。"读书会"不仅指导大学生品读文化经典，还可以分享读书心得，分享学习收获，通过积极思考、互动提升自身的文化素养。在此基础上，学院、学校创办"读书协会""朗诵协会"，进一步加强班级之间、学院之间、社团之间的交流，进一步提高大学生对文化经典的理解能力，感受传统文化的博大精深。

二、强化大众传媒的舆论导向，大力传播传统文化

随着信息化时代的到来，我国大众传媒业发展迅速，数量急剧增多，规模不断扩大，对社会的影响力、引导力不断增强，大众传媒已经成为社会舆论的中心，充分显示出大众传媒在舆论中的导向功能。同时，制造和引导舆论也是大众传媒的基本功能，通过舆论导向，加强优秀传统文化的传播与发展，发挥优秀传统文化的价值引导作用。

（一）发挥价值引导作用，确保媒体发展方向

司马迁说："众口铄金，积毁销骨。"① 自古以来，社会舆论就在人们的社会生活中发挥着重要的作用，在一定程度上影响着价值导向。社会舆论可以成就一个人，也可以摧毁一个人。东汉末年，张角利用符水给老百姓治病，在今天看来这绝对是一件十分荒谬的事情，但人们却趋之若鹜。在当时的医疗条件下，由于健康卫生知识的有限性，人们相信符水能治病。而张角也从社会最底层的一名农民，一跃成了老百姓心目中的"天公将军""大贤良师"，这就是社会舆论的力量，它在引导着社会价值。社会舆论可以使原本看起来荒谬的事情变得合理。相反，社会舆论也可以把真实合理的事情贬得一无是处。所以，怎样才能引导大众传媒正确发挥社会舆论的作用呢？即用科学的理论、先进的思想、优秀的文化价值观去引导大众传媒、引导社会舆论。

1. 发挥优秀传统文化对传统媒体的价值引导作用

第一次科技革命给人们带来了蒸汽机，第二次科技革命给人们带来了电力，第三次科技革命给人们带来了网络。网络的发展对于大众传媒行业来说具有革命性意义，大众传媒出现了传统媒体与网络媒体泾渭分明的两大派别。传统媒体相对于网络媒体的其他媒体而言，是一个相对

---

① 张文治. 国学治要·集部子部［M］. 北京：北京理工大学出版社，2014：1541.

的定义。如今社会上经常出现的传统媒体主要有四大部分——广播、电视、报纸与书籍。庞大的信息资源与快速的更新速度，产生了近年来网络迅猛发展的奇迹。在网络信息的冲击下，传统媒体依然占据着传媒产业的一席之地，这应该归功于传统媒体给人们彰显出来的权威性与严谨性。为什么人们会有这样的感觉呢？因为传统媒体有着比新媒体更加严谨的底气，究其根本，是优秀传统文化在这其中起到了重要的作用。

传统媒体与传统文化都带有"传统"一词。"传"指世代相传，"统"意为正统、主流，为大众所接受的。所以，能够成为传统的保留至今的文化，必定都经过了岁月与主流观念的双重过滤，必然有一定的权威性与严谨性。传统的都是既有的，在新媒体出现之前，传统文化就已经与传统媒体"配合默契"了。你想读一本古代经典，必然会去书店买一本线装版；你想要听一段评书，必然会打开收音机；你想要看权威新闻，必然会打开电视或翻开报纸。

长期以来，传统文化主要通过传统媒体进行传播，传统媒体所宣传的主要内容就是传统文化。传统媒体与传统文化一起被烙上了权威性、严谨性的符号，这就是传统媒体的优势所在。传统媒体要想长期存在和发展，绝对不能丢掉传统文化，特别是优秀传统文化中的"主打曲"，所以在之后相当长的一段时间里，优秀传统文化还将引导传统媒体的发展，发挥好优秀传统文化对传统媒体的价值引导作用就成了我们的必然选择。

2. 发挥优秀传统文化对新媒体的价值引导作用

由于网络信息量大、时效性强，所以受到了人们的普遍青睐。但是，网络信息内容粗糙，严谨性差，炒作成分多，这是新媒体与传统媒体相比的一大短板。对于新媒体开始出现时的新奇，人们对网络的信息泛滥又能保持多长时间的热衷呢？传统文化经过了历史的检验，发展到今天必定有较深厚的文化底蕴，相对于西方传入的文化有着更高的熟识度，人们也更容易在传统文化身上找到文化归属感和认同感。带有传统文化色彩、内涵的事物借助网络也很容易被人们，尤其是青年人接受。许多人有一种定式思维，认为传统的东西都是一些老事物、老思想，正是因为传统文化恒久，所以才能够扎根在人们的生产生活中，起到潜移默化的作用，影响着人们对生活的认知，影响着人们世界观、人生观和价值观的确立。那么，带有传统文化色彩的社会文明能够在很短的时间内被人们接受，也就不足为奇了。

除了容易被人们接受、辨识度高之外，内容丰富也是新媒体应该注重运用传统文化的重要理由。中华民族有五千年的文化历史，五千年来的悲欢离合都有迹可循。就其文化底蕴来说，西方很多国家都不能与我们相比，我们有大量的中华文化素材可以利用，有大量的中国故事可以讲述，有丰富的文化历史可以借鉴。而且，以传统文化为主题创造出来的文化产品大部分都打上中华民族的烙印，具有中国特色，辨识度高，所以传统文化传播的兴起必将成为网络媒体发展的一个重要方向。

同时，即时通信软件与社交网络的兴起，赋予了新媒体在传统文化传播中与生俱来的优势。相对于被动接受，社交软件的面世使人们更加习惯于交互式的信息传播方式，在信息爆炸的时代，每个人都可以借助社交软件随时随地发表自己的观点看法，表达自己的喜怒哀乐，抒发自己的爱恨情仇。人们从"旁观者"变为"当事人"，人人都可以发声，人人都可以拥有一份自己的"网络报纸"（blog）、"网络广播"或"网络电视"（PPlive）。"媒体"仿佛一夜之间"飞入寻常百姓家"，不再是特殊群体的"奢侈品"，而是变成了普通老百姓的娱乐、传播工具。人们沉迷于这种便捷的信息交流方式，同时也使新的文化传播形式——自媒体横空出世。

传统文化具有权威性，这一点与自媒体的平民化绝对不同。所以，目前传统文化与自媒体融合度还不高，人们觉得理所当然。由于大部分传统文化能够被人们接受，或者是被人们接受过的主流文化，传统文化在自媒体中的传播没有想象中的那么强势，原因是自媒体源于西方发达国家，由于技术上的先进性导致其成为强势文化传播方式。传统文化有时在自媒体中碰壁，并不是传统文化本身的内容有问题，而是受传播渠道和观念的限制。大多数人认为，传统文化似乎不应该通过自媒体平台传播。其实，自媒体遇上传统文化，通过自媒体来传播传统文化将会是打开一扇充满魅力的窗口，利用平民化、交互式的文化传播方式，一定会使传统文化焕发出新的生机活力。

（二）坚守文化价值取向，建设健康文化市场

1. 建构大众传媒的价值取向

当今时代，大众传媒行业里的文化环境在所有传播行业中无疑是最开放的，它践行的是一种多元的价值取向。如果说高等教育对一个人的影响重点在知识体系的建构，家庭教育重点在行为规范的建构，那么大众传媒对人的影响应该是偏向于价值观、文化观的建构。人们对美好生活的向往是合理的追求，但在享乐主义的影响下，传统文化也正在滑向娱乐化的边沿。所以，引导大众传媒的价值取向，向社会公众传播优秀传统文化意义重大。

大众传媒应该在社会主义核心价值观的引领下，提高自身媒介素养，坚持正确的政治导向，坚守媒介应有的文化操守，为大家提供一个解读传统文化、传承传统文化、消费传统文化的阵地。对待传统文化，我们应该坚持"取其精华，去其糟粕"的态度。作为引领社会文化风尚的行业，大众传媒一举一动都暴露在聚光灯下，所以必须坚守自己的价值取向，提升自身的素质，以辩证的眼光看待现代文明、看待传统文化。对传统文化进行批判、继承和发展，将传统文化的精髓展示给人们，帮助人们建构价值观、规范言行、平和心态。传统文化以儒家思想为主导，

推崇"仁爱""修齐治平"，对社会成员的人格养成与和谐社会的构建虽然有积极一面，但也有封建色彩的局限性。传媒人必须将其中注重君臣伦理纲常的落后思想剔除，将注重人格、伦理、奉献、和谐以及自强、坚韧、奋斗的精神弘扬，以喜闻乐见的形式鼓励社会成员追求幸福生活，为构建和谐社会贡献力量。

2. 避免传统文化传播的通俗化与庸俗化

大众传媒信息传播的对象是普通群众，其最大的特点就在于接地气、平民化，其传播的内容要体现党和政府的要求，引领社会风尚，但不能"高高在上""阳春白雪"，使人晦涩难懂，而应该"泥土芬芳""下里巴人"，让人耳熟能详。所以，传统文化要想走进社会公众，就必须要走大众传媒的路线，同时我们必须对传统文化进行内容和形式的加工转换，使其变得通俗易懂。

通俗化并不代表庸俗化。当前，文化产业市场鱼目混珠，出现了将优秀传统文化庸俗化解读的情况。所以我们在利用大众传媒对传统文化进行包装、消费时，必须掌握好度。怎样才能掌握好度呢？这就要求我们对传统文化有一个全面、科学的把握，用正确的历史观、文化观、价值观去衡量、提炼其中的精神内核，将传统文化最具正能量、给人以积极向上精神的一面呈现出来。

3. 着力打造精品内容，规范文化市场

从社会的层面看，大众媒体对于传统文化的传播容易走向庸俗化，而我们的文化产业在传播传统文化方面也存在一定的问题。作为中华民族的一员，我们有属于自己的伦理道德体系和价值判断标准。在核心价值观的培养方面，我国传统文化特别重视发挥文化载体的作用，将积极向上的思想观念塑造成雕塑、建筑物、街道小品、装饰品或者日常生活用品，人们随时随处可见；把社会主义核心价值观的培养转化成日常的生活，在生活中渗透教育内容。同时，我国也重视运用文艺作品对核心价值观进行培养，通过小说、戏曲、书法、绘画、动漫等载体，传播健康有益的思想道德内容。但是，在社会转型过程中，由于受多元文化相互激荡的影响，受文化产品市场利益的诱惑，我国文化产业、文化产品、文化市场还存在着诸多问题，有待进一步规范和治理。

一是西方文化的内容、形式充斥着整个文化市场，对传统文化内容和形式造成了强烈的冲击。一些激励人们向上、向善价值观的传统文化形式在西方文化影响下，逐渐出现衰退现象，怎样守护传统文化的内容和形式、保护传统文化产业已成为文化大发展、大繁荣的重要课题。

二是低俗文化在一些领域和地区有所"抬头"，给文化建设和社会风气造成了恶劣影响。低俗文化的出现干扰了社会主义先进文化的建设，对人民群众健康向上的文化生活特别是对大学生政治思想品质的养成，构成了一定威胁。规范文化产业市场、营造良好的文化发展环境是建设社会主义先进文化的迫切任务。

从国家管理的角度来说，要健全文化市场管理法律法规，进一步规范文化市场行为，对制作庸俗文化产品、传播不良文化的行为进行法律、行政和经济处罚。大众媒体应该积极响应党和政府的号召，推出精品栏目，打造文化精品，充分发挥传统文化的优势。20 世纪中叶，中国有水墨动画、剪纸动画、人偶动画，也有具有中国色彩特色的彩色动画，各类动画百花齐放，百家争鸣。我们可以利用自身优势，发展具有中国特色的动漫文化，利用传统文化宣传打造中国自己的动漫品牌。

（三）抵制外来文化侵蚀，增强传统文化活力

1. 正视外来文化对民族文化的思想冲击

外来文化是相对于本土文化、民族文化而言的，是一个泛指的总体性概念，不特指某种独立的文化形态或文化形式，而是包括了多种不同性质和形态的文化。当今世界是一个开放的世界，经济全球化已不可避

免，各国之间不仅存在频繁的物质沟通，更存在频繁的文化交流。冷战的时代已经过去了，但是资本主义国家与社会主义国家在意识形态方面的对立和斗争并没有消失，甚至愈演愈烈。

社会主义国家总体上基础较差、经济落后，属于发展中国家，面对经济全球化和西方国家的文化输出相对弱势。西方资本主义国家依托经济和技术优势，对社会主义国家进行大肆的潜移默化的文化思想渗透。隐藏在好莱坞大片、迪士尼娱乐内部的是西方国家的文化霸气、文化侵略。他们试图通过带有意识形态烙印的文化产品推销自己的政治制度、生活方式与价值观念。这些文化产品往往带有极强的欺骗性，通常以巧妙的手法掩盖社会主义和资本主义在社会制度、意识形态和行为规范上的区别，给社会主义国家的文化产业和文化产品造成了很大冲击。

同时，西方文化良莠不齐，我们在引进其文化产品的同时，一些政治上有问题、思想上腐朽的精神垃圾也随之进入中国。由于人们的辨别能力不同，如果在接受西方文化时，不加选择地既接受新技术和新思想，又对文化糟粕不加拒绝就会被西方资产阶级思想文化所腐蚀，这不仅放弃了马克思主义的立场观点和方法，也抛弃了优秀传统文化的丰富滋养。在经济全球化的大背景下，一定要保持警惕，站稳政治立场，正视西方文化的优劣，敢于亮剑，抵制西方文化对我们造成的不良影响。

2. 提升民族文化产品魅力

在实际工作中，由于古今文体的差异性，使传统文化的传播受到了一定程度的限制。有的人不喜欢带有传统文化色彩的文化产品，原因并不在于传统文化的内容本身，而在于他们不适应传统文化的表达方式，因为文字理解的困难使其无法领悟传统文化的魅力。这不得不说是限制传统文化产品普及和文化内容传播的软肋。

提升民族文化产品的魅力，关键在于传统文化的通俗表达和展示。《舌尖上的中国》带给我们一个启示：我们完全可以借鉴电视纪录片的形式解读、宣传传统文化，打破传统文化固有的不易理解的表达形式，创新传统文化的展示平台。此外，提升老百姓的人文素养也是提升民族文化产品魅力不可或缺的环节。当今我国教育体系中普遍存在重视外语、轻视汉语的现象。所以提高人民群众的传统文化素养，既是传承、创新传统文化的关键步骤，也是今后开展素质教育应该努力的方向。

3. 增强对外来文化的鉴别能力

正确对待外来文化，必须以增强文化辨别力为前提，能够在纷繁复杂的多元文化中辨别出真伪、善恶、好坏，去其糟粕，取其精华，实现春风化雨、以文化人的目的。世界文明发展的历史表明，文化的相互交流、交融、交锋不可避免，这种交锋融合是推动文化发展的动力。对于中外文化的交流交融，不能简单地拒绝外来文化的传入，而应该提高自身的文化鉴别力，抵制低俗、落后的文化内容和文化形式，接受和改造积极向上的外来文化内容和文化形式。人民群众的文化鉴别力是中华民族正确对待外来文化的基础，是抵制不良文化侵略渗透的关键，要从国家、社会、个人等多个渠道入手，努力提高社会成员文化鉴别力。

（1）从国家层面看。制定相关的法律法规，规范外来文化产品的准入条件，是防止不良外来文化进入中国的前提。在此基础上，加强对外来文化产品的解读、分析和说明，引导人们在接触外来文化、接受外来文化的过程中，确立自己的标准和依据。同时，充分利用各种传播媒体，对外来文化进行正确的解读和分析。利用国家对于社会舆论的导向管控工具，帮助人们正确认清外来文化的真正面目，提高人民群众对于外来文化的甄别能力。

（2）从社会层面看。加强对文化产品和文化市场的管理，提高文化市场的治理水平，实现文化管理的科学化、规范化，是提高社会对外来文化鉴别力的必要途径。对不良外来文化的识别，需要社会对外来文化和传统文化进行一个理性比较，用千百年来中国形成的道德规范进行对照分析。先人们用时间磨炼出的行为规范和传统文化，是经过历史检验后形成的适合本国的优秀文化。因此，将外来文化与传统文化在社会层面上进行比对，能够辨别出哪些外来文化适合本国，哪些外来文化不适合本国，避免盲目引进。

（3）从个人角度看。个人能够接触到的外来文化应该是经过国家和社会层面进行层层过滤的，这类文化与本国的传统文化有相似的东西，或者有能够引起人们共鸣的地方，发展方向基本相同。区分外来文化，需要结合个人的需求和文化消化能力，有针对性地辨别出外来文化的优劣之处。如在西方节日送鲜花、送苹果，表达美好的祝愿，这与中国的传统节日送月饼、送粽子等传统送礼有着相似的地方，但随之而来的是西方节日造成鲜花、苹果价格上涨、过度包装等负面现象。价格调整是调节市场的重要手段，但受其影响并以过节为幌子来满足自身的欲望，则反映了外来文化对社会风气的间接的、不良的影响。

不管是国家层面的筛选，还是社会层面的把关，抑或是个人层面的选择，都是对外来文化的不断优化和融合。增强人们对外来文化的鉴别能力，在很大程度上依赖于大众传媒的价值导向功能，而大众传媒的主力仍在于网络，加强传统文化与网络媒体技术的融合，实现优秀传统文化与网络文化的互惠共赢，将是我们在学习、传承传统文化过程中的努力方向。

三、实现优秀传统文化与网络文化的双赢

伴随信息技术的发展，网络已经成为人们获取信息、社会交往的重要手段。网络文化成为信息时代快节奏的生活方式，它以极大的包容性拥抱外来文化，以迅猛的发展态势迎面而来，对传统文化的继承、发展

造成了强大的冲击。

（一）建设网络传播平台，扩大传统文化影响

1. 置身网络平台，融合传统文化

中华民族历史源远流长，中国是世界上为数不多的没有文明断层的文明古国。千百年来，传统文化薪火相传，深受世界各国人民的喜爱。中华传统文化具有强大的生命力，在长期的历史发展进程中形成了独特的文化品质和文化内涵，滋养了一代又一代的中国人，具有西方文明不可比拟的优点。不同的文化进行不停的交流、互动和融合，虽然形成了大一统的有机整体，但仍保持着自身不同的特点与模式，这种分散传播的现象一定程度限制了中国传统文化的发展，既有历史上政治背景不同的原因，也有地域文化限制下传统大众传播模式不同的原因。

随着网络技术的迅速崛起，社会大众已经成为网络传播的主力军，不同地域、不同文化背景的传播群体都可以借助网络对传统文化进行传播、交流、互动。只有将中华传统文化在内容上进行整合，在呈现方式上继续创新，才能体现中华传统文化对中华民族的凝聚力和向心力，才有助于中华民族的生存和繁衍，才能推动中国社会的发展，实现国家的统一和民族的伟大复兴。

2. 关注网络气象，复兴伟大文明

文化既是科技进步的保障，也是社会稳定的基石。中国特色社会主义新时代如果离开对传统文化的传承和信仰，社会的根基就会动摇，发展方向就会迷失。一百多年现代化的过程是传统文化反复断裂和复兴的过程。我国传统文化经过千百年的发展，虽历经磨难生命力却更加旺盛。网络媒体可以凭借其传播速度，依靠互联网信息传播平台，加快传统文化的传播、传承进程，从绵延千年的中国传统文化中汲取养分，进一步加强道德建设，构建和谐社会，营造良好的社会风尚。

我们要充分利用互联网普及和技术提升的有利机会,建设更多的中华传统文化宣传与推广网站,通过新科技手段、快速灵活的方式将中华传统文化推向世界。从战略上来说,可以考虑开发和建设一批充分展示中华民族历史和文化精华的全球性网络文化基地,建设具有特色的中文信息资源库,让世界网民随时随地都可以通过便捷直观的方式了解中国、了解中华文明,从而形成中华传统文化主动向世界各地辐射和覆盖的态势,以先进的文化价值观引领世界潮流,实现全球范围内的中华传统文化的伟大复兴。

(二)挖掘文化道德潜力,净化网络传播空间

1. 弘扬传统文化,提高网民素质

我国有着丰富的传统文化资源,先人们创造了大量的文化典籍,这既是中华民族宝贵的精神财富,也是世界文明宝贵的文化财富。在全球一体化进程中,中华文明必须走向世界,为世人所知并发挥价值引领作用。随着互联网的发展,网络文化走进人们生活的同时,也逐渐暴露出了越来越多的问题,在一定程度上导致了网民社会责任感的缺失,担当意识的弱化,降低了人们对传统文化的认同程度,产生了网络伦理缺失和网络行为失范的现象,造成了价值评判标准的模糊与混乱,使人们对理想信念和社会诚信产生了困惑。网络文化中大量丑恶行为的出现,使人们的政治观、价值观、道德观产生了畸变,因此必须着力提高网民的政治素养与品行修养,倡导文明上网。

随着网络技术的发展和普及,网络文化的负面影响越来越被社会关注。提高网络治理体系和治理能力的现代化水平,净化网络空间、避免网络失范、减少网络污染和防范网络犯罪已经成为世界性话题,全世界必须共同面对。

《礼记·中庸》中提到"莫见乎隐，莫显乎微，故君子慎其独也"①。自古以来，诚实守信就是中华民族的优秀传统美德，是中华民族文明史上瑰丽和灿烂的文化遗产，是中华文明薪火相传的重要原因，所以加强网民的诚信教育，强调网络自律，这无疑是规范网络文化的重要途径。

2. 遵守网络规范，净化网络空间

网络为我们提供了一个自由的信息平台，人们可以随时随地对社会问题发表观点和看法，但一些不好的现象也频频出现。在互联网上转发或传播错误言论，发布各种谣言，肆意谩骂侮辱，发布恐怖或色情视频图片，从事网络欺诈，盗用他人账号等，这些不规范的行为屡禁不止。在网络虚拟平台上，同样要合法上网、诚信上网、文明上网，这不仅是每个网民需要遵守的准则，也是构筑文明和谐网络环境的基础。社会公德建设应该从每个公民的自律入手，培养自律观念和责任意识，共同建立一种符合社会需要的网络伦理和规范，并得以严格执行。

政府相关部门应当加强对社会公众网络信息的监控，不允许网民随意歪曲事实、泄露他人隐私，提高网民的道德自律，做到"言之有物、言而有信"，共同推动网络文化的健康可持续发展。

企业、团体等社会组织在利用网络对自身形象进行宣传推广的同时，也应该主动承担优秀传统文化的传播责任，在网络界面中增加中国传统文化的元素，充分利用互联网的物质技术基础和文化平台，以优秀传统文化教育人、熏陶人，使人们在遨游网络空间的同时接受潜移默化的教育，在网络中自觉规范自己的行为。针对网络文化的快捷性、动态性、开放性、自由性的特点，我们在加强网络文化建设的同时，应该大力弘扬社会主义先进文化和中华民族优秀传统文化，将具有强大生命力、为

---

① 叶燕芬. 蕺山新书院国学读本·中段［M］. 宁波：宁波出版社，2015：3.

社会发展注入正能量的优秀传统文化发扬光大。

3. 加强网络监管，打造中国特色

随着互联网的普及，网络道德问题已经成为社会普遍关注的问题，国家在实行道德教育和规范管理的同时，更应该挖掘优秀传统文化在网络文化中的道德潜力，加强中国特色的社会主义网络文化建设，使人民群众通过网络能够获得更多的有效信息，提高人民的生活水平服务，满足人民群众对美好生活的向往。

目前，我国网络监管体系还不够完善，监管力度需要加强。网络监管职能部门可以借鉴其他国家的管理方法，在加强网络法治建设的同时，加大对网上不道德言行的监管和处罚力度，杜绝或减少网上不良行为和不良文化对民族文化带来的冲击，让传统文化有更多的机会与网络文化融合。

其他监督机构如互联网协会、大学生网络协会等，也应该通过设计一批传承传统文化的网站或网页，打造一批具有中国特色、体现时代精神、文化内涵丰富的传统文化网络品牌，以优秀的传统文化抢占网络空间。同时，推动传统文化创新，提高传统文化与网络文化的竞争力。没有创新就不能发展，没有创新就会失去生命力，就会被时代抛弃。

(三) 培育网络文化特色，丰富文化传播形式

1. 建好校园网络，引领大学文化

中国特色网络文化的打造，必须依托历史悠久的中华文化，以民族文化、传统文化的优质资源，建设高水平的校园网站，开发具有自主知识产权的优秀网络文化产品，创作出更多体现时代特色、反映中国品质的网络文化品牌，实现网络文化滋润心灵、陶冶情操、愉悦身心的目的。

打造具有传统文化魅力的网络文化精品是当务之急。高校应用好自

身专家和资源优势，创建以传播传统文化为主题的校园网站，使当代大学生接受和弘扬优秀传统文化。高校要通过改革课程设置，开设介绍中国传统文化内容的课程，帮助学生从总体上把握传统文化的精神要义。在此基础上，应改革教育模式，调动和发挥学生的主观能动性和学习积极性，帮助学生参与到传统文化教学中。通过建立校园网站，多方位、多形式地推介传统文化，开展网上互动活动，组织学生参与进来，发表校内学生的心得体会。同时利用网络平台，展示丰富多彩的体现传统文化魅力的作品；充分利用视频、图片等生动活泼的形式，既可以吸引对文字传播形式不感兴趣的人群，又可以开展有关传统文化的线上交流活动，通过移动媒体进行作品的推荐、评选，提高吸引力和感染力。

在这个过程中还要发挥好教师在网上的引领作用，避免出现不健康的言论，在师生互动中潜移默化地影响学生的思想观念和日常行为。这既能丰富在校大学生的课余生活，又能提高当代大学生的思想素质和创新能力。

2. 建设商业平台，丰富传播形式

青年作为祖国的未来和希望，是社会发展的基石。从青年一代着手，建立网络教育平台，利用网络传播优秀传统文化，这是社会发展的必然趋势。因此，进一步探讨以高校为单位创办网络教育网站，是适应教育改革与发展的重要环节。

（1）办好传统文化教育网站。网站的建设发展，是网络文化产业发展的重要标志。通过网络平台推动传统文化的传承与发展，重要的途径就是创办优秀传统文化教育网站。我们要顺应社会发展潮流，用好网站，为传播中华优秀传统文化发声。有些高校创建以"品阅古籍""品读经典"为主题的网站平台，在介绍传统文化典籍的同时，定期推出经典名著导读与研讨，介绍作者与典籍产生的时代背景等，让学生能够穿越时空感受传统文化经典的魅力；还通过接纳校园优秀作品的投稿，呈现中国悠久传统文化的内在力量，引导学生追求上进、回归质朴的心境，滋养心智，陶冶情操。

（2）打造传统文化网游产业。在运用新技术推进文化创新方面，可以借鉴网络游戏弹窗的推广技术，刺激人们了解和尝试某种文化的欲望。从网络技术发展的趋势来看，日新月异的科学技术将有效推动传统文化的传播。网游是网络产业的重要组成部分，打造优秀的传统文化网络游戏产业，可以推进文化经济快速发展，在更深层次上为传承传统文化、培养时代新人发挥作用。

青年学生是网络的主力军，而青少年时期正是人思想观念、生活态度和人格心理的形成时期，最容易受到外界的干扰。中国几千年的文化发展过程，积淀了丰富的教育资源，对于帮助大学生形成正确的人生态度和健康人格具有积极意义。随着网络文化的进一步发展，需要越来越多具有深厚传统文化底蕴的人才加入网游业的创作队伍中，成为既有网络专业技能、又有较高传统文化素养的专业人才，在推进传统文化的传承和发展方面做出贡献。如由 Ustwo 公司开发的网络游戏《纪念碑谷》就是一个成功的案例，它将几何与艺术的元素融入网络游戏中，深受青年人的喜欢，给人美感的同时又给人启迪，这种创新的传播方式值得我们借鉴。在突出游戏主题的过程中有效注入音乐、美术等艺术元素，或者注入科学元素，既会为网游业带来一股新鲜的空气，又巧妙地利用了网络传播中国的优秀传统文化，可谓是一举两得。

在信息爆炸时代，优秀传统文化与网络文化之间互惠共赢，优秀传统文化在得到弘扬、传承的同时，也推动了当代文化的发展，加快了传统文化教育的创新。以富强、民主、文明、和谐、自由、平等、公正、法治、爱国、敬业、诚信、友善为核心的社会主义核心价值观，作为新时代中国特色社会主义文化，就是根植于中华传统文化的土壤，对中华优秀传统文化的创造性转化。弘扬和创新优秀传统文化，需要在掌握社会主义核心价值观要义的基础上，以满足师生精神文化需求为目标，以教育改革创新为动力，实现中国传统文化教育体系的创新与重构。

参考文献

［1］鲁力. 中国传统文化的思想政治教育价值研究［M］. 北京：中国社会科学出版社，2017.

［2］陈瑞丰，黄莺，韩秀婷，等. 对分课堂之高校思想政治理论课［M］. 北京：科学出版社，2017.

［3］《十谈》编写组. 加强和改进新形势下高校思想政治工作十谈［M］. 北京：人民出版社，2017.

［4］吴德慧. 开创中国特色社会主义新局面［M］. 北京：研究出版社，2017.

［5］《十九大报告辅导读本》编写组. 党的十九大报告辅导读本［M］. 北京：人民出版社，2017.

［6］秦宣. 中国特色社会主义新论［M］. 北京：中国人民大学出版社，2017.

［7］汪宗田. 大学生思想政治教育研究［M］. 北京：社会科学文献出版社，2017.

［8］金琪. 中和育人：浸润中华优秀传统文化的德育探索［M］. 上海：上海教育出版社，2017.

［9］王飞雪，文长春. 最新高校思想政治工作十二讲［M］. 北京：红旗出版社，2017.

［10］韩震.社会主义核心价值观与中国文化国际传播［M］.北京：中国人民大学出版社，2017.

［11］杨业华.思想政治教育创新的价值基础［M］.北京：中国社会科学出版社，2017.

［12］刘建军.寻找思想政治教育的独特视角［M］.北京：中国人民大学出版社，2017.

［13］刘思阳.中国优秀传统文化与大学生思想政治教育探究［M］.北京：中国水利水电出版社，2016.

［14］戴丽红.当代大学生思想政治教育创新探索［M］.成都：电子科技大学出版社，2016.

［15］徐永春.中国传统文化与思想政治教育［M］.北京：光明日报出版社，2016.

［16］靳义亭.传统文化融入高校思想政治教育研究［M］.北京：中国社会科学出版社，2016.

［17］刘新科.中国传统文化与教育［M］.长春：东北师范大学出版社，2016.

［18］《思想政治教育学原理》编辑组.思想政治教育学原理［M］.北京：高等教育出版社，2016.

［19］吴礼宁.修身立德，文明守法：大学生社会主义核心价值观教育的理论与实践研究［M］.北京：中国水利水电出版社，2016.

［20］房广顺.社会主义核心价值观与中华传统文化［M］.北京：人民出版社，2015.

［21］张良驯，周雄，刘胡权.当代青少年中华优秀传统文化教育研究［M］.北京：北京理工大学出版社，2015.

［22］李东，孙海涛.在大学生中培育和践行社会主义核心价值观研究［M］.北京：中国书籍出版社，2015.

［23］谢晓娟，王东红．多学科视角下的思想政治教育研究［M］．
北京：中国书籍出版社，2015.

［24］贺文佳，李绍先．中华优秀传统文化与社会主义核心价值观
简明读本［M］．成都：四川大学出版社，2015.

［25］屈晓婷．新媒体时空解码——大学生思想政治教育研究［M］．
北京：北京交通大学出版社，2015.

［26］王爽．新媒体时代大学生思想政治教育挑战与创新［M］．北
京：中国言实出版社，2014.

［27］方宏建，郭春晓．大学生思想政治教育学［M］．北京：人民
出版社，2014.

［28］金元浦．文化复兴：传统文化的现代价值［M］．北京：中国
人民大学出版社，2014.

［29］赵占臣，刘志筠，吕卫民．中国传统文化与思想政治教育的
创新［M］．北京：现代出版社，2014.

［30］王燕文．社会主义核心价值观研究丛书总论［M］．南京：江
苏人民出版社，2014.

［31］田原，李晶，田建国．核心价值引领文化育人［M］．北京：
中国石油大学出版社，2014.

［32］杨绍安，王安平，刘惠．现代思想政治教育学原理［M］．成
都：西南交通大学出版社，2013.

［33］李程．传统文化精神与大学生思政教育［M］．北京：光明日
报出版社，2013.

［34］蒋玉华．思想政治教育理论发展及创新研究［M］．广州：世
界图书出版广东有限公司，2013.

［35］宋元林．中国传统文化与思想政治教育研究［M］．长沙：湖
南大学出版社，2012.

［36］任仲文．传承·开放·超越：文化自信十八讲［M］．北京：人民日报出版社，2011.

［37］顾友仁．中国传统文化与思想政治教育的创新［M］．合肥：安徽大学出版社，2011.

［38］李申申，陈洪澜，李荷蓉，等．传承的使命：中华优秀文化传统教育问题研究［M］．北京：人民出版社，2011.

［39］薛学共．中国传统文化与马克思主义中国化［M］．长沙：湖南师范大学出版社，2010.

［40］戴学英．探讨中国传统文化融入大学生思想政治教育的几点思考［J］．佳木斯职业学院学报，2018（3）.

［41］吴海燕．中华优秀传统文化融入高校思想政治理论课的模式探析［J］．科教文汇（中旬刊），2018（1）.

［42］刘景泉，肖光文．当代世界格局与中国特色社会主义新时代［J］．南开学报（哲学社会科学版），2018（1）.

［43］冯刚．习近平关于大学生思想政治教育论述的理论蕴含［J］．重庆大学学报（社会科学版），2018（3）.

［44］李青梅，刘瑞．中国传统文化与大学生思想政治教育契合性研究［J］．河套学院论坛，2018（1）.

［45］刘洋．优秀传统文化融入大学生思想政治教育的困境与路径［J］．淮北职业技术学院学报，2018（2）.

［46］李海晶．习近平的传统文化观研究［D］．南昌：南昌大学，2016.

［47］张蔚玲．论中国优秀传统文化融入高校思想政治理论课教学的可能性与可行性［J］．黑河学刊，2015（5）.

［48］鲁力．中国传统文化的现代价值：内涵、特点与结构［J］．教育文化论坛，2015（6）.